당신의 지적 초조함을 이해합니다

羅輯思維

당신의 羅輯思維
지적 초조함을
이해합니다

뤄전위 羅振宇
최지희 옮김

글항아리

지적 초조함을 느끼는 시대에
뛰어난 인재가 되는 길은 무엇일까?
인지 수준을 업그레이드하는 것만이 유일한 길이다

뤄지쓰웨이 羅輯思維

차례

제1장
**지적 초조함을
느끼는 시대**

1 변화가 있어야 미래가 있다   13
- 라이브 동영상 플랫폼은 어떻게
  인기를 끌었나
- '수준'이 아닌 '심리'가 중요하다
- 성장 속도가 빠른 시장을 믿어야 한다
- 변화는 고통을 수반한다
- 소비자가 느끼는 불편을 오해하지 말자

2 현대사회의 탄생   42
- 독서는 인지 능력을 높인다
- 뉴턴을 주목해야 하는 이유
- '관념의 지층'을 구축하다
- 과학적 방법과 정신병
- 왜 연단술은 화학이 되지 못했나
- 모든 세대가 행운을 거머쥔 것은 아니다

제2장
**경제학에서
인지 수준을
업그레이드하기**

1 현명한 사람은 세상을 어떻게 보는가   75
- 뉴욕의 범죄율은 왜 갑자기 감소했을까
- 왜 경제학자가 문제를 보는 관점은
  우리와 다른 걸까
- 역지사지의 사고방식은 소용없다
- 가짜 경제학에 휘둘리지 않기
- '바람'과 '사실' 사이의 거리
- 현명한 사람은 사실을 더 많이 보는
  사람이다

2 인지적 차이의 본질   105
- 생존에 중요한 건 경제학적 사고다
- 문과적 사고 vs 이과적 사고
- 던바의 수: 150인의 법칙
- 문과적 사고방식은 기회비용을 빠뜨린다
- 어떤 대가를 치러도 될 만큼 좋은 가치는
  세상에 없다
- 유일한 생존 전략: 전문가를 신뢰하기

3 세상을 바꾸는 경제학 **128**
- 불량배가 무술까지 하면 아무도 당해낼 수 없다
- '빛나는 길'과의 투쟁에서 완승한 경제학자
- 재산권 보호가 중요하다
- 데소토의 다른 길
- 후지모리 대통령 vs 빛나는 길
- 어떻게 해야 좋은 경제학자가 될까

제3장
혁신, 인지 수준
향상의 수단

1 혁신은 간단하다 **163**
- 혁신은 신기한 게 아니다
- 의학계의 혁신 이야기
- 질병도 부산물이다
- 시스템의 고도화 역시 혁신이다
- 치료는 과학이 아니라 기술이다
- 필사적으로 꾸준히 하는 것이 혁신

2 혁신은 나무이자 그물망이다 **195**
- IQ는 관계없다
- 창조는 연쇄적인 활동이다
- 누가 옳은지 판가름할 수 없다
- 창조는 한 사람의 공로가 아니다
- 한 무더기의 작은 혁신이 중요하다
- 코카콜라는 포장 기술의 혁신 덕분
- 노벨상 예측

3 인지 수준 향상과 궁지에서 벗어나기   **227**

- 실리콘밸리 시대는 끝났고 이제 모두 견고해져야 한다
- 블록형 혁신
- 알고리즘은 특허가 없다
- 개방형 혁신
- 중국식 혁신의 기회
- 제조는 커다란 강점이다
- 모든 것을 혁신할 필요는 없다

제4장 비즈니스적 사고 기르기

1 종의 전쟁, 비즈니스 사회 다시 이해하기   **273**

- 인류: 자연계 최악의 킬러
- 바이러스식 마케팅
- 유럽에 창궐한 흑사병의 전말
- 세균과 바이러스는 어떻게 다를까
- 천연두 바이러스가 무서운 이유는 무엇일까
- 작은 종이 번성하는 것을 간과하지 마라
- 비즈니스 경쟁의 본질을 다시 이해하라
- 가장 경계해야 할 것은 새로운 종의 출현이다

2 파트너십을 맺는 방법   **305**

- 회사를 집으로 여기지 말라
- 직장에서 흔히 하는 거짓말
- 채용 면접 때 반드시 질문해야 할 두 가지
- 당신의 가치는 무엇으로 결정되는가
- 당신은 어떤 사람이 되고 싶은가
- 직원이 계속 남고 싶어한다면 어떻게 할까
- 직원이 이직을 원한다면 어떻게 할까
- 직원이 창업하려 한다면 어떻게 할까
- 모든 직원을 똑같이 대해야 할까

제5장
이 세상은
좋아질까?

1 인류사회 다시 이해하기   **335**
- 철학서를 통해 보는 경제학 마인드
- 지식 영역의 경계를 깨뜨리다
- 인류의 모든 사상적 결과물은 필연적인 것
- 인간의 처지는 갈수록 비참해지고 있다
- 인류도 공룡처럼 멸종될 수 있을까
- '체약'이란 무엇일까
- '대상'이란 무엇일까
- 대외 의존도가 갈수록 높아진다
- 환경에 대한 감수성이 갈수록 커진다
- 자유도는 갈수록 높아진다
- 구조가 갈수록 복잡해진다

2 이성적 낙관주의   **365**
- 체약대상이란 무엇인가
- 기존 관념을 전복시킨 체약대상의
  두 가지 이론
- 어떤 태도로 세상을 봐야 할까
- 지금 우리 생존에 무슨 소용이 있는가
- 총체적 법칙은 역전되지 않는다
- 인성을 저버릴 수 없다
- 분업의 총체적 흐름을 거스를 수 없다
- 커뮤니티 경제는 피할 수 없다
- 중간 단계를 생략할 수 없다
- '공유경제' 중 일부 결론은 타당하지 않다

제1장

지적 초조함을 느끼는 시대

1.
변화가 있어야
미래가 있다

몇 사람 몫을 사는 인생

중국중앙텔레비전CCTV의 전설적인 앵커로 불렸던 장취안링을 알게 된 지 벌써 수년이 흘렀다. 부자든 권력자든 나보다 외모가 뛰어난 사람이든 평생 다른 사람을 질투해본 적 없는 내가 유일하게 부러워하는 이는 발전 속도가 빠른 사람이다.

장취안링은 상하이 출신으로, 베이징 대학 독어과를 졸업하고 CCTV에서 취재 담당 평기자로 입사한 지 얼마 안 되어 바로 CCTV 인기 앵커가 되었다. 하지만 그녀는 인기가 하늘을 찌르고 앵커로서 정점을 찍었을 때 갑자기 사표를 내고 투자자로 변신했다. 방송국 앵커와 투자자 사이에는 엄청난 간극이 존재한다.

장취안링이 투자계에 뛰어들기로 결정할 무렵 내게 이런 질문을 했다. "난 인터넷을 잘 몰라. 그게 뭔지 설명 좀 해봐." 그때 설명을 해주긴 했다. 그런데 반년이 지난 지금은 인터넷 현상이나 기업계 동향에 대해 오히려 내가 그녀에게 자문을 구해야 할 때가 많다. 장취안링은 매번 아주 깔끔하게 상황 분석을 해주었다. 어떻게 이렇게 빠르게 성장할 수 있을까. 사실 각자에게 주어진 시간은 비슷하다. 다만 그 시간을 얼마나 잘 활용하는지에 따라 성장 속도가 달라질 뿐이다. 이런 사람은 몇 사람 몫의 인생을 사는 것과 마찬가지다.

물론 밖에서 보면 그저 장취안링의 발전 속도만 보고 질투할 수 있다. 고속 성장을 거듭했던 그녀의 지난 반년의 시간은 과연 무엇으로 채워졌을까? 분명 수많은 고민과 시련의 연속이었을 것이다. 아래는 장취안링의 성장 스토리를 1인칭 시점에서 정리한 글이다. 앵커였던 그녀가 투자자로서의 인생을 어떻게 펼쳤는지 독자들과 함께 나눠보고자 한다.

라이브 동영상 플랫폼은 어떻게 인기를 끌었나

투자자가 된 후 내게 가장 달라진 점은 세상을 보는 관점, 태도, 방식이 바뀌었다는 것이다. 예를 들어 최근 사람들은 라이브 동영상 플랫폼이 어떻게 이렇게 인기를 끌게 되었는지 많이 궁금해한다. 예쁜 여자애 몇 명이 등장해서 시답지 않은 이야기를 늘어놓고, 노래도 별로 못 부르고, 춤도 그저 그런데 왜 이렇게 많은 사람이 즐겨 보는 걸까? 하루 이틀 구경삼아 보는 것은 이해하겠지만 다들 왜 계속 찾는지 도무지 알 수 없었다. 게다가 이렇게 많은 플랫폼이 일제히 인기를 얻게 된 이유는 무엇일까?

전에는 이런 플랫폼을 보면 이상하다는 생각이 먼저 들었다. 그런데 이제는 어떤 플랫폼이 큰 인기를 끌고 있는데 콘텐츠 수준이 기대에 미치지 못하면 흥분이 몰려온다. 엄청난 기회가 있다는 생각이 들어서다. 우선 마음을 가라앉히고 진지하게 고민을 해본다. 이 콘텐츠가 진짜 수준이 낮은 걸까 아니면 내가 이해하지 못한 걸까?

예를 들어 해외에 라이브코딩 티브이Livecoding. tv라고 아주 재미있는 라이브 콘텐츠가 있다. 프로그램 개발자가 방송하는 라이브 플랫폼으로, 여기에 가면 여러 개발자가 생방송으로 진행하는 창이 보인다. 메인 화면에 각 개발자의 컴퓨터가 보이고 거기에는 문외한은 절대 이해하지 못할 코딩 정보가 들어 있다. 페이지 우측 하단에는 개발자의 프로필 사진이 있다. 어떤 날은 생방송 1시간 내내 노래나 채팅은커녕 말 한마디 없이 간간이 음악만 내보내고 조용히 코딩만 한다. 콘텐츠의 관점에서 봤을 때 이런 생방송이 무슨 의미가 있는지 도무지 이해하기 힘들다.

하지만 이 플랫폼은 미국 스타트업 인큐베이터로 유명한 와이콤비네이터YC의 인정을 받아 투자까지 받고 액셀러레이터 트레이닝 캠프에 합류했다. 라이브코딩 티브이의 이용자 수는 급속도로 증가했다. 이 플랫폼은 미디어가 아닌 교육으로 분류된다. 수많은 프로그래머가 그들의 명성을 듣고 찾아왔고 다른 사람의 코딩을 보고 고심하던 문제를 해결하는 등 서로 가르쳐주고 배우는 분위기가 조성되었다.

이러한 상호 학습의 저변에는 더 큰 수요가 있다. 작업 중에 종종 혼자임을 느끼는 개발자들의 외로움에서 오는 수요다. 플랫폼 안에서는 누군가와 함께 있다는 기분이 든다. 난관에 봉착했을 때 함께 해결할 수 있고, 문제가 생기면 함께 논의할 대상이 있다. 이곳에서 자신의 재능을 발휘해 좋은 일자리를 얻은 사람도 있다. 따라서 개발자들은 이렇게 한자리에 모이는 것에 대해 엄청난 가치를 부여한다.

어떤 콘텐츠가 이해되지 않고 재미없다고 느껴지면 먼저 다른 특정 집단은 어떻게 느끼는지 알아봐야 한다. 이 집단은 그 콘텐츠를 하나의 미디어로 여길까 아니면 커뮤니티로 여길까? 이 둘 사이에는 엄청난 간극이 존재한다.

페이스북 창립자 마크 저커버그는 라이브가 대세라며 페이스북에서도 라이브 방송 플랫폼을 열겠다고 밝혔다. 처음 시작할 당시, UGC(이용자 생성 콘텐츠)가 많이 올라오지 않을까 걱정된 저커버그는 우선 스타나 일부 언론에 플랫폼을 개방해 콘텐츠의 질을 확보하고자 했다. 막 시작했을 때에는 스타들이 플랫폼에서 팬들과 소통하기도 했지만 크게 인기몰이를 하진 못했다. 그렇다면 페이스북 라이브에서 가장 먼저 대박난 콘텐츠는 무엇일까?

흰 가운을 입은 두 명의 남학생이 수박을 탁자 한가운데 놓고 한 줄 한 줄 고무밴드를 끼우면서 수박이 과연 언제 터지는지 모두의 추측에 맡긴 채 실험을 했다. 총 45분에 걸친 라이브 방송 중 다른 것은 전혀 하지 않고 수박이 터질 때까지 고무줄만 한 줄 한 줄 끼웠다. 80만 명이 동시 접속해 이 라이브를 시청했고 나중에 동영상으로 제작되자 320만 명이 조회했다.

미국 모바일 인터넷 규모를 기준으로 계산해봤을 때 동시 접속 80만 명은 중국 라이브 플랫폼에서 300만, 400만 명이 동시에 접속한 것과 마찬가지로 엄청난 숫자다. 왜 이렇게 많은 사람이 45분 동안 이 라이브를 시청했을까? 왜 사람들은 수박이 터지는 것을 그토록 보고 싶어했을까? 수박이 터지는 데 무슨 정보가 담겨 있나? 여기서 대체 무엇을 배울 수 있을까?

예전에는 콘텐츠를 만들 때 '공부+재미'를 요구했다. 단순한 농담 따먹기를 하더라도 거기에 의미가 있어야 했다. 그렇다면 이 수박 콘텐츠에는 어떤 의미가 있을까? 없다. 이 동영상은 당신에게 말한다. 떠들썩한 것을 좋아하는 게 인간 본성의 중요한 의미가 아니고 무엇이겠는가?

'수준'이 아닌 '심리'가 중요하다

기존 미디어 플랫폼과 오늘날의 라이브 플랫폼은 전달 방식에서 엄청난 차이를 보인다. 기존의 미디어 플랫폼은 정체된 전달 방식이어서 좋은 콘텐츠로 도전장을 내밀 수밖에 없다. 즉, 한 편의 드라마나 영화를 다 봐야 주변 지인들에게 재미있는지 없는지 이야기해줄 수 있다. 하지만 라이브는 다르다. 조금만 재미있어도 바로 온라인 커뮤니티를 통해 주변 사람들에게 소개해줄 수 있다. 따라서 기존 플랫폼보다 훨씬 빨리 이슈 몰이를 할 수 있다.

아무리 재미없는 내용이라도 많은 사람의 주목을 끈 이슈라는 사실 자체가 또 하나의 콘텐츠가 된다. 표면적으로 보자면, 45분 동안 두 남학생이 한 일이라고는 수박에 고무줄을 한 줄 한 줄 끼운 것밖에 없다. 그렇지만 그들은 이 45분 동안 새로운 이슈 몰이에 성공했고, 많은 주목을 끌면서 또 하나의 커뮤니티가 생성되고 전달되었다. 여기에 의미가 있다. 따라서 라이브 플랫폼의 콘텐츠를 단순히 '수박 폭발'로 묘사해서는 안 된다. 그 시각 그 시점의 가장 핫한 이슈로 받아들여야 한다. 사람들이 이슈가 되는 사건을 대하는 태도가 새로운 가치를 만들어낸다.

이런 식의 콘텐츠가 인터넷이나 라이브 플랫폼에서 처음 시작된 것은 아니다. 이미 텔레비전에서 선보인 적이 있다. 2009년 노르웨이의 한 방송국에서 장시간에 걸쳐 생방송을 내보냈는데, 나중에 방송계에서는 이 생방송을 '슬로 티브이'라고 명명했다. 방송 내용은 무엇이었을까? 카메라 네 대를 설치한 기차가 300여 마일(1마일은 약 1.6킬로미터)의 노선을 장장 7시간에 걸쳐 달리는 동안, 방송 역시 7시간 동안 진행되었다.

카메라 네 대 중 두 대는 객차 내 승객들의 모습을 있는 그대로 촬영했다. 승객들은 자고 싶으면 자고 풍경을 보고 싶은 사람은 보고 책을 읽고 싶은 사람은 책을 읽었다. 나머지 두 대는 객실 바깥에서 주변 풍경을 촬영했다. 해설도 없고 음악도 거의 없었으며 간혹 가다 승객이나 승무원 그리고 역사학자들의 인터뷰를 삽입했지만 전체 방송 7시간 중 인터뷰 비중은 극히 미미했다. 대부분 기차가 '덜컹덜컹' 앞으로 달려가는 모습만 보였다.

당시 이 프로그램은 얼마나 많은 시청자의 눈길을 사로잡았을까? 120만 명이었다. 노르웨이의 전체 인구는 600만 명이 채 안 된다. 그렇다면 시청한 사람이 전체 인구의 20퍼센트라는 것이다. 엄청난 시청률이다. 지금 중국 생방송 중에서 가장 인기 있는 「춘절연환만회春節聯歡晚會」의 시청률이 30퍼센트 정도다.

게다가 120만 명 중에서 처음부터 끝까지 7시간 내내 시청한 사람도 19만 명이나 된다. 이쯤 되면 궁금해진다. 도대체 뭐가 재미있었던 걸까?

사실 이 프로그램은 시청자의 중요한 심리 중 하나인 '현장감'을 건드렸다. 마치 홀로 집에 있어도 여러 사람과 함께하는 느낌으로 같은 일을 공유할 수 있는 것이다. 이 현장감과 함께 이어지는 커뮤니티 참여를 절대로 간과해서는 안 된다.

두 번째로, 열차가 노선을 따라 달리며 통과하는 역의 주민들과 긴밀한 상호 관계를 형성한다. 기차가 작은 마을에 도착할 때마다 그 마을이 떠들썩해졌다. 평소에도 기차가 그 마을을 지나갔지만 생방송으로 인해 마을 사람들이 받는 상호 관계의 느낌은 완전히 달랐다. 마을 주민들은 기차를 환호하며 맞이했고 페이스북이나 트위터 같은 커뮤니티를 통해 소식을 확산시키면서 더 많은 사람이 이 프로그램에 관심을 갖게 되었다.

일단 커뮤니티에서 2차 확산이 이뤄지자 전체적인 전달 방식이나 유저들의 콘텐츠 이해에도 엄청난 변화가 발생했다. 이 점을 깨닫고 나 역시 사고방식에 중요한 변화가 일어났다. 이제는 콘텐츠나 상품을 볼 때 수준이 어떤지를 먼저 판단하지 않는다. 우선 유저가 많다면 그들이 어떤 환경에서 이 상품을 사용하는지 그리고 그들의 심리 상태가 어떠한지 파악해본다. 유저의 심리를 파악하는 것은 내게 무척 흥미로운 일이다.

또 예를 들어보자. 얼마 전 중국의 라이브 플랫폼에서 e스포츠를 전문적으로 생중계하는 왕훙網紅(인터넷 스타를 뜻하는 중국어—옮긴이) 이야기를 들었다. 한번은 그녀가 라이브 방송을 한 차례 내보낸 후 너무 피곤해지자 한숨 자겠다면서 옆 사람에게 부탁했다. "이따 침을 흘리거나 코를 골면 깨워줘." 얼마 후 누워서 자는 게 불편했는지 다시 엎드려 자기 시작했다. 이렇게 20여 분을 자고 일어나 몽롱한 상태에서 다음 라이브 방송을 시작했다고 한다. 그녀가 자고 있던 20여 분 동안 시청자는 많아졌을까 줄어들었을까? 수직 상승해 순식간에 30만여 명까지 늘었다.

30만여 명이 자고 있는 여자를 동시에 지켜보는 현상을 어떻게 이해할 수 있을까? 유저들의 심리를 한번 분석해보도록 하자.

첫 번째는 '비정상적인 것을 보기 좋아하는' 심리다. 라이브 방송을 하는 방에서 진행자가 게임 해설을 하는 것은 정상적인 일이다. 유저들은 콘텐츠에 주목할 것이다. 그런데 비정상적인 상황이 발생했다. 한번 생각해보자. 젊은 여자가 잠을 자는 모습을 구경할 기회가 얼마나 있을까? 그리 많지 않을 것이다. 더군다나 30만여 명이 함께 지켜본다면 속으로 은근히 재미있지 않을까? 이러쿵저러쿵 댓글까지 달 수 있다. 시끌벅적한 분위기에서 이런 비정상적인 장면을 지켜볼 수 있으니 많은 사람의 눈길이 쏠리는 것은 당연하지 않겠는가?

프로그램이 정상적으로 방송되면 콘텐츠가 얼마나 인기를 끌었나에 따라 시청률이 높거나 낮아진다. 하지만 방송 중 갑자기 검은 화면이 송출되거나 조정 화면으로 넘어가는 등 문제가 생기면 무슨 일인지 궁금한 마음에 시청률이 바로 상승한다.

검은 화면이나 조정 화면에 무슨 콘텐츠가 담겨 있겠는가? 비정상적인 일이기에 시청률이 수직 상승하는 것이다. 사람들의 기본 심리가 그렇다. 이것은 사람의 마음 밑바닥에 깔려 있는 심리적 수요다.

이런 심리적 수요를 이해하면 어떤 좋은 점이 있을까? 투자할 만한 가치가 있는지 없는지 판단하는 데 도움을 준다.

얼마 전 두 곳에서 각기 다른 프로젝트를 들고 나를 찾아왔다. 하나는 연예기획사에서 스타가 전자 상거래 플랫폼을 구축한다는 사업 내용이었다. 이 회사에서는 웨이보(중국의 대표 SNS─옮긴이)나 위챗(중국의 대표 모바일 메신저─옮긴이) 같은 인터넷 커뮤니티에서 스타가 자신이 좋아하는 상품을 판매하도록 할 수 있다고 했다. 다른 하나는 왕훙 매니지먼트사로, 인터넷 커뮤니티에서 전자 상거래를 하고 물건을 팔도록 왕훙 그룹을 조직할 수 있다고 했다. 그럼 나는 어느 쪽에 더 투자하고 싶었을까? 겉으로 보면 스타가 있는 연예기획사의 팬층이 훨씬 두터워 보인다. 스타가 인터넷 커뮤니티에 등장하면 사람들이 대거 몰려들 것이고 여기에 팬까지 더해지면 그 규모는 엄청날 것이다. 왕훙이 아무리 유명한들 그 유명세가 스타에 비할 바는 아닐 것이다.

최종적으로 나는 왕훙 매니지먼트사를 선택했다. 그 이유는 두 가지다.

우선 스타 입장에서 생각해보면, 과연 그들이 매일 떠들썩하게 물건을 팔고 싶을까? 분명 아닐 것이다. 스타들은 광고처럼 좀더 쉽게 돈을 벌 방법이 있는데 구태여 옷 한 벌, 모자 한 개씩을 팔고 또 그 이윤을 나눠 갖는 길을 선택하려 할까? 그들 입장에서는 경제적 선택이 아니다.

둘째, 스타가 스타가 된 데에는 일반인과 다른 면이 있기 때문이다. 바로 이 다름으로 인해 엄청난 수익을 올릴 수 있다. 그런 스타에게 매일 물건을 팔라고 하면 품격이 떨어진다. 그렇게 되면 결국 판매 목표량을 달성하기 어려워진다.

그렇다면 나는 왜 왕훙 플랫폼에 투자했을까? 사람들이 왕훙을 어떻게 생각하는지 좀더 알아보도록 하자.

'15도 미녀'라는 말이 있다. 이 말인즉, 스타는 우리가 45도 각도로 고개를 들어 앙망하는 대상이고, 왕훙은 눈만 살짝 들어도 보이기에 고개를 15도만 들어도 충분하다는 것이다. 왕훙이 우리에게 립스틱을 추천해주면, 우리는 '저 립스틱을 바르거나 저 옷을 입으면 저 사람과 내가 같아질까?' 하면서 살짝 까치발만 들어도 그녀를 바로 따라잡을 수 있을 것 같은 생각이 든다.

똑같은 물건을 추천한다고 했을 때, 15도 미녀의 말이 45도 스타의 말보다 우리에게는 훨씬 더 설득력 있다. 따라서 나는 수치나 심리 분석 결과에 따라 왕훙이 전자 상거래를 하는 플랫폼에 투자하는 쪽을 택했다. 이처럼 투자자가 된 이후 내 사고방식엔 엄청난 변화가 있었다.

누군가는 이렇게 묻는다. "지금 인터넷 투자를 하고 있으니 인터넷을 잘 분석할 수 있을 것 같습니다. 인터넷상에는 정말로 수준 낮은 콘텐츠가 없습니까?" 당연히 있다. 인터넷 특성상 출판의 문턱이 낮아졌다. 원래는 전문 편집인, 국제 표준 도서 번호, 간행물 고유 번호, 허가증이 갖춰져야 출판이 가능했다. 그런데 지금은 문턱이 낮아져서 누구든 자신의 생각을 발표할 수 있고, 1인 미디어를 운영할 수 있다.

이런 상황이니 기존 콘텐츠와 비교했을 때 질이 천차만별이다. 하지만 돌이켜 생각해보면 중국뿐 아니라, 또 인터넷뿐 아니라 과거 모든 합법적인 매체에서도 저급한 콘텐츠의 비중은 상당했다. 그 배후에는 인간의 또 다른 본성인 '식욕과 성욕'이 있을 것이다. 다른 사람이 보지 않을 때 찾게 되는 그런 콘텐츠들 말이다.

예를 들어보자. 2007년 나는 '홍콩 반환 10주년' 방송을 하느라 홍콩에 한 달간 머무르고 있었다. 그때 지하철에서 유료 신문 중 구독자 수가 가장 많은 『핑궈일보蘋果日報』를 들고 있는 사람은 별로 없었다. 왜일까? 바로 『핑궈일보』의 이미지 때문이었다. 『핑궈일보』는 기본적으로 가십을 다루기 때문에 아이들에겐 적합하지 않은 내용이 있을 수 있다. 당시 『핑궈일보』에서는 선정적인 내용을 다룬 전문 칼럼이 두 개나 된 데다 상당 부분이 경마에 관한 내용이었다. 많은 사람이 이 신문을 좋아했지만 지하철에서 내가 『핑궈일보』를 보는 사람이라고 공개적으로 밝히길 원치 않았다.

하지만 오늘날 모바일 기기를 사용하면서 뭔가를 읽는 일은 매우 사적인 일로 바뀌었다. 공공장소에서 무엇을 보든 다른 사람은 알 수 없게 되었다. 그러자 사람들은 자신이 본능적으로 좋아하는 것을 보기 시작했다. 특히 모바일 인터넷의 콘텐츠 전달 방식에 일대 변혁이 일어나면서 '진르터우탸오今日頭條'처럼 빅데이터를 통해 읽을거리를 추천해주는 방식이 생겨났다. 어떤 내용을 클릭하면 비슷한 내용의 콘텐츠를 자동으로 여러 개 추천해주는 것이다.

따라서 일부 저급한 콘텐츠도 쉽게 상단에 오를 수 있게 되었다. 이런 현실은 쉽게 바뀌지 않을 것이다. 현재 편집자들은 이를 염두에 두고 이러한 정보 가운데 사람들이 관심을 가질 만한 콘텐츠를 끼워넣기도 한다.

지금 콘텐츠 창업 투자는 쯔뉴 펀드에서 매우 중요한 부분이다. 하지만 어떤 때는 매우 조급해지기도 한다. 콘텐츠 창업자 중 상당수가 내가 반년 전에 했던 생각과 똑같은 생각을 하고 인터넷 얘기만 나오면 한숨을 쉬며 이렇게 말하기 때문이다. "요즘 네티즌들은 못쓰겠어. 당신네들은 돈을 가지고 거품을 부추기는 사기꾼이고." 앞서 말했듯이 나는 스트리밍이 많이 이뤄지지만 콘텐츠는 그리 좋지 못한 곳을 발견하면 아주 흥분된다. 콘텐츠 창업으로 스트리밍을 더 늘릴 좋은 기회이기 때문이다. 이때 진입하지 않는다면 언제 진입하겠는가?

성장 속도가 빠른 시장을 믿어야 한다

이틀 전 취학 전 아동을 대상으로 콘텐츠를 개발하는 기업 대표를 만났다. 그 기업은 이미 10여 년의 경력을 지닌 역량 있는 곳이었다. 전국에는 약 20만 개의 유치원이 있는데 그중에서 이름 있고 교육 수준이 상위권인 곳은 1만 개 정도 된다. 이 기업에서는 유치원 설립부터 교사 훈련, 커리큘럼 설계, 구역에 이르기까지 모든 솔루션 세트를 상위권 유치원 3000여 곳에 동시 제공하고 있었다. 따라서 대단히 체계적이고 다년간의 노하우가 축적된 콘텐츠 공급 업체라고 할 수 있었다.

이 기업 대표는 인터넷에 관해 이야기를 나눌 때 아주 점잖은 태도를 보였지만 은연중에 이런 뉘앙스를 풍겼다. '인터넷상에서 이야기를 들려주는 사람이 있다. 대부분 직접 쓴 것이 아니라 이미 출판된 그림책의 내용이다. 그런데 그가 매일 하루에 한 편씩 2년을 들려준다 해도 고작 700여 편 아닌가? 지금 나는 이 사업에 종사한 지 10여 년이 흘렀고 내가 직접 집필한 이야기만 해도 수천 편이다. 출판된 책과 부교재는 셀 수 없이 많다. 그런 나도 이제야 어느 정도 가치를 평가받았는데, 왜 그 사람의 가치는 나를 훌쩍 뛰어넘어 저 앞에 있는 것일까?'

우선 다른 사람을 무시하지 말아야 한다. 우리는 먼저 인터넷이 어떻게 콘텐츠 기업의 가치를 높이는지에 대해 이야기했다. 나는 그 대표에게 한 가지 사실을 말해주었다. '사실 콘텐츠 창업에 종사하는 기업은 콘텐츠를 경영하는 것처럼 보이지만 본질적으로는 이용자를 관리하는 기업이다. 당신은 유치원에 콘텐츠를 공급하는 기업으로, 유치원을 관리하는 것이다. B2B 기업이라면 반드시 맞춤형 서비스를 제공해야 한다. 유치원마다 요구 사항이 제각기 다르기 때문이다. 유치원은 초중등학교 시장과 다르다. 초중등학교는 기본적으로 교재가 통일되어 있고 이것은 국가의 요구 사항에 따라 결정된다. 하지만 유치원에서 쓰는 교재나 커리큘럼은 사실상 시장에 의해 좌지우지된다. 각 유치원은 모두 자신만의 포지션이 있고 이에 따라 부가적 사항을 요구하게 된다. 읽기 교재를 추천하고 커리큘럼을 설계해줄 때 유치원 측은 당신 회사에서 자신들에게 맞게 서비스를 제공해주길 바란다. 그렇기 때문에 회사는 유치원마다 관련 콘텐츠를 단독으로 개발했고 10년이 지나 이렇게 많은 노하우를 쌓을 수 있었다. 그렇다고 콘텐츠 한 세트로는 몇 개 유치원에 팔 수 있을 뿐 동시에 3000개 유치원에 보급할 수 없다. 하지만 인터넷에서는 다르다. 예를 들어 내가 누군가에게 이야기를 들려준다면 한 사람만 이야기를 듣는 것이지만 인터넷에서는 유저 200만 명이 듣게 할 수 있다. 하나의 콘텐츠를 저비용으로 200만 명에게 동일하게 제공할 수 있다면 그 수익은 당신을 훨씬 앞설 수밖에 없다.'

"인터넷이란 이런 겁니다. 한 지점을 뚫은 다음 재빨리 고지高地를 차지하는 거죠. 높은 위치에 자금력이 더해졌을 때 무엇을 할 수 있을까요? 바로 당신이 무시하던 사람이 돈을 지불해 당신을 고용하고 콘텐츠를 사들일 것입니다."

그는 한동안 멍하니 있었다. 나는 계속해서 물었다. "왜 투자를 받거나 상장할 준비를 하지 않요?" 10년 넘도록 한 업계에 종사해온 사람이라면 자연스럽게 스스로에 대한 요구가 강해진다. 그는 이렇게 대답했다. "업계에서 좀더 실력을 갖추고 더 위로 올라가 업계 강자가 되었을 때 상장해도 늦지 않다고 생각했습니다." 기존 업계에 종사하던 사람, 특히 자기 자신에 대해 엄격한 사람이 할 법한 이야기다. 나는 그에게 말했다. '투자를 받는 본질적 이유는 당신이 좀더 빨리 달리기 위해서다. 만약 이미 업계의 강자가 되어 있다면, 심지어 2위와의 격차가 한참 벌어져 있다면 구태여 투자를 받을 필요가 없다. 투자를 받는 본질적 이유는 추진력을 얻기 위해서다.'

그러자 그는 이맛살을 찌푸렸다. 나는 그가 무슨 생각을 하는지 알고 있었다. 분명 이렇게 생각했을 것이다. '당신들은 자금을 가지고 그렇게 거품을 키우겠지. 좋은 기업만 키우는 것이 아니니 사기꾼과 뭐가 다른가.' 나는 또 그에게 말했다. "경제에 일정 수준의 거품이 존재하는 것은 건강한 현상입니다. 왜일까요? 생각해보세요. 당신에게 일정 규모의 고객이 있다면, 이는 대체로 좋은 방향으로 가고 있다는 뜻입니다. 이때 얼마를 투자받게 되었습니다. 그럼 지금의 기초 위에 거품을 한 층 세우게 됩니다. 이 거품은 당신이 더 빠르게 위로 올라가 새로운 높은 곳에 이르도록 도와줍니다. 그다음에 당신은 무슨 일을 해야 할까요? 이 돈을 가지고 재빨리 거품 위에 실제로 벽돌을 쌓아올려 진짜가 되게 해야 합니다. 새로 올라간 곳까지 벽돌을 다 채운 다음에는 다시 투자를 받아 또 벽돌을 쌓아 올립니다. 거품 위에 거품을 쌓아 올리지만 않는다면 위기는 쉽게 발생하지 않습니다. 거품이 생겼을 때 신속하게 이 돈을 자원이나 경영 능력, 실행 능력으로 바꿔 거품을 '실제'로 바꾼다면, 자체 자금 능력이나 수익 능력에만 전적으로 의존해 높이 올라가려는 사람을 훨씬 앞질러 발전할 수 있을 것입니다."

여기까지 듣고 그의 마음이 조금 움직이는 게 보였다. 하지만 한 사람의 사고방식을 바꾸는 것이 그렇게 쉬운 일이 아님을 나는 잘 알고 있다. 그의 콘텐츠는 정말 훌륭하기 때문에 나는 한 번 더 그에게 권유할 작정이다.

투자자가 되고 난 후 내 사고방식이 달라진 것은 세세한 부분까지 드러났다. 간단한 예를 들어보자. 막 투자자가 되었을 때 내가 자주 했던 질문은 "지금 시장 점유율이 얼마입니까?"였다. 이제는 그런 질문을 잘 하지 않는다. 지금은 주로 "현재 진입한 시장이 얼마나 빠르게 성장하고 있나요?"라고 묻는다.

왜 그렇게 물을까? 이미 구조를 갖춘 시장이라면, 그리고 규모가 어느 정도인지 100퍼센트 예측 가능한 시장이라면 기본적으로 죽어가는 '레드오션'이 된 것이다. 하지만 초기 투자를 할 때는 설령 지금은 사람들이 기대하는 분야가 아닐지라도 고속 성장을 하고 있는지에 더 주목해야 한다. 예를 들어보자. 우리는 '코드마오編程貓'(선전뎬마오과기공사深圳點貓科技公司가 자체적으로 연구 개발한 AR 앱으로, 증강현실 기술과 어린이 코딩 교육을 결합했다—옮긴이)에 투자한 바 있다. 코드마오가 투자를 받으려고 할 때 어떤 투자자는 "지금 시장 점유율이 얼마입니까?"라고 물을 것이다. 아이들에게 코딩을 가르치는 일은 바둑을 가르치는 것과 비슷할 테니 이처럼 시장 규모를 계산하면 그 규모를 쉽게 가늠할 수 있을 것이다.

몇 달 전만 해도 나 역시 이런 관점에서 문제를 봤지만 지금은 그렇지 않다. 아이가 앞으로 코딩을 못 한다면 기계화된 세상과 상호 교감하는 능력, 인공지능을 다루는 능력을 잃게 된다. 10년이 지나면 코딩을 할 수 없는 아이는 지금 영어를 못 하는 아이처럼 걱정거리가 될 것이다. 따라서 앞으로 이 시장은 빠르게 성장할 것이다. 바둑과 비교할 게 아니라 지금의 아동 영어 교육 시장과 비교해보면 순식간에 몇 배나 성장할 가능성이 있다.

이 세계가 얼마나 빨리 변화하고 있는지 아는가? 우리가 코드마오에 막 투자했을 당시 코드마오 설립자는, 코딩을 배운다고 인터넷 중독에 빠지는 것이 아니라는 점에 대해 학부모들을 어떻게 설득할 수 있을까 골머리를 앓고 있었다. 우리는 한 가지 방법을 생각해내, 많은 학부모와 교류한 다음 이렇게 알려주었다. "코딩을 배운 아이들은 오히려 인터넷에 중독되지 않습니다. 그들은 제작자의 관점에서 이 게임이 어떻게 만들어졌는지 알기 때문에 게임에 속아 돈을 쓰는 일이 없습니다."

우리 아들은 코딩을 네 과목 정도 수강한 다음 간단한 게임을 직접 만들어 나와 놀자고 했다. 매번 아들에게 지니까 나도 오기가 났다. 단순히 상하 버튼, 발사 버튼을 누르는 것이니 오른손, 왼손을 잘 맞추기만 하면 되는데 어떻게 매번 아들보다 느리지? 나중에 코딩 내용을 살펴보니 내 시작 점수를 -50점으로 해놓은 것이다. 그러니 질 수밖에 없었다.

이런 아이들은 나중에 규칙을 만들어낼 수 있다. 당신의 아이가 늘 남들에게 지기만 할 뿐 콘솔 창에 가서 코드를 바꿀 능력이 없다면 어떻겠는가. 알파고가 바둑 기사 이세돌을 이긴 후부터 학부모들이 갑자기 폭발적 관심을 보이며 우리가 투자한 코드마오를 직접 찾아와 물었다. "지금 무료로 제공해주다 갑자가 망하는 거 아닌가요? 우리 아이가 코딩을 배울 곳이 없어지는 거 아닌가요? 유료 과정을 개설해줄 순 없나요?"

최근 코드마오는 유료 수강생 수가 수만 명에 육박하는 등 성장세가 무섭다. 앞으로의 시장 성장을 기대하는 것은 억측이 아님이 증명된 것이다. 미국 아이들의 코딩 능력은 우리보다 앞서 있다. 미국의 최대 온라인 교육 플랫폼이 어디냐고 묻는다면 일반적으로 '무크MOOC'를 떠올릴 것이다. 그런데 나는 아이들이 코딩을 배울 수 있는 엔진인 '스크래치Scratch'를 추천하고 싶다. 이처럼 우리는 성장 속도가 더 빠른 시장을 믿어야 한다.

변화는 고통을 수반한다

이미 빠르게 성장하고 있는 시장을 선택하는 것과 새로운 시장을 개척하는 것, 둘 중 어느 쪽이 더 매력적일까? 후자는 새로운 블루오션이다. 사람들이 문제를 느끼고 있음에도 아직 해결책이 없는 분야들이 여기에 해당된다. 우리가 투자하는 또 다른 교육 사업인 아동 EQ 교육 시장에서 이런 특징을 발견할 수 있었다. 많은 학부모가 고등 교육을 받았음에도 자녀에게 좌절 대처 능력을 어떻게 길러주어야 하는지, 부정적 감정을 제멋대로 발산하는 것을 어떻게 훈육해야 하는지 잘 모른다. 영어나 프로그래밍 학습은 어느 기관을 찾아야 하는지 알겠는데 아이의 EQ를 높이려면 어떻게 해야 할까?

이런 어려움이 있어도 대부분은 도움받을 누군가를 찾지 못한다. 내게는 20년 지기이자 저명한 심리학 박사인 장이쥔張怡筠이 있었다. "네가 지난 수년 동안 아동 EQ와 관련해 연구해온 결과를 인터넷을 통해 더 많은 가정이 공유할 수 있게 해줘." 나는 그녀를 힘껏 격려했다.

반년 동안 가장 힘들었던 일이 무엇이냐고 나 자신에게 묻는다면, '확실한 것'과 '모험' 사이의 갈등이었다. 그동안 살아오면서 나스스로 가장 강조해온 것은 '믿을 만한 사람'이 되자는 것이었다. 다시 말해 어떤 일에 대해 알았다고 답했으면 그 일을 해내기 위해 노력하는 것이다. 이때 해낼 거라고 어떻게 자신할 수 있을까? 내가 확실히 잘하는 일만 하면 된다. 아직 할 줄 모르는 일이면 먼저 배우고 나서 하면 된다. 그러면 곧 잘하게 되어 사람들이 보기에 믿음직스러워진다. 내 생각에 '믿음직스럽다'는 말은 한 사람에 대한 최고의 평가다. 하지만 오늘날 벤처 투자 펀드가 확실한 일에만 손을 댄다면 대개는 죽고 말 것이다. 아마 이 빠르게 변화하는 세상에서 살아가는 창업자 모두가 자신이 확실하게 잘하는 일에만 손을 댄다면 속도전에 밀려 서서히 궤멸할 것이다.

나는 본디 콘텐츠를 다루던 사람인지라 업계에 막 들어왔을 때 조금은 일찍 콘텐츠 투자 분야에 덜컥 발을 들였다. 지난해 9월, 세 가지로 투자 방향을 정하고 한번 실험해보자 마음먹었다. 각기 다른 분야에 속한 콘텐츠들이 어떻게 현실화되는지 알고 싶었다. 먼저 콘텐츠와 전자 상거래가 병합된 회사인 '녠가오마마年糕媽媽'에 투자했다. 두 번째로, 콘텐츠 자체가 유료 서비스가 되는 장이쥔의 '아동 EQ 교육'에 투자했다. 세 번째로, 콘텐츠가 고부가 가치의 IP가 될 수 있는 '훈쯔웨混子曰'에 투자했다.

9월에 투자한 후 나는 그들의 환골탈태를 기다렸다. 10월, 11월이 되자 흐름이 아주 분명해졌다. 어떤 회사는 성장 수준이나 그 속도가 기대에 미치지 못해 성공했다고 말하기 어려웠다. 그런 회사는 더 성장하여 성과를 내기를 아직 기다리고 있다.

이 세 가지 사업은 2016년 중반에 결과가 명확해졌고, 나는 그때서야 '확실히 알게' 되었다. 그래서 비슷한 콘텐츠에 다시 투자하려고 했지만 돌연 가격이 안 맞는다는 사실을 발견했다. 가격이 맞지 않는다는 것은 초기 투자에서 최적의 시기를 놓쳤다는 것을 의미한다.

어느 날 동료인 푸성傳盛이 찾아와 내게 이런 말을 했다. "취안링, 내 생각에 넌 민첩함이 부족한 것 같아." 그의 말이 옳다는 것을 알았지만, 사람이 기존의 인식을 바꾼다는 것은 정말 힘든 일이다. 공중그네 한쪽에 서 있다가 간신히 다가오는 첫 번째 그네를 잡았다. 그리고 앞뒤로 흔들리면서 생각한다. 다시 몸을 솟구쳐 가장 가까이에 있는 두 번째 그네를 잡아야 하는데 과연 내가 할 수 있을까? 첫 번째 그네를 잡은 채 기회를 엿보지만 시간이 가면 갈수록 그네의 진폭은 점점 줄어든다. 이제는 더 기다릴 여유도 없이 이를 악물고 두 번째 그네로 뛰어오를 수밖에 없다. 그러한 불안감, 나 자신을 깨뜨려야 하는 그 느낌은 말할 수 없이 고통스럽다.

지금도 나는 이 사고방식을 완전히 깨뜨렸다고 자신 있게 말할 수 없다. 내 사고방식은 이미 지난 40여 년 동안 취해온 내 행동양식 속에 깊이 스며들어 있을 것이다. 그러나 고통스러워도 바꿔야 한다는 사실을 잘 안다.

전에 자부심이던 부분이 이제는 오히려 내 발목을 잡는다. 예컨대 나는 사람들에게 곧잘 이런 식으로 자랑했다. "알아? 난 매니저도 없이 일해."

그렇다. 나처럼 아나운서로 10여 년을 일한 사람이 매니저 하나 없이 일한다는 것은 이 업계에서 꽤 드문 사례다. 왜 나는 이것을 자랑했을까? 나는 매니저만큼이나 친화력이 있으니 마음 놓고 일을 맡겨도 스스로 잘 알아서 한다는 것을 은연중에 내비친 것이다. 내가 잘하지 못하는 일이라도 배우면 배웠지 남의 손을 빌리지 않았다. 다른 사람이 개입하면 오히려 그들을 관리하는 것이 더 성가셨기 때문이다. 하지만 조직의 관리자가 되고 보니 이것은 몹시 안 좋은 습관이었다.

처음에는 회사에서 제공하는 복지를 이용하지 않았다. 업무차 이동해야 할 때도 내 차가 있는데 왜 회사 돈을 쓰냐는 생각으로 택시를 타지 않았고, 나 스스로 운전할 수 있는데 왜 운전할 사람이 필요하냐며 운전사도 고용하지 않았다.

그러나 회사의 관점은 달랐다. 내가 운전사를 고용하거나 택시를 타면 매일 두 시간씩 더 일할 수 있으니 그 편이 훨씬 더 효율성이 높다고 봤다. 또한 더 큰 문제는 내게도 분명 '짧은 나무판'(여러 나무판을 이어 붙여서 만든 나무통에 물을 채울 때, 나무판 하나가 다른 나무판들보다 짧으면 물은 가장 짧은 나무판의 높이까지만 채울 수 있다는 '나무통 이론'에서 나온 표현—옮긴이), 즉 부족한 점이 있고 한계가 있을 텐데 모든 일을 배워서라도 내가 직접 한다는 것은 성장을 더디게 할 수밖에 없다는 것이다.

조직의 관리자라면 조직 구성을 통해 다른 사람의 긴 나무판으로 내 짧은 나무판을 보완할 줄 알아야 한다. 조직 전체의 역량은 여러 개의 나무판을 이어 붙인 나무통과 같다. 나 자신이 각각의 나무판을 모두 길게 하려면 시간이 소요되고 어떤 경우 평생 늘려도 길어지게 할 수 없다. 그러나 조직을 구성해 체계화된 역량을 활용한다면 이른 시일 안에 더 많은 물을 담을 수 있다.

이렇게 나를 바꾸는 일이 쉬운 것은 아니지만 나는 조금씩 바뀌고 있고 어떤 변화도 거부하지 않는다. 얼마 전 누군가가 내게 이렇게 질문했다. "당신이 공개적으로 말한 것처럼 사업의 95퍼센트, 심하면 99퍼센트 정도가 아직 완전히 신뢰하지 못하는 수준이라면 이 일을 하는 게 너무 힘들고 지치지 않습니까?" 내 시각은 다르다. 시간을 정해 미팅을 했어도 투자를 못 하게 되는 사업이 99퍼센트라고 하자. 그럼에도 나는 이 과정에서 다양한 지식을 습득할 수 있다. 그리고 이 지식을 바탕으로 내 사고방식을 바꾸고 약점을 개선할 수 있다.

소비자가 느끼는 불편을 오해하지 말자

이번에는 창업자와 미팅할 때 공통적으로 발견되는 오해들을 나뉘보고자 한다. 창업자를 만나보면 가장 쉽게 발견할 수 있는 점이 소비자들의 불편 사항을 불편으로 느끼지 못하는 것이다. 무슨 말인가? 창업은 우리 생활 속에서 해결이 필요한 문제들을 해결할 목적으로 이뤄진다는 사실을 우리 모두 잘 알고 있다. 가장 흔한 오해는 '당신은 해결이 필요하다고 느끼지만 다른 사람은 그 필요를 느끼지 않는다'는 것이다. 모든 창업자가 '나는 소비자가 필요로 하는 것을 찾고 있다'고 말하지만 소비자들이 정말 그것을 원하는 걸까?

예를 들어보자. 어느 스마트홈 기업이 수도꼭지 옆에 작은 스피커를 설치했다. "이 스피커는 무슨 용도입니까?"라고 묻자, "음성 제어 장치입니다. 스피커에 대고 '42.4도 온수로 해줘'라고 말하면 그 온도의 물이 나옵니다"라고 대답했다. 그 이야기를 듣고 나는 무슨 소리인가 싶어 잠시 멍해졌다. 다들 생각해보자. 손으로 조작하면 대강 몇 도인지 알 수 있으니 집에 있는 온수 수도꼭지도 상당히 편리하다. 물론 정확하게 42.4도를 맞출 수는 없을 테지만 실질적으로 우리에게 42.4도냐 41.5도냐는 크게 중요하지 않다.

일단 음성 제어를 하려면 음성 인식률이 상당히 높아야 할 것이다. 사투리가 심하면 사용하기 쉽지 않을 것이다. 손으로 온도를 조절하는 것이 더 편할까, 표준어능력시험을 보고 와서 음성 제어를 하는 것이 더 편리할까? 또 음성으로 온도를 조절하다보면 너무 뜨겁거나 너무 차가운 경우가 더 쉽게 발생하지 않을까? 따라서 이 상품은 정말로 소비자가 필요로 하는 것을 찾아내지 못했다는 생각이 들었다.

또 다른 오해는 고객 조사를 했을 때 고객이 불편하다고는 말하지만 실제로 그렇게 크게 불편함을 느끼지는 않는 점들이다. 이는 첫 번째 오해보다 더 해결하기 어렵다. 전형적인 예를 들어보겠다. 사람들은 만능 리모컨 앱이 있으면 좋겠다는 말을 많이 한다. 여기서 불편 사항은 무엇인가? 우리는 집에서 텔레비전 리모컨, 에어컨 리모컨, 오디오 리모컨을 어디에 두었는지 잊어버릴 때가 종종 있다. 시장 조사 때도 분명 이런 이야기가 나왔을 것이다. 하지만 리모컨을 잃어버리는 일이 예전부터 있었음에도 왜 관련 휴대전화 앱이 나오지 않았을까? 자세히 생각해보면, 집 안의 리모컨이 한동안 안 보일 수는 있어도 집 밖으로 가지고 나가거나 집 안에서 완전히 잃어버리는 일은 거의 없다. 리모컨을 찾느라 귀찮기는 하지만 결국에는 찾아낸다. 설령 끝내 찾지 못하거나 이사하면서 잃어버렸다 해도 마트나 길거리에서 저렴하게 만능 리모컨을 살 수 있다. 그런데도 군이 휴대전화 단말기에 만능 리모컨 앱을 깐다고 한다면, 실질적으로 전자회사까지 고려해야 한다. 여러 사양의 전자 제품을 와이파이나 블루투스 혹은 적외선으로 연결해야 하는데, 이는 번거로운 일이 아닐 수 없다. 게다가 소비자 입장에서는 아이를 포함해 집안 식구 모두가 휴대전화에 이 앱을 깔아야 한다. 이것이 바로 소비자가 불편하다고는 하지만 실제로 그렇게 불편하지 않은 사례다.

세 번째 오해는 창업자가 소비자의 심리 분석을 세심하게 하지 않아서 생긴 결과다. 예전에 불편했던 것이 앞으로의 새로운 상황에서도 반드시 그러리라는 법은 없다. 전형적인 예로 실버폰을 들 수 있다.

최근 실버폰은 피처폰 시장에서 확실히 큰 인기를 끌었다. 잊지 말아야 할 사실은 셀링 포인트가 단순히 노년층을 겨냥한 상품이라는 것 외에 가격이 저렴하다는 점도 있다는 것이다. 실버폰은 기능이 많지 않고 버튼이 크며 소리도 크고 가격이 150~200위안에 불과하다. 하지만 노년층을 위한 스마트폰의 경우, 글자를 크게 보려면 화면이 작지 않아야 하는데, 일단 화면이 커지면 들어가는 비용이 낮아질 수가 없다. 최소 1000위안 정도는 되니 일반 스마트폰과 가격 면에서 큰 차별성이 보이지 않는다.

이런 상황에서 기능을 좀 줄이고 글자를 키운다고 노년층에서 특별히 필요로 할까? 경쟁 모델은 무엇을 하겠는가? 지금은 일반 스마트폰에서도 모두 글씨를 크게 해서 볼 수 있으며 이것이 기본적인 기능이 되었다. 다시 말해 이런 불편 사항은 내가 아닌 다른 사람의 손에서도 해결될 수 있다는 것이다. 그런데도 노년층 입장에서 구태여 노년층을 겨냥한 스마트폰을 사서 자신이 노인임을 증명하고 싶을까? 게다가 일반적으로 노년층은 휴대전화를 어떻게 구하는가? 많은 노인이 자녀들이 쓰다가 넘긴 스마트폰을 사용하고 있다. 따라서 이 시장에서 노년층을 대상으로 한 스마트폰 사업은 활성화되기 힘들다.

이 불편 사항이 사업화되기 힘든 또 다른 이유는 그 자체로 자본이 너무 많이 들기 때문이다. 의료 검진 분야에서 특화된 기술력을 자랑하는 어느 이스라엘 기업을 본 적이 있다. 그들은 스마트폰에 주변 장치를 달면 혈당이나 소변 검사뿐 아니라 혈압, 심장 박동 수 측정까지 할 수 있지만 이를 위해서는 여러 종류의 장치가 필요해 사용하기가 매우 불편하다는 것을 발견했다. 그래서 그들은 자체적으로 헬스폰을 개발하려고 했다. 휴대전화 하나에 여러 기능이 모여 있어서 심장 박동 수뿐만 아니라 혈압도 잴 수 있고, 소변 검사뿐 아니라 혈당 측정도 할 수 있다. 그러니 모든 사람에게 필요한 휴대전화라고 할 수 있었다.

하지만 휴대전화 기종 하나가 도태되기까지 걸리는 시간은 1년 반에서 2년 정도다. 설령 2년 후 수요를 앞서 예측해 개발했다 하더라도 이 휴대전화에는 혈당 검사 기능이 있다는 사실을 잊어서는 안 된다. 즉 시장에 출시될 때 의료 기기 인증이라는 관문을 통과해야 한다는 뜻이다. 그런데 정부에서 의료 기기 인증을 하는 데 걸리는 시간은 공교롭게도 1년 반에서 2년 정도다. 다시 말해 그들이 아무리 노력한들 결국 시대에 뒤떨어진 휴대전화가 될 뿐이라는 것이다. 그래서 그 기업은 생각을 실행에 옮기지 못했다. 내가 자주 하는 말이다. '당신은 소비자가 느끼는 불편이 무엇인지 정말로 이해하는가?'

네 번째 오해는 아주 안타까운 점으로, 우수한 자질을 갖춘 창업자가 자주 범하는 잘못이다. 자신이 상당한 수준의 실력을 갖췄기에 그들은 자신의 기업에 대한 가치를 너무 높게 평가한다. 하지만 초기에는 자금이 그렇게 많이 필요하지 않기 때문에 기업 가치를 높이 평가해놓고 투자는 조금만 받는다. 기업 가치를 8000만 위안으로 평가하고 그중 2퍼센트만 투자를 받는 식이다. 150만 위안만 있어도 첫 단계에서는 무에서 유를 창조할 연구개발비로 충분하기 때문이다.

하지만 이렇게 되면 기쁨은 몇 달간만 지속될 뿐 다음번 투자를 받을 때는 제 무덤을 파놓은 셈이 된다. 사업의 파종기가 지나면, 에인절 투자(개인들이 돈을 모아, 창업하는 벤처 기업에 필요한 자금을 대고 주식으로 그 대가를 받는 투자 형태—옮긴이)든 Pre-A(A투자 직전 단계로, 상품은 이미 출시되었지만 아직 성과가 검증되지 않은 단계에서 이뤄지는 투자—옮긴이)든 창업자 입장에서는 정말로 돈이 많이 들어가는 시기다. 상품이 기본적으로 세팅되면 곧 시장 검증 단계에 들어가는데, 이때 홍보를 많이 해 소비자의 눈길을 끌어야 하고 제품을 잘 수정해야 하기 때문이다. 그런데 이때 기업 가치를 평가하기란 쉽지 않다. 왜 그럴까? 시작할 때 이미 값어치를 상당히 높여놨는데 다음 투자를 받을 때 가치 평가를 더 높일 수 있을까? 처음에 8000만 위안이라고 해서 두 번째에 1억6000만 위안이 가능할까? 수익 모델이 아직 없고 제품 라인업이 완성되지 않은 상황에서 기업 가치를 1억6000만 위안으로 평가한다는 것은 투자자 입장에서 상당히 어려운 일이다.

따라서 이 기업은 두 번째 투자를 받기까지 꽤 오랜 시간이 걸릴 것이다. 우선 처음보다 더 많은 투자자와 접촉해야 하고, 또 사업상 가장 중요한 시기에 기업의 가치를 낮추고 싶지는 않을 것이기 때문이다. 투자 유치 기간이 3~4개월 지속되면 이 기업은 몇 달 전 가장 잘나갔을 때 파놓은 구덩이에 함몰될 수 있다. 그래서 이런 창업자를 만나면 이따금 권면을 해보지만, 어떤 방식으로 이야기를 해도 자신이 정말 어려운 상황에 처했음을 인식하지 못하곤 한다.

또 한 유형의 창업자들은 내게 계산서를 들이밀기도 한다. '시장 타깃을 3~7세 아동으로 잡을 예정이다. 이 연령대 아이들은 전 세계에 몇 억이 있고 그중 중국이 10분의 1을 차지한다. 내가 중국 시장의 1퍼센트만 점유해도 몇 억을 벌 수 있다.' 나는 이런 이야기를 들으면 다음과 같이 묻는다. "어떻게 해서 1퍼센트를 점유할 수 있을 거라고 생각하는 거죠? 뭘로 증명할 수 있나요? 또 고객 유치 비용이 얼마나 들지 계산해봤어요? 고객을 한 명 유치할 때마다 얼마의 수익을 올릴 수 있죠? 가장, 정말 가장 기본적인 재무제표를 작성해봤나요?"

당시 우리는 교육 연수에 참여한 창업자 30명을 대상으로 실험해봤다. "한 조당 6명씩 모두 5개 조로 나누겠습니다. 여러분이 스마트폰 회사를 차렸다고 가정해봅시다. 전체 시장 30명을 대상으로 스마트폰을 판매해야 합니다. 이 스마트폰의 성능, 가격, 디자인은 모두 결정되었고 컬러만 다릅니다. 여러분 회사에서 어떤 컬러의 스마트폰을 생산할지 결정하기 전에 먼저 소비자 조사를 해야 합니다. 최종적으로 시장 점유율이 가장 큰 조가 1등입니다."

모두 다양한 방식으로 시장 조사를 했다. '화이트를 좋아합니까, 아니면 블랙을 좋아합니까?' '평소에 어떤 컬러의 스마트폰을 사용합니까?' '새 스마트폰을 산다면 어떤 컬러를 선택할 겁니까?' 이후 토론이 이뤄졌다.

첫 번째 조는 화이트를 18대 판매했다고 말했다. 두 번째 조는 블랙을 12대 판매했다고 했다. 세 번째 조는 골드 컬러를 언급했다.

네 번째 조는 와인 컬러가 요즘 가장 유행한다고 했다.

최종 평가에서 나는 모두에게 물었다. "조마다 모두 스마트폰 30대를 판매했습니다. 전체 시장에 30명의 소비자가 있다는 것을 모두 분명히 알고 있습니다. 또 이 시장에서 자신의 기업 외에 스마트폰을 파는 경쟁 기업이 4개사라는 것도 잘 알고 있습니다. 그렇다면 무엇에 근거해 전체 시장을 여러분 회사의 몫이라고 할 수 있나요?"

이 말에 교육장 분위기가 쥐 죽은 듯 가라앉았다. 누구도 말이 없었다. 나는 평상시 창업자들에게 경쟁 기업에 주목해야 한다는 말을 늘 해왔다. 그리고 스스로에 대해 인지해야 한다. 그러면 다들 내게 이렇게 말했다. "그렇게 해왔습니다. 늘 주목하고 있습니다." 하지만 실제로 실험해보니 모두 시장 점유율을 뻥튀기했고 자기 능력을 과신했다. 이 우수한 창업자들도, 또 이 말을 하는 나 역시 경쟁 상대를 파악하는 것이나 스스로에 대해 아는 것이 결코 쉬운 일이 아니다.

나는 나 자신의 사고방식을 바꿔야 한다는 것을 알고 있다. 그것도 최대한 빨리 바꿔야 한다. 그래야 시대의 빠른 변화 속도를 따라갈 수 있기 때문이다. 지금 이 시대는 너무나 빠르게 변하고 있어 고정된 사고방식을 용납하지 않는다. 가장 좋은 방식은 아예 고정성을 버리는 것이다. 기존에 갖고 있던 모든 것을 버리고 계속해서 새로운 것을 배우며 이해하는 과정은 확실히 보통 힘든 일이 아니다. 하지만 진정, 변화가 있어야 미래를 기대할 수 있다.

2.
현대 사회의
탄생

독서는 인지 능력을 높인다

우리는 초등학교 때 뉴턴이 위대한 과학자라고 배웠다. 하지만 중고등학교에 들어가니 뉴턴은 물리 교사로 돌변해 우리에게 뉴턴 제1법칙, 제2법칙, 제3법칙에 대해 시험을 냈다. 우리 세대 교육의 폐해를 경험한 사람이라면 뉴턴이 아무리 위대할지라도 존경은 하되 멀리할 것이다. 학창 시절 우리를 힘들게 했던 뉴턴이 좋은 인상으로 남아 있지는 않을 것이다.

갑자기 뉴턴 이야기를 왜 하는 걸까? 오늘날과 같은 인터넷 시대에 우리는 독서의 필요성이 점점 사라지고 있음을 느낀다. 인터넷이 방대한 백과사전이 되었기 때문이다. 검색 한 번에 모든 지식을 찾을 수 있어 사람들은 휴대전화로 인터넷에서 정보를 찾는 데 점점 더 심취한다.

그런데 최근 몇 년간 내 마음속 경계선이 분명해지고 있다. 인터넷에서 지식을 찾는 것과 서재에 들어가 책을 읽는 것은 완전히 다른 지식 탐구 분야라고 생각한다. 인터넷에서는 주로 현시대에 어떤 새로운 것이 있는지 알아보고, 커뮤니티에 어떤 글이 올라왔는지, 위챗 계정에 새 글이 올라왔는지를 확인하며, 혹시 궁금한 내용이 있으면 바이두에서 검색하는 등 보통은 앞선 정보를 찾아본다. 하지만 일단 서재로 돌아오면 과거의 정보를 찾는다.

나는 독서의 목적이 분명하다. 이 생의 얼마 남지 않은 시간을 들여 내 삶이 도대체 어디서 왔는지 명확히 알고 싶다.

"어디서 왔는지 아는 것은 쉬운 일 아닌가? 부모님에게서 온 거잖아!" 맞는 말이다. 하지만 내가 궁금한 것은 육신의 차원이 아니다. 인간의 본질은 관념 체계에 있다. 오늘날 우리는 많은 관념을 공유하고 있다. 예컨대 '인간은 자유로워야 한다' '인간은 여러 권리를 누려야 한다' '타인의 사유재산을 존중해야 한다' 등. 오늘날에는 수시로 언급되는 것이라 당연시되는 관념이지만 몇십 년 전 중국이나 몇백 년 전 서구로 돌아간다면 그 시대 사람들은 당신이 무슨 말을 하는지 전혀 이해하지 못할 것이다. 또 현시대라 하더라도 원시 부족민들을 찾아가 이런 관념에 대해 이야기한다면 그들 역시 무슨 말인지 알지 못하고, 오히려 당신을 이상한 사람으로 취급할 것이다. 설령 더 많은 돈, 더 안락한 생활에 대해 이야기한다 해도 그들은 이해하지 못할 것이다.

즉, 현재 우리 삶은 과거부터 지금까지 인류가 쌓아온 수많은 '관념'을 토대로 영위되고 있는 것이다. 『문명은 부산물이다 文明是副産品』의 저자 정예푸鄭也夫는 책에서 조판 인쇄술의 발명을 다루었다.

그 책을 보기 전까지 이 분야에 아무런 지식이 없었던 나는 '조판 인쇄술이야 간단하지, 뭐. 나무판에 글자를 반대 방향으로 파서 먹을 바른 다음 그 위에 종이를 덮으면 '짠' 하고 인쇄가 되는 거 아냐? 레이저 기술이니 하는 것도 없으면서 선진 기술이라고 할 게 뭐가 있어'라고 생각했다. 하지만 그 책을 읽고 난 후 '당唐대에 와서야 간신히 나온 것이고 원래는 이런 물건이 없었구나. 왜 그때까지 전 세계에서 이런 생각을 한 사람이 없었을까? 중국조차 왜 당대에 이르러서야 비로소 발명하게 되었을까?'라는 생각이 들었다.

『문명은 부산물이다』에 실린 내용을 통해 나는 조판 인쇄술이 메소포타미아 유역의 인장 문화, 인도의 불경 인쇄 문화, 중국의 비석 탁본 문화, 그리고 훗날 중국의 종이와 인쇄용 잉크 문화 등에서 여러 기술이 조합되어 비로소 탄생한 기술이라는 사실을 깨달았다.

관념은 더욱 그렇다. 숫자 '0'은 인류 역사상 가장 위대한 발명이라는 말을 들은 적이 있다. 만약 인류의 모든 발명품 중 열 가지를 꼽으라면 숫자 0이 그중 으뜸이라고 한다. 처음에는 그 얘기를 듣고 이해하지 못하다가 나중에야 무릎을 탁 쳤다. 만약 0이 없었다면, 현대 수학이며 현대 수학 위에 세워진 물리학, 그리고 지금의 산업 문명 모두 존재하지 못했을 것이다.

0을 발명하기가 왜 그렇게 힘들었을까? 어떤 기호를 발명할 때는 지칭하는 대상이 있기 마련이지만, 0은 아무것도 지칭하지 않기 때문이다. 그렇다면 인도인은 어떻게 처음 이 숫자를 발견할 수 있었을까? 바로 인도 철학에 공空이나 무無 개념이 있었기 때문이다.

뉴턴을 주목해야 하는 이유

다시 주제인 뉴턴으로 돌아오자. 뉴턴이 왜 중요할까? 앞서 포석을 깔아두었으니 뉴턴이 과학사의 거장이나 인류 과학 발견사의 중요한 인물이어서가 아님을 알 것이다. 그는 한 시대의 관념 체계를 세운 사람이다. 간단히 말해 그가 바로 대전환점인 것이다.

뉴턴이 얼마나 대단한 사람인지는 더 말할 필요가 없다. 어떤 사람은 뉴턴을 가리켜 이렇게 말했다. "뉴턴이 살아 있다면 이미 노벨상을 받았을 것이다. 혼자서 적어도 4년 연속 노벨 물리학상을 받고, 말년에 연금술에 미쳤으니 한 해는 노벨 화학상도 받았을 것이다. 또 미적분을 발명했으니 수학계의 노벨상으로 불리는 필즈상도 받았을 것이다."

그렇다면 뉴턴을 대전환점이라고 한 이유는 무엇일까?

다음은 1727년 뉴턴이 사망했을 당시 영국의 시인 알렉산더 포프가 그를 위해 쓴 유명한 묘비명이다. "자연과 자연의 법칙이 어둠 속에 가려져 있을 때, 신神께서 말씀하시길 '뉴턴이 있으라!' 하시니 모든 것이 밝아졌다."

뉴턴을 숭배하던 팬이 남긴 찬사였다. 하지만 이 글을 곰곰이 곱씹어보면 뉴턴의 진짜 가치가 어디에 있는지 알 수 있다.

뉴턴의 이전 시대에 인류는 땅을 일구고 신의 안색을 살피며 먹을 것을 구하는 매우 가여운 종種이었다. 중국인은 이런 삶을 가리켜 "천지불인, 이만물위추구天地不仁, 以萬物爲芻狗(『도덕경道德經』의 한 구절로, '하늘과 땅은 자비롭지 않다. 모든 것을 풀강아지 대하듯 한다'라는 뜻―옮긴이)"라고 했고, 서양에서는 '하느님의 징계의 채찍'이라고 표현했다. 즉, 우리는 거칠고 사나운 자연의 힘 아래 간신히 목숨을 부지하고 살아가는 종이었으며, 인간의 생존 시스템은 매우 취약했다.

하지만 뉴턴은 이렇게 말했다. "그게 뭐? 나무에서 열매가 떨어지는 것부터 해변의 밀물과 썰물, 지구와 달의 관계에 이르기까지 모든 것은 질서정연한 현상이다. 내가 종이에 쓴 몇 가지 법칙에 모두 부합한다." 다시 말해 우리는 수학으로 계산할 수 있는 정밀한 시스템 속에서 살아가고 있으며 모든 것이 법칙에 따라 움직인다는 것이다.

법칙이라는 것을 가볍게 생각해서는 안 된다. 인류가 일단 이것을 파악하고 나면 계속해서 발전해나갈 수 있기 때문이다. 지금까지 인간은 자연계의 수많은 법칙을 알아냈다. 뉴턴이 가장 먼저 이 문을 열어젖혔다. 뉴턴의 업적을 보고 후대인들은 법칙을 규명함으로써 인류가 자연을 통제하고 계속 진보해나갈 수 있다는 사실을 깨달았다. 그러니 뉴턴이 중요하지 않다고 할 수 있겠는가?

골드러시 당시 누군가가 괭이로 땅을 파다 커다란 금광을 발견했고, 이후 많은 사람이 그곳으로 몰려들었다. 하지만 얼마나 많은 사람이 몰려왔든 가장 큰 공은 가장 먼저 금광을 발견한 사람에게 돌아가야 할 것이다. 이와 마찬가지로 뉴턴은 자연계의 법칙이라는 대문을 가장 먼저 연 사람이다.

그래서 영국인들은 자랑스럽게 말한다. "뉴턴이 대자연의 비밀의 열쇠를 찾았다. 그는 바로 우리 영국인이다! 또 훗날 제임스 와트는 증기 기관을 개량했다. 뉴턴이 찾은 열쇠를 가지고 산업혁명의 문을 활짝 연 것이다. 우리 영국인은 이렇듯 대단하다!"

그런데 뉴턴이 진짜 대단한 이유는 단순히 과학계와 산업계에서 보여준 활약 외에도 정치와 사회에까지 영향을 주었다는 데 있다. 미국의 국부國父인 벤저민 프랭클린이나 토머스 제퍼슨 시대 사람들은 다들 집에 뉴턴의 초상화를 하나씩 걸어두었다. 그만큼 사람들의 존경을 받았던 것이다. 미국의 28대 대통령이었던 우드로 윌슨은 이런 말을 남겼다. "미국 헌법'은 뉴턴의 법칙을 따른다."

호기심이 이는 말이다. 뉴턴의 법칙은 물리학 법칙인데 '미국 헌법'과 무슨 관련이 있을까? '미국 헌법'은 필라델피아 제헌 회의에서 탄생한 것으로, 나중에 조금씩 보완한 수정안이 통과되어 지금에 이른 것이다. 이 말은 무슨 뜻인가? 국부 시대 사람들이 볼 때 인간 삼라만상이 아무리 복잡한들 뉴턴의 몇 가지 간단한 법칙으로 모두 정리할 수 있다는 것이다. 법칙을 알고 이를 조문이나 공식으로 고정해놓기만 하면 영구적으로 운용할 수 있다는 뜻이다. 미국인은 자국의 헌법을 이렇게 인식하고 있다.

린다林達의 저서를 보면 이런 비유가 나온다. "미국 헌법'은 금전등록기와 같다. 우리가 물건을 가져가 돈을 지불하면 점원이 QR 코드를 식별해 입력하고 금전등록기를 열어 잔돈을 거슬러준 다음 거래 내용이 적힌 영수증을 출력해준다. 이 기계는 기술적으로 원리가 아주 간단하지만, 인류 상업 역사상 중대한 발명이라는 사실을 알아야 한다."

고금을 통틀어 세계 각국의 소상인들에게는 한 가지 난제가 있었다. 매일 대량의 거래가 이뤄지지만 기록을 남길 시스템이 부재하다는 것이었다. 더 큰 문제는 사업 규모가 조금만 더 커져도 점원을 고용해야 하는데, 점원이 돈을 훔치지나 않을까 늘 노심초사해야 한다는 것이었다. 그러나 금전등록기를 사용하고부터는 어떤 물건이든 계산할 때 점원이나 고객 모두 가격과 거스름돈을 볼 수 있게 되었다. 양측이 모두 인정하고 다른 의견이 없어야만 '팅' 하는 소리와 함께 돈이 든 서랍이 열려 거스름돈을 돌려줄 수 있다. 또 하루 동안 판매된 내역이 종이에 고스란히 남아 점주는 쉽게 장부를 맞춰볼 수 있다.

이것이야말로 '미국 헌법'과 같은 기계가 아닐까? '미국 헌법'은 아주 간단한 원리를 통해 모든 사람의 행위를 규범화했다. 즉 '미국 헌법'은 뉴턴식의 헌법으로, 뉴턴이 사람들의 세계관을 얼마나 크게 변화시켰는지 엿볼 수 있는 좋은 사례다.

사실 후대인들은 뉴턴에 대해 다소 볼멘소리를 하기도 한다. 20대에 업적의 대부분을 성취했던 그가 훗날 나이가 들어서는 꽤 독특한 행보를 보였기 때문이다. 중국인들은 뉴턴에 대해 기본적으로 두 가지 생각을 갖고 있다. 첫째, '뉴턴은 말년에 신학에 심취했다.' 둘째, '뉴턴은 연금술처럼 갖가지 사이비 과학에 빠졌다. 위대한 과학자가 말년에 이렇게 타락하다니 정말 안타까운 일이다.'

중국인들은 문제를 볼 때 모든 사실을 한데 모아놓고 총괄적으로 평가하는 경향이 있다. '이 사람은 이런 점을 잘했고, 이런 점은 잘못했다.' '이 사람은 위대한 업적을 남겼으니 공과 과가 7 대 3이면 될 것 같다'는 식이다. 이것이 바로 독서가 주는 이점이다. 우리는 독서를 통해 살아 숨 쉬는 한 사람을 생생한 역사 현장 속에서 살펴볼 수 있다.

뉴턴에게 왜 이렇게 모순적인 부분이 있었는지는 일단 뉴턴이 살았던 시대를 반추해본다면 쉽게 이해할 수 있다. 여기서는 바로 이러한 관점으로 뉴턴에 대해 이야기하고자 한다.

1642년으로 돌아가면

뉴턴은 영국에서 부르주아 혁명이 일어났던, 역사적으로 매우 중요한 1642년(1643년 1월 4일 출생했지만 당시 잉글랜드는 아직 교황의 최신 역법을 받아들이지 않았기 때문에, 당시 역법에 따라 그의 출생일은 1642년 성탄절이 되었다)에 태어났다. 게다가 뉴턴은 신분상 운이 꽤나 없는 편이었다. 당시 위대한 과학자들과 견줄 때 가장 보잘것없는 집안 출신이었다. 뉴턴과 동시대를 살았던 과학계의 거장 중에서 화학의 창시자인 로버트 보일의 부친은 백작이었고 당시 영국에서 가장 부유한 사람 중 한 명이었다. 보일의 아버지는 아들을 위해 호화 저택에 실험실 3개를 지어주고 플라스크를 필요한 만큼 샀으며 불도 마음대로 피울 수 있었다. 보일은 하루 종일 집에서 기화, 응고, 팽창, 기체 등을 연구했다. 보일의 법칙은 이렇게 탄생했다. 핼리혜성을 발견한 영국의 천문학자 에드먼드 핼리 역시 부유한 집에서 자랐다. 그의 부친은 비누 사업가로, 집에 은을 쌓아놓고 핼리가 연구하는 것을 지원했다.

동시대를 살았던 뉴턴은 상대적으로 불쌍하기 그지없다. 그는 잉글랜드 링컨셔주의 시골 마을에서 태어났고, 부모는 전형적인 농민이었다. 그와 이름이 같았던 뉴턴의 아버지 아이작 뉴턴은 일자무식이었으며, 그가 태어나기 3개월 전에 죽어 뉴턴은 유복자가 되었다. 게다가 뉴턴은 태어날 당시 체중이 1.5킬로그램밖에 되지 않아 가족들은 그가 금방 죽을 것이라 생각했다. 이때는 누구도 예상치 못했으나 뉴턴은 85세까지 건강하게 장수를 누렸다.

이런 가정환경에서 뉴턴은 분명 곤궁한 삶을 살았을 것이다. 나중에 어머니가 재가를 했는데 뉴턴을 마땅찮게 여긴 계부는 그를 외가에 맡겼고 중도에 학업마저 포기하게 되었다.

이후 그의 인생 후반기에 대해 간단히 이야기해보면 다음과 같다. 뉴턴은 고군분투한 끝에 케임브리지 대학에 입학했다. 당시 대학은, 대입고사를 치러 일괄적으로 입학하고 장학금도 수여하는 현재의 대학과는 크게 달랐다. 학생에게 제공되는 것이 거의 없었다. 뉴턴은 학교 친구들에게 아르바이트를 해주고 다른 사람이 남긴 밥을 먹으며 대학 공부를 했다. 그가 케임브리지 대학에 다닐 때 소지한 물품은 고작 몇 가지에 지나지 않았다. 식사 때 사용하는 그릇, 양초 몇 자루, 노트 한 권, 그리고 열쇠 하나.

그의 인생의 전환점은 그가 고향으로 돌아간 1665년에서 1667년까지 18개월 동안에 있었다. 당시 런던에 흑사병이 돌자 뉴턴은 고향으로 피신했다. 1666년, 이해를 주목해야 한다. 세계 과학사상 첫 번째 기적이 일어난 해가 바로 1666년이다. 뉴턴은 고향으로 피신했던 그 시기에 어머니의 농장에서 중요한 과학적 공헌 모두를 일궈냈다.

1669년 케임브리지 대학으로 돌아온 뉴턴은 바로 교수로 임명되었다. 케임브리지 대학에서 가장 젊은 종신교수가 되었고 앞으로 30년이 보장되었다. 50대가 된 뉴턴은 높은 지위와 부를 누릴 수 있었다. 뉴턴의 명성이 자자해지자, 영국 국왕은 이렇듯 귀한 영국의 보배에게 무엇을 하사할 수 있을까 고민한 끝에 그를 왕실 조폐국 국장으로 임명했다. 왕실 조폐국 국장은 급여가 높지만 일은 한가한 자리였다. 그리고 1703년 그는 영국 왕실학회 회장이 되었다.

뉴턴은 귀족이 아니었음에도 과학자의 신분으로 기사 작위를 받은 첫 번째 인물이자 자연과학자로서 처음으로 국장을 치른 사람이었다. 뉴턴이 세상을 떠나고 출상할 때 수천수만의 인파가 몰려와 그를 전송했고 공작 두 명, 백작 세 명, 대법관 한 명이 그의 관을 운구했다. 오늘날 영국 런던의 웨스트민스터 대성당에 가면 성당 정중앙에 자리한 뉴턴의 묘를 볼 수 있다. 국왕들 묘보다 뉴턴의 묘가 더 좋은 곳에 위치한 걸 보면 영국인들이 얼마나 뉴턴을 존경하는지 잘 알 수 있다.

뉴턴의 장례식에서 그를 전송하던 수많은 사람 중에는 볼테르도 있었다. 프랑스의 대문호이자 계몽사상가인 볼테르는 그 광경을 보고 감격에 겨워 이렇게 말했다. "웨스트민스터 대성당에 들어서면 사람들은 제왕의 무덤이 아닌, 민족의 빛을 밝힌 위대한 인물을 위해 국가가 감사의 뜻으로 세운 기념비를 우러러본다. 재능을 높이 사는 영국 국민의 모습을 여기서 볼 수 있다."

뉴턴의 장례식이 끝나자 볼테르는 런던을 유람했고 또 뉴턴의 일생을 알아보고자 조카 캐서린을 찾아갔다. 캐서린은 볼테르에게 뉴턴이 고향에 있을 때 나무에서 떨어진 사과에 머리를 맞고 만유인력의 법칙을 발견했다는 유명한 일화를 들려주었다. 프랑스로 돌아온 볼테르는 그 일화를 글로 썼는데, 필력이 워낙 뛰어나 그 이야기가 순식간에 유럽 전역으로 전해졌고 나중에는 우리 교과서에도 실렸다.

사실 이게 어떻게 가능할까? 과일이 머리로 떨어진다는 것은 인류가 일찍이 알고 있던 현상임에도 왜 다른 사람은 여기서 깨달음을 얻지 못했을까? 그 과학적 발견과 과학자의 이력으로 볼 때 신기하게 느껴지는 일화일 뿐 논리적으로 볼 때는 전혀 말이 안 되는 이야기다.

이제 뉴턴의 이야기 중에서 이해되지 않는 모순들을 하나씩 풀어보기로 하자. 대과학자가 왜 신학에 심취하게 된 것일까? 또 왜 비과학적이고 사이비에 가까운 연금술에 빠졌을까? 논리적으로 이해하기 어려운 이 일들을 파헤치기 위해 그 시대로 돌아가 살아있는 뉴턴을 만나보도록 하자.

'관념의 지층'을 구축하다

우선 『뉴턴의 시계The Clockwork Universe』라는 책을 추천하고 싶다. 내가 이 책에 관심을 갖게 된 이유는 '아이작 뉴턴, 왕실학회와 현대사회의 탄생'이라는 부제에 꽂혔기 때문이다. 뉴턴의 생애로 돌아가볼 때 비로소 현대사회가 탄생한 순간을 확인할 수 있다.

현대인의 일원으로 눈을 들어 사방을 돌아보면 변화하고 물질적으로 매우 풍요로운 세계가 보인다. 또 그 배후에 과학기술, 정치, 사회, 경제 등 여러 역량이 있음을 알고 있다. 그러나 이 모든 것은 특정 시대의 '관념의 지층_{地層}' 위에 건설된 것이다.

여기서 내가 사용한 '지층'이라는 단어에 주의를 기울여보자. 인류 문명의 발전 역시 관념의 생성 과정에 따라 진행된다. 다음 세대의 관념 체계는 이전 세대의 관념 체계 위에 층층이 세워진다. 아래 기반이 없이는 결코 상층부가 세워질 수 없다.

우리는 왜 뉴턴을 논하는 것일까? 뉴턴과 그 시대 사람들이 관념의 지층을 세웠기 때문이다. 이런 관념의 지층이 없었다면 현대사회는 근본적으로 나타날 수 없었을 것이다. 그렇기 때문에 『뉴턴의 시계』를 추천한다.

이 책의 저자는 뉴턴을 아주 높이 평가한다. 그의 생각에 따르면 뉴턴은 단순히 과학계의 거장에 그치는 것이 아니라 동시대 과학자들과 더불어 도래하는 현대사회의 관념적 지층을 다진 인물이다. 따라서 지금 우리가 뉴턴이라는 인물을 이해하려면 뉴턴이 살았던 시대와 그 시대의 관념적 지층으로 돌아가야 한다. 이렇게 했을 때 모든 것을 무리 없이 이해할 수 있고, 뉴턴 세대의 놀라운 사상적 성과가 당시 종교 관념의 지층을 기반으로 창출된 것임을 깨달을 수 있다. 이 사실을 알면 뉴턴의 삶에서 논리적 모순처럼 보이는 것들도 더 이상 이상하게 느껴지지 않을 것이다.

예를 들면 다음과 같다. 우리는 뉴턴이 과학자로서 종교를 가져서는 안 된다고 생각한다. 우리는 이러한 이해와 더불어 기본적으로 두 가지 해석을 받아들였다. 첫째, 뉴턴은 위인으로, 공과 과가 있지만 전반적으로 공이 크다. 둘째, 다음은 내가 중학생일 때 선생님이 하신 말씀이다. 뉴턴은 과학의 법칙을 발견하고 어떻게 이런 일이 가능한지 깜짝 놀랐다고 한다. 이러한 법칙의 배후에는 틀림없이 하느님이 있다는 것을 알고 말년에 신학 연구에 매진한 것이다. 그런데 시간상 다소 맞지 않는 부분이 있다. 뉴턴은 중간에 기독교로 개종한 경우가 아니라 어려서부터 하느님을 믿어왔다. 그렇기에 이 부분은 다시 해석할 필요가 있다.

1666년, 과학적 발견의 해

기독교는 종교 중 하나이지만 여느 종교와는 다르다. 불교에도 천당과 지옥이 있고, 천당을 알리면서 사람들을 선한 길로 인도하고 지옥을 말하면서 사람들이 악한 일을 하지 못하게 한다. 하지만 불교는 기독교와 달리 육도六道와 윤회輪回를 강조한다. 불교는 좀 복잡해서, 천도天道, 아수라도阿修罗道, 인도人道, 축생도畜生道, 악귀도惡鬼道, 지옥도地獄道가 있다. 한 사람이 이번 생에서 선하게 잘 살면 다음 생에서 사람으로 태어난다. 덕을 쌓고 선을 행하면 다음 생에는 하늘로 가 아수라도에 닿고 더 나아가 천도로 갈 수 있다. 만약 성불한다면 육도와 윤회로부터 완전히 벗어날 수 있다. 하지만 악을 행하면 아래로 떨어져 다음 생에는 짐승이나 악귀가 되고 더 나아가 지옥에 떨어질 수 있다.

　일반인들 입장에서 이러한 개념은 마음에 위안이 될 수 있다. 다양한 출구를 제시해주기 때문이다. 성불할 생각이 없거나 천도, 아수라도에 들어가지 않고 다음 생에 다시 사람으로 태어나 육신을 잘 수련하는 것만도 그리 나쁘지 않다고 여기게 해준다. 이렇게 불교는 중생들에게 뷔페처럼 좋은 술, 나쁜 술, 각양각색의 음식을 잔뜩 차려놓고 스스로 선택해 먹고 마시도록 한다.

　또한 불교는 결점과 잘못을 고치고 구제하는 출구를 중시한다. 설령 지옥에 떨어졌다 해도 괜찮다. 수조 년의 고통이 다 끝나면 보살이 지옥에서 구해 중생을 제도해준다. 불교의 지장왕보살은 이런 대원大願을 빌었다고 한다. "지옥의 중생을 다 제도할 때까지 성불하지 않으리地獄不空誓不成佛."

　반면 기독교에는 선택지가 두 개밖에 없다. 하나는 천국에 가는 것이고 다른 하나는 지옥에 떨어지는 것이다. 기독교에는 '최후의 심판의 날'이 있다. 그때가 되면 예수가 세상에 재림해 모든 사람이 그의 심판대 앞에 서게 된다. 이미 죽은 사람도 관에서 나와 그의 심판을 받게 된다. '괜찮은 사람이군. 천국으로 가게.' '안 되겠군. 지옥으로 가게.' 이것이 마지막 심판으로, 이때가 되면 더 이상 상소할 기회가 없다. 일단 지옥에 가면 영원히 고통받게 되고 다시 구원받을 기회가 사라진다. 그래서 기독교는 사상적으로 사람의 심령을 위로하면서 한편으로 사람을 두렵게 하는 면이 있다.

　기독교 관념에서는 에덴동산에 살던 시간을 좋았던 때로 꼽는다. 그러나 인류의 조상인 아담과 하와가 에덴동산에서 쫓겨난 이후 모든 인류가 타락하고 결국 최후의 심판을 받아야 한다. 따라서 기독교인은 예전이 좋았고 현재는 좋지 않다고 생각한다.

이 때문에 사람들로서는 '최후의 심판의 날'이 언제인지를 아는 것이 무엇보다 중요했다. 역사적으로 여러 주장이 있었고 이는 매번 사람들을 두려움에 떨게 만들었다. 예컨대 서기 1000년이 되자 모두가 전전긍긍하며 마음을 졸였다. 1000년이 쓱 지나가자 사람들은 또 1666년이 아닐까 추측했다. 이해에 뉴턴은 3대 법칙과 만유인력의 법칙을 발견했다. 과학사에서 첫 번째 기적의 해는 바로 1666년이다.

왜 1666년을 그토록 주목했을까? 기독교 관념에서 666은 사탄의 숫자다. 그래서 1000년에 최후의 심판이 없었다면 분명히 1666년일 것으로 여겼다. 당시 영국에 살고 있는 사람이었다면 종교적 관념 때문이 아니더라도 여러 자연 현상 때문에 믿을 수밖에 없었을 것이다.

1665년 하늘에 혜성이 나타났다. 그 당시 런던은 지금처럼 스모그가 심하지 않았기 때문에 사람들 모두 하늘에서 혜성을 볼 수 있었다. 신부는 사람들에게 말했다. "혜성이 나타났다는 것은 선을 행하지 않으면 폭풍우나 화염, 죽음이 이 세상에 가득할 것이라는 의미입니다. 두고 보십시오."

곧이어 런던에 흑사병이 창궐했다. 런던 인구의 10분의 1인 50, 60만 명이 흑사병으로 사망했다. 이런 상황에서 뉴턴이 어떻게 고향으로 피신을 떠나지 않을 수 있었겠는가? 종교적 분위기가 강한 런던에서 혜성이 나타나고 또 이렇게 많은 사람이 돌림병으로 죽자, 사람들은 신부의 말을 믿기 시작했고 사회 전체에 종말론이 팽배했다.

당시 런던에 존 던이라는 유명한 시인이 있었다. 그가 쓴 「누구를 위하여 종은 울리나」라는 유명한 시는 일종의 설교문으로 볼 수 있다.

> 누구든 그 자체로서 온전한 섬은 아니다.
> 모든 인간은 대지의 한 조각이며, 대양의 일부다.
> 만일 흙덩이가 바닷물에 씻겨내려가면
> 유럽의 땅은 그만큼 작아지며,
> 만일 모래톱이 그리되어도 마찬가지이며
> 만일 그대의 친구들이나 그대의 영지領地가 그리되어도 마찬가지다.
> 어느 누구의 죽음도 나를 감소시킨다.
> 왜냐하면 나는 인류 속에 포함되어 있기 때문이다.
> 그러니 누구를 위하여 종이 울리는지를 알고자 사람을 보내지 말라!
> 종은 그대를 위해서 울리는 것이니!

이어서 유명한 런던 대화재가 발생했다. 1666년 9월, 한 제빵사가 불 끄는 것을 깜빡 잊었고 여기서 시작된 불씨가 번져 빈민가의 목재 주택을 불살랐다. 열 몇 시간 만에 거대한 런던이 불에 타 폐허가 되었다. 당시 영국 국왕이었던 찰스 2세 역시 불을 끄러 뛰어나왔다고 한다. 그는 맨발로 흙바닥에 서서 손에 삽을 들고 어깨에는 돈주머니를 들고 있다가 용감하게 불을 끄려는 사람이 있으면 바로 격려금을 지불했다. 그럼에도 아무 소용이 없었다.

초기에 8명이 화재로 사망했을 뿐 인명 피해가 크지 않았으니 대화재는 오히려 다행이었다고 말하는 사람도 훗날 있었다. 더 중요한 사실은 런던에 창궐했던 흑사병이 그 이후로 사라졌다는 것이다. 왜였을까? 전염병의 원인이었던 쥐가 모두 불에 타 죽었기 때문이다.

왜 1666년이 '과학적 발견의 기적의 해'가 되었을까? 또 왜 1666년에 종말론적 예언과 징조가 이렇게 많이 나왔을까? 이 둘 사이에 아무런 관련이 없었을까?

과학사학자들은 관련이 있다고 생각했다. 종말론적 분위기가 팽배해지자 그 시대 과학자들은 하느님이 최종적으로 인간의 운명을 어떻게 계획하셨는지 파헤쳐보고자 했다. 그때 종교를 가진 사람들은 모두 전능하신 하느님이 모든 것을 선하게 계획하셨고 세상에 그 계시를 남겨놓으셨으니 지혜를 가진 사람이 그것을 풀면 된다고 생각했다.

하느님은 어떤 흔적을 남기셨을까? 먼저 성경에 문자 형식으로 계시를 남겼다. 그래서 뉴턴은 말년에 성경을 파헤쳐 그 속의 비밀을 풀고자 했다. 문자를 보면 표면적으로 이런 뜻이지만 그 이면에 다른 뜻이 있지 않을까? 이런 관점에서 뉴턴은 신학 저서를 여러 권 썼다.

다른 하나는 대자연을 통한 계시다. 대자연은 하느님이 창조한 것이기에 과학자들은 천문 현상을 관찰하여 우주의 운행 질서 가운데 하느님이 우리 인류의 최종 운명과 관련해 어떤 실마리를 남겠는지 찾고자 했다.

즉, 뉴턴 입장에서 보면 성경을 읽고 연구하는 것과 우주와 천체를 연구하는 것 사이에는 아무런 모순이 없었던 것이다. 그저 전장이 두 곳인 것뿐이었다. 밖에 나가 하늘을 관찰하는 것도 하느님을 연구하는 일이고, 집에 돌아와 성경을 연구하는 것 역시 하느님을 연구하는 일이었다. 만유인력이든 뉴턴의 3대 법칙이든 본질적으로는 하느님이 남기신 비밀을 해석하는 것이었다. 뉴턴은 1642년 성탄절에 태어났기에 예수가 그날에 태어나고 자신 역시 그날에 태어난 것은 분명 하느님의 뜻이라고 평생 믿었다. 다시 말해 하느님이 그를 선택해 특별한 사명을 맡기셨는데, 그것은 바로 하느님이 남기신 비밀의 책, 즉 성경을 해독하는 것이라고 믿었다.

과학적 방법과 정신병

'이거 미신 아냐?' '너무 기독교 관념의 지층 안에서만 사고하는 것 아냐?' '뉴턴이 당시 사람들에게 완전히 새로운 관념의 지층을 마련했다고 했는데, 그렇다면 그는 언제 두각을 드러냈지?'와 같은 질문이 나올 수 있다.

뉴턴 당대의 사람들은 시대를 잘 타고난 편이었다. 그들을 위해 많은 것이 준비되었다. 그중 가장 중요한 것은 '과학적 방법'이었다.

과학적 방법이란 무엇일까? 사실 간단한 것이다. 가장 기본적인 원점으로 돌아가 실증적인 방법으로 세상을 인지하고, 무엇이든 실험을 통해 눈으로 확인하는 것이다.

이렇게 세상을 인지하는 것이 그 당시 자연스러운 방법이었을까? 그렇지 않다. 인류는 예로부터 이런 방식을 취해오지 않았다.

물론 실증적인 방법이 있긴 했지만 사람들은 주로 다른 사람의 이야기를 듣고 세상이 그렇다고 믿으며 살아왔다. 인류는 서로 협력해 살아갔기에 태어나면서부터 집단 협력 속에서 세상을 인지해왔다. 인간 대뇌 용량이 다 고만고만한 상황에서 모든 것을 스스로 인지해가는 것이 어떻게 가능하겠는가? 현대인이라도 불가능한 일이다.

원시 부족사회에서는 부모와 추장, 자신과 사이가 좋은 사람을 믿으면 그만이었다. 그들이 무슨 말을 하든 믿으면 되지 구태여 직접 알아보고 실증 연구를 할 필요가 있었겠는가?

예를 들어보자. 고대 그리스에는 아리스토텔레스라는 유명한 철학자가 있다. 그는 매우 총명한 사람이었지만, 뜻밖에도 그의 저서에는 이런 주장이 담겨 있다. 남자의 치아가 여자보다 많다고.

결혼을 안 한 사람도 아니고, 두 번이나 한 사람이면 부인에게 입을 벌려보라 하고 한번 세어봤으면 끝났을 문제 아닌가? 그렇지만 그는 세어보지도 않고 세간에 떠도는 풍문을 그대로 믿고 책에 기록해 확정된 사실인 양 후세에 전했다. 뉴턴 시대에 영국 옥스퍼드 대학에도 이런 규정이 있었다고 한다. "누구든 아리스토텔레스와 관점이 다른 사람은 먼저 벌금 5실링을 낸 다음 변론하라."

사실 영국뿐 아니라 세계 모든 민족이 이러한 관점으로 살아왔다. 그 시대에는 선인, 선현, 고전 등 반드시 숙지해야 할 지식을 모두 내 것으로 만든 다음에야 해석을 하든지 새로운 발견을 하든지 해야 했다. 그래서 중국의 문인들은 주로 '탁고개제托古改制(옛것에 의탁해서 제도를 개혁한다는 뜻—옮긴이)'라고 하여, 자신이 한 말은 공자님이 하신 말씀임을 밝혔다. 사실상 세계 모든 민족이 이와 같은 상황이었다.

뉴턴이 살았던 시대도 마찬가지였다. 뉴턴은 평생 자신이 발견한 것은 모두 기본적으로 새로운 발견이 아니라 고대 그리스인, 고대 이집트인, 고대 바빌로니아인들이 일찍이 발견한 것을 재발견한 것에 불과하다고 여겼다. 그는 한 번도 자신이 무슨 독창적인 발견을 했다고 생각하지 않았다.

이런 배경을 이해한다면, 과학적 발견이라는 것이 듣기에는 대단해 보이지만 실질적으로는 아주 기이한 사고방식임을 느낄 것이다. 그 당시뿐 아니라 오늘날에도 우리 주변에 이런 과학 광인狂人이 있다면 우리 역시 견딜 수 없을 것이다. 예를 들어 어느 날 회사에 한 고객이 찾아와 문을 열고 이렇게 물었다고 하자. "당신네 회사는 몇 층까지 있습니까?" 20층이라고 대답하자 그가 말한다. "나는 못 믿겠소. 내가 1층에서 20층까지 걸어 올라가봐야 믿을 수 있겠어." 그에게 물을 한 잔 내주자 그가 또 이렇게 묻는다. "이 물은 미생물 기준치를 초과하지 않았습니까? 독이 있지 않습니까? 이 물이 안전하다는 것을 어떻게 증명할 수 있죠?" 그런 다음 그는 측정기를 꺼내 화학 실험을 해본 다음에야 물을 마신다. 그렇다면 당신은 분명 정신병자를 대하는 기분이 들 것이다.

뉴턴 시대의 과학자들 역시 주변 사람들의 눈에는 정신병자로 보였다. 과학자들은 다음과 같은 말을 신봉했다. '도서관에서 나와 실험실로 들어가라. 선현이 쓴 모든 책을 의심하라. 실험실에서 나온 정확한 숫자만 믿을 뿐이다.' 따라서 당시 한 신학자는 노발대발하며 이렇게 말했다. "당신들은 뭐하는 사람들인가? 아무리 현명한 사람의 이야기라도 당신들은 전혀 믿지 않는군! 하느님이 직접 본 것을 당신들에게 말해준다 할지라도 당신들은 믿지 않을 것이오. 말해보시오. 당신들은 뭐하는 사람들이오?"

다른 민족에게는 없었던 시대적 운

그렇다면 의문이 생긴다. 이렇게 기이한 과학적 사고방식이 어떻게 갑자기 출현한 것일까? 말하자면 길다. 뉴턴 전에 이미 베이컨이나 갈릴레이가 있었다. 중요한 사실은 당시 유럽인들은 이미 시야가 넓어져 이 세상에 그들이 알지 못하고 성현이나 선현의 책에서 찾아볼 수 없는 것이 아주 많다는 사실을 인지하고 있었다는 것이다. 이는 다른 민족에게 따르지 못한 시대적 운이었다.

이를 크게 세 가지 면에서 이야기해보면 다음과 같다. 첫째, 대항해 시대가 시작되었다. 일찍이 아메리카 대륙에 관해 쓴 성현의 책은 없었다. 수평 공간에 대한 시야가 확장된 계기가 되었다.

둘째, 망원경이 발명되었다. 망원경은 갈릴레이 시대에 만들어진 것이다. 유럽인은 고개를 들어 하늘을 바라봤다. 이렇게 신비롭고 기이한 하늘은 완전히 새로운 세상으로 다가왔다.

셋째, 현미경이 발명되었다. 현미경은 네덜란드 상인인 안톤 판 레이우엔훅이 발명한 것으로, 그는 과학과 아무런 관련이 없는 옷감 장수였다. 매일같이 옷감에 있는 세밀한 무늬를 검사하다보니 거울 조각을 다루는 것이 일이었고, 그러다 결국 현미경을 발명하게 되었다. 레이우엔훅은 자신의 발명품이 무척 신기해 가는 곳마다 식물, 동물, 미생물, 오염수, 곤충 등을 관찰했다. 그는 인류의 정자를 처음으로 관찰한 사람이다.

우주, 미세한 생물, 수평 공간에 대한 시야가 갑자기 열리면서 과학적 방법이 제 역할을 톡톡히 하게 되었다.

과학적 방법의 장점은 무엇인가? 이러저러하게 설명해도 결국은 한가지다. 바로 믿을 수 없는 것을 믿게 해주는 것이다. 하지만 과학자라는 호칭을 단 사람들이 결코 미신을 믿지 않는다는 생각은 그리 맞지 않다. 사실상 그들의 머릿속도 뒤죽박죽 혼란스럽기는 마찬가지다. 뉴턴 시대 사람들을 보자. 지금 우리는 '영국 왕실학회' 하면 아카데미 회원이나 저명한 과학자를 떠올린다. 하지만 왕실학회가 막 시작했을 무렵에는 사적인 클럽에 가까웠다. 나중에 이 사람들이 모여 하루 종일 자연철학과 자연 현상을 토론하는 것을 국왕이 보고 클럽 이름을 영국 왕실학회로 바꾸었다.

학회 회원들은 매일 모여 무슨 문제를 토론했을까? 칠판을 놓고 함께 뉴턴의 법칙을 연산했을까? 아니다. 온갖 기상천외한 것을 모두 다루었다. 또 학회에 속한 소위 '과학자'들이 모두 그렇게 명석한 것만은 아니었다. 앞서 화학의 조상으로 언급했던 보일은 이치에 맞지 않는 사설을 많이 믿었다. 예를 들면 사람의 대소변을 가

루로 만들어 눈에 붙여넣으면 백내장을 치료할 수 있다거나 사형수의 손바닥에 있는 땀방울을 모으면 갑상샘종을 치료할 수 있다고 믿는 식이었다. 또 온순한 개의 피를 포악한 개 체내에 넣으면 개의 성격을 바꿀 수 있다고 믿었다. 존 디그비라는 사람은 자신이 놀라운 연고를 발명했다고 주장했다. 이 연고는 결투 중에 입은 중상을 포함해 사람의 모든 상처를 치료할 수 있다고 했다. 그 치료 방법도 괴이했다. 연고를 상처에 바르는 것이 아니라 중상을 입힌 검에 발랐다. 이 검이 멀리 있다 해도 바르기만 하면 부상자의 상처가 바로 좋아진다는 것이었다.

이게 무슨 말도 안 되는 소리인가? 하지만 상관없었다. 과학적 방법이 나오자 사람들은 그 말도 안 되는 소리 중에서 실증적인 방법으로 믿을 만한 것들을 조금씩 찾아낼 수 있게 되었다.

왜 연단술은 화학이 되지 못했나

중국인은 일찍이 연단술煉丹術을 연구했고, 뉴턴은 말년에 연금술에 빠졌다. 둘 다 온갖 기괴한 것을 시도하며, 마치 「스머프」에 나오는 가가멜처럼 쥐의 꼬리, 광물질, 식물을 가지고 자신들이 원하는 것을 만들어내려고 했다.

중국은 연단술에서 어떤 과학적 발견을 했을까? 그렇다. 바로 화약을 만들어냈다. 하지만 왜 연단술은 현대 화학으로 이어지지 못하고 연금술은 현대 화학으로 이어졌을까? 추구한 바가 달랐기 때문이다. 연단술은 불로장생을 추구했지만 불로장생이라는 것은 검증이 어려운 일이다. 황제가 도사가 만들어낸 단약을 먹고도 죽었다면 정성이 부족한 탓인지 다른 이유에서인지 사실을 검증하기 어렵다.

그러나 연금술이 원하는 바는 명확했다. 바로 금을 만들어내는 것이었다. 이렇게 실증성이 있는 생각은 그것이 혹시 이치에 맞지 않는 허무맹랑한 것이 아닌지 걱정할 필요가 없어진다. 따라서 연금술은 연구가 계속되면서 현대 화학으로 발전하게 되었다. 지금 우리가 사용하는 화학 기호들 중 상당수는 뉴턴을 비롯해 연금술사들이 만들어낸 것이다. 불을 대표하는 삼각형이나 물을 대표하는 역삼각형과 같은 기호 모두 뉴턴 시대에 사용되던 기호들이다.

훗날 영국의 유명한 경제학자인 존 메이너드 케인스는 뉴턴이 신학이나 연금술에 대해 남긴 여러 편의 연구 수기를 사들였고, 뉴턴 탄생 300주년이 되었을 때 기념회를 개최하기도 했다. 기념회에서 케인스는 유명한 연설을 했다. "뉴턴은 이성의 시대를 연 최초의 사람이라기보다는 최후의 마술사다."

수십 년이 흐른 지금 다시 케인스가 남긴 말을 봐도 틀림이 없다는 생각이 든다. 관념의 지층이 형성되는 과정에서 뉴턴이 확실히 어느 쪽인지는 말하기 어렵다. 그는 진정 구시대의 마법사임과 동시에 신시대의 창시자라고 할 수 있다.

뉴턴과 그의 동료들을 하나의 조각으로 삼아 인류 정신세계의 특정 단계가 어떻게 형성되었는지 관찰해보자. 앞서 과학적 방법에 대해 언급했는데, 사실상 과학적 방법은 기이한 것이 아니라 지극히 평범한 것이다. 단지 모두가 실험한 증거를 보고 믿을 수 있는 실증적인 연구를 일컬을 뿐이다. 우리처럼 과학적 원리를 잘 모르는 일반인들도 때로는 눈으로 봐야만 믿을 수 있는 것들이 있다.

중국 역사에서도 이런 사람이 대거 출현했다. 과학적 실험을 했던 선진先秦의 묵자墨子 등을 예로 들 수 있다. 하지만 많은 사람이 대자연에 큰 호기심을 갖고 눈앞에 확증하고자 했음에도 관념의 지층을 구축하지 못한 반면 뉴턴과 그의 동료들은 어떻게 구축할 수 있었을까? 훗날 전 현대사회가 바로 이 지층 위에 세워진다. 그 연유에 대해 우리는 해석해볼 필요가 있다.

이를 위해 또 하나의 원인, 과학자 집단의 출현에 대해 이야기해보자. 이는 인류 과학사상 매우 독특한 현상으로, 한 국가의 소규모 집단에 한 무리의 사람들이 매우 갑작스럽게 등장한 셈이다. 뉴턴이나 로버트 훅 등 왕실학회 과학자들은 거의 동시에 출현했으며, 현대 과학사에서는 이를 가리켜 '유아사 현상Yuasa phenomenon(근대 과학사에서 과학활동의 중심이 이동하는 현상—옮긴이)'이라고 한다. 이 현상을 발견한 일본인의 이름이 미쓰토모 유아사湯淺光朝이기 때문이다.

16세기 세계 과학의 중심은 이탈리아로, 갈릴레이를 비롯해 한

무리가 출현했다. 17세기 과학의 중심은 영국으로 옮겨가 뉴턴을 포함한 한 무리가 출현했다. 18세기에는 다시 프랑스로 옮겨졌고, 19세기에는 독일 전역에서, 그리고 20세기에는 미국 전역에서 인재가 나타났다.

유아사 현상은 사실상 매우 신비롭긴 하지만 여기에도 고정불변의 사실이 존재한다. 바로 한 무리의 사람이 출현한 뒤에야 비로소 새싹이 땅 위로 뚫고 나오듯 완전히 새로운 관념의 지층이 형성될 수 있다는 것이다.

이 메커니즘에 대해 간단히 설명해보고자 한다. 본래 유럽의 학자나 과학자들은 산발적으로 발견을 하긴 해도 서로 공개하지 않고 기밀로 유지했다. 각기 독립적으로 연구했던 발명자들 역시 자신이 발명한 성과를 목숨처럼 여기고 다른 사람에게 알려주지 않았다. 하지만 과학자 집단이 출현하면서 이런 일들이 사라졌다. 누가 어떤 것을 발견하든 모두가 서로 알게 되었고 그 영광은 그대로 발견자의 것이 되었다. 이렇게 집단 내 네트워크가 형성되어 서로 누가 발명자인지 확증을 해주었고 사람들은 용기 내어 자신의 연구 성과를 공개할 수 있게 되었다.

또한 과학자 집단의 출현 이후 부수적 효과가 나타났다. 바로 사람들의 말하는 방식이 달라졌다는 것이다. 과거 영국 상류층에서는 편지 한 통을 보내는 데도 형식적인 말을 많이 덧붙여야 했다. 이를테면 "감히 이 파지들을 당신 앞에 놓습니다" "어떻게 해야 당신의 방 한쪽 구석에 놓인 점토가 되어 그대의 고귀함을 담을 수 있는 적합한 그릇으로 빚어질지 고민이 됩니다" "나는 마음속 깊이 그대의 가장 비천하고 순종적인 종이 되기를 소망합니다"와 같은 말이었다. 정작 해야 할 말은 아직 시작도 하지 않았는데 쓸데없는 말이 이미 종이 절반을 차지했다.

그러나 과학자들이 어떻게 이런 방식으로 구체적인 문제를 토론할 수 있겠는가? 따라서 귀족 계층에서는 천박하고 직접적이며 고상하지 못하다고 무시했던 표현 방식이 과학자 집단에서 주된 화법으로 자리 잡았다. 라틴어에서 고대 영어에 이르기까지, 다시 현대 영어로 이어지면서 언어가 점차 간소화되는 것을 볼 수 있는데, 여기에는 과학자 집단의 역할도 상당히 컸다.

또 다른 부수적 효과는 과학자 집단이 출현한 이후로 과학자들 사이에서 경쟁이 치열해졌다는 것이다. 특히 과학 성과의 발명권에 대한 경쟁이 매우 치열했는데, 그중 가장 유명한 것이 바로 뉴턴과 라이프니츠의 논쟁이다.

뉴턴과 동시대 과학자인 훅 역시 평생 지독한 앙숙이었다. 훅은 훅의 법칙을 발명한 사람이다. 훅이 1703년에 죽자 그해에 뉴턴이 뒤를 이어 왕실학회 회장이 되었다. 그는 훅의 실험실을 철거하고 이전하면서 실험 재료뿐 아니라 마지막 초상화까지 훅과 관련된 모든 물건을 내다 버렸다. 그래서 지금까지 훅의 모습을 알 수 있는 방법이 없다.

하지만 경쟁의 좋은 점도 있었다. 과학자들이 성과를 내려는 경쟁이 치열해지면서 '연구 성과'라는 시장이 형성되었고, 이는 과학 발명의 촉진제가 되었다.

모든 세대가 행운을 거머쥔 것은 아니다

지금까지 계속 '관념의 지층'이라는 말을 반복해서 언급하고 있다. 다시 한번 이야기하자면, 보통은 특정 시기, 특정 국가, 특정 집단에서 관념의 지층을 구축할 기회가 주어지고 모든 인류 문명을 훨씬 높은 차원으로 끌어올릴 수 있다는 것이다. 하지만 주의할 점은 모든 세대가 이런 행운을 거머쥔 것은 아니라는 사실이다.

뉴턴 이후에는 제2차 세계대전 전후, 즉 아인슈타인 세대가 나타났을 때 비로소 다음 지층을 구축할 수 있었다. 그사이 수백 년 동안 과학자들은 무엇을 했을까? 그들 역시 아주 풍성한 성과를 거두었지만, 본질적으로는 뉴턴이라는 지층에서 자라난 것이지 결정적인 발견은 없었다.

이 사실을 이해했다면 뉴턴의 생애 일부분이 왜 그리 독특하게 여겨지는지 해석할 수 있다. 한번 계산해보자. 뉴턴은 1642년에 태어나 1666년, 즉 24세에 이르러 중요한 과학적 발견을 거의 다 해냈다. 84세의 나이로 사망하기까지 나머지 60년 동안 이룬 성과가 24세 한 해 동안 했던 일에 못 미치는 까닭은 무엇일까? 이는 뉴턴이 말년에 타락해서가 아니라 역사적으로 관념의 지층이 이렇듯 미미한 수준의 발전에 머물렀기 때문이다. 그가 가진 재능과 지혜를 모두 다 쏟아부었지만 이 정도 발전만 가능했고, 훗날 수백 년을 기다린 후에야 더 큰 발전이 이뤄졌다.

이것은 어떤 진리가 아니라 인류 문명사나 과학기술사를 관찰하는 하나의 관점에 불과하다. 이러한 관점에서 출발하면 나중에 언게 되는 결론은 다를 수밖에 없다. 다음과 같은 질문을 예로 들어보자. 과학기술의 미래를 비관하는가 아니면 낙관하는가? 2046년에 특이점singularity(인공지능이 비약적으로 발전해 인간의 지능을 뛰어넘는 기점—옮긴이)이 도래할 것이라는 낙관적인 관점이 등장한 적이 있다. 과학기술이 앞으로 거침없이 나아가면서 발전 속도가 점점 더 빨라지고, 2046년이 되면 특이점에 도달해 과학기술의 대폭발 시기가 된다는 것이다. 낙관적인 관점이다.

하지만 미국에는 비관적인 관점도 있다. 이름하여 '낮게 달린 과일low hanging fruits'이라고 한다. 무슨 뜻일까? 지금 사람들은 현 세대가 과학기술을 크게 발전시킨 것으로 생각하지만, 사실상 우리가 거둔 모든 성과는 관념의 지층 위에서 얻은 것이다. 이 지층은 제2차 세계대전 전후 컴퓨터 기본 원리의 창시자인 요한 폰 노이만과 앨런 튜링이 구축한 것이다. 현재 우리 눈에는 모든 것이 새롭고 현란해 보이지만 사실상 이전에 만들어진 기본 원리를 벗어난 것은 아니다. 우리는 전 세대가 뿌린 씨앗의 과실, 그중에서도 낮게 달린 과일만 따먹고 있다. 과일나무에 과일이 많이 열려 아래로 낮게 드리울 때 손만 뻗으면 되는 것이다. 하지만 이 열매를 다먹고 나면 더 위로 올라가기가 매우 힘들 것이다. 거대한 돌파구를 마련하기 위해서는 앞으로 얼마나 오랜 시간을 기다려야 다음 세대의 관념의 지층이 구축될 수 있을지 모른다. 따라서 이런 관점을 믿는 사람은 미국의 번영기가 조만간 막을 내리고 낮게 달린 과일을 금세 다 따먹게 될 것이라고 생각한다.

물론 이 역시 하나의 관점에 불과하다. 여기서 이 관점을 소개한 이유는 인류의 정신세계가 켜켜이 쌓인 구조임을 말하고 싶어서다層累結構(지질학 개념으로, 본래 의미는 지각은 지면이 한 층 한 층 쌓여 이뤄진 것이라는 뜻이며, 현재 여러 다른 분야에도 활용되는 표현이다). 우리가 현재 알고 있는 것이 정확한지 여부와 무관하게, 옳고 그름의 각도에서 자유, 민주, 법제, 사유재산, 시장경제 등을 판단하는 것은 사실 너무나 가벼운 태도다. 좀더 심도 있게 알고 싶다면 인류의 관념 지층 꼭대기에 서서 고민해야 한다. 우리가 확실하다고 알고 있는 관념들도 각기 점진적 발전 과정을 거친 것이다. 다시 말해 생겨날 때부터 확실하고 정확한 것은 아니었다는 말이다.

인터넷 시대에도 여전히 독서를 즐기는 이들의 장점은 여기에 있다. 다른 사람들은 무엇이 옳은지 그른지만 판단할 때, 독서를 하는 사람은 더 깊이 들어가 무엇이 옳은지 아는 데 그치지 않고 언제부터 옳게 되었는지까지 알고 있다. 이로써 우리는 지식의 과일을 맛봄과 동시에 지식으로 인한 오만을 피할 수 있다.

제2장

경제학에서 인지 수준을 업그레이드하기

1.
현명한 사람은
세상을 어떻게 보는가

경제학의 귀재, 스티븐 레빗

『괴짜 경제학』은 두 명이 공동 집필했는데, 여기서는 첫 번째 저자인 스티븐 레빗 위주로 소개하고자 한다. 스티븐 레빗은 『괴짜 경제학』 덕분에 미국에서 모르는 사람이 없을 정도로 유명해졌다. 『괴짜 경제학』은 연속 40주 이상, 즉 1년 가까이 『뉴욕타임스』가 선정한 베스트셀러 상위권에 들면서 사람들에게 널리 알려졌다.

이 책에 어떤 신비한 마력이 있기에 이토록 사람들의 시선을 사로잡았을까? 이유는 아주 간단하다. 바로 문과생의 입맛에 맞았기 때문이다. 경제학 서적 같지 않게 책 안에 수학 공식이라고는 전혀 나오지 않는다. 레빗은 이 점을 이렇게 설명했다. '수학 공식이 나오지 않는 이유는 내 수학 실력이 너무 떨어지기 때문이다.' 그는 모임에서 예전 수학 선생님을 우연히 만났던 이야기를 들려주었다. 당시 이미 유명세를 얻고 있던 그는 으스대며 선생님께 물었다. "저

아직 기억하세요?" 그러자 수학 선생님이 대답했다. "어떻게 모를 수 있겠는가. 한 번에 자네를 알아봤지. 내 평생 수학을 가르쳤지만 미적분 점수를 2점 맞은 학생은 자네 말고 없었다네." 그 정도로 그의 수학 성적은 형편없었다.

물론 그 말을 완전히 믿기에는 무리가 있다. 스티븐 레빗은 하버드 대학에서 학부를 다녔고 매사추세츠 공과대학MIT에서 박사 학위를 받았으며 이후 시카고 대학 경제학과 종신 교수가 되었다. 이런 사람이 수학을 못 해봤자 얼마나 못 했겠는가?

하지만 경제학계에서 레빗이 학문을 연구하는 방식은 여느 경제학자들과는 확연히 다르다. 스티븐 레빗은 아무도 원하지 않는 길을 걸어가며 경제학과 아무런 관련이 없는 문제를 전문적으로 연구했다. 『괴짜 경제학』에서 던진 화제를 읽으면 놀라움을 금치 못한다. 예를 들어 모두들 마약 밀매상이 떼돈을 번다고 하는데 왜 그들은 어머니와 함께 살까? 답은 스스로 집을 살 돈이 없기 때문이다. 무슨 요일에 은행을 털어야 가장 좋을까? 백화점에서 산타클로스 분장을 하는 직원과 매춘부, 이 두 직업에는 어떤 공통점이 있을까? KKK와 부동산 중개업자 간에는 어떤 관련이 있을까? 설득당하고 싶지 않아 하는 사람을 어떻게 설득할 수 있을까? 스티븐 레빗이 연구한 주제는 이와 같은 것이었고, 여기서 우리를 대경실색하게 만드는 결론을 도출해냈다.

뉴욕의 범죄율은 왜 갑자기 감소했을까

'스티븐 레빗' 하면 떠오르는 가장 유명한 연구 주제는 바로 '뉴욕의 범죄율이 왜 갑자기 감소했는지'다. 뉴욕은 1940~1950년대에 범죄율이 서서히 오르기 시작해 1960년대에 이르러 수직 상승했고 1980년대가 되자 시민과 정부 모두 극심한 범죄에 시달렸다. 그러다가 정부는 1990년대 이후, 특히 2000년대 들어서 범죄율이 돌연 대폭 감소했음을 발견했다. 정책 덕분이었을까? 정치인을 비롯해 각계 각급의 인사들이 너 나 할 것 없이 공을 다투었다. 교도소장이 말했다. "우리 교도소가 재소자를 잘 개과천선시킨 까닭입니다." 경찰청장이 말했다. "아니죠. 우리가 형사 사건을 잘 해결했기 때문입니다." 국회의원도 한마디 했다. "우리가 법안을 잘 만들었기 때문입니다." 뉴욕 시장은 더더욱 가만있지 않았다. 범죄율 하락은 시민들의 보편적인 관심사였기 때문이다.

이때 스티븐 레빗이 일어나 말했다. "그만들 하시죠. 다 틀렸습니다. 경제학적 분석으로 발견한 원인을 지금 말씀드리겠습니다. 수학 공식은 하나도 사용하지 않았습니다." 그가 내린 결론은 뉴욕주가 1970년대부터 낙태를 합법화했기 때문이다.

어떤 여자가 낙태를 할까? 주로 하층민으로, 가난 때문에 아이를 키울 형편이 되지 않거나 원하지 않은 임신을 한 경우다. 낙태를 하는 여자들은 일반적으로 가정 형편이 좋지 않았다. 미국은 본래 낙태를 허용하지 않았는데, 빈곤 가정에서 태어난 아이들은 매우 열악한 환경에서 성장하게 되고 결과적으로 성인이 되었을 때 쉽게 범죄의 길로 빠졌다.

스티븐 레빗의 결론은 이것이었다. '당신들이 범죄자 관리를 잘 했기 때문이 아니라, 엄마가 앞서 죽게 했기 때문에 아예 태어나지 못한 것이다.' 다른 사람과 입씨름을 하다 엉겁결에 나온 결론이 아니라 정밀한 분석 끝에 내린 결론이다.

이처럼 레빗파 경제학자들은 사람들이 일반적으로 알고 있는 경제학 주제, 예컨대 중앙은행이 금리 인상을 해야 하는지, 국가의 거시경제 지표가 어떠한지, 중금속 가격이 정상 범주에서 벗어났는지, 주식 시장이 6000포인트까지 오를 것인지 등을 연구하지 않는다. 이런 문제는 안중에도 없고 도리어 경제학을 박차고 나가 다른 분야의 주제들을 가지고 머리를 싸맨다. 사회학, 범죄학, 범죄수사학, 심지어 테러리스트를 어떻게 검거할지 등을 연구하니, 그야말로 '개가 고양이 대신 쥐를 잡으러 다니는 꼴'이 아닐 수 없다.

그래서 미국 학계에서는 레빗파에게 '경제학 제국주의'라는 별명을 붙였다. 다른 분야 학자들 입장에서 보자면, 서로 남의 영역은 침범하지 않고 각자 자기 주제를 연구하는 것이 관례인데, 레빗파는 어쨌든 경제학의 방법을 가지고 남의 영역에 끼어들었으니 이는 다른 분야를 무시하는 행위이며 제국주의나 다름없다는 것이다. 스티븐 레빗과 그의 유명한 스승이자 노벨경제학상 수상자인 게리 베커 모두 이 라인에 속한다.

경제학의 고전적 정의는 무엇인가? 내가 대학에 다닐 때 읽었던 책에서는 경제학을 인류의 행위 및 유한하거나 희소한 자원을 합리적으로 배치하는 사회과학이라 정의했다. 간단히 말해 돈, 사람,

자원이 있을 때 이것을 최적의 조건으로 배치하는 것이다.

그러나 스티븐 레빗은 경제학의 또 다른 정의를 제시했다. '경제학은 경제 문제를 연구하는 것이 아니라 인간의 행위를 연구하는 것이다. 더 구체적으로 말하자면 인간이 인센티브에 따라 어떻게 자신의 행위를 바꿔나가는지 연구하는 것이다.' 이는 경제학의 전 세계적 보편화를 의미하는 것이다. 그가 '경제학 제국주의'라 불리는 이유이기도 하다.

『괴짜 경제학』은 두 가지 면에서 우리에게 도움을 준다. 첫째, 경제학의 밑바탕에 깔린 사상을 좀더 이해하도록 도와준다. 둘째, 현명한 사람이 되도록, 적어도 현명한 사람이 어떻게 세상을 보는지 이해할 수 있도록 돕는다.

경제학적 사고로 스모 보기

먼저 몇 가지 예를 들어보겠다. 첫 번째 예는 『괴짜 경제학』에도 나온 스모다. 일본의 전통 스포츠인 스모는 두 선수가 샅바만 착용하고 힘을 겨루는 씨름의 일종이다.

왜 스모를 예로 들었을까? 스모는 자체적으로 다른 스포츠보다 도덕성 측면에서 남다르다고 여겨진다. 다른 스포츠의 경우, 축구나 배드민턴과 같은 올림픽 종목들도 본질적으로는 오락을 위한 스포츠다. 전쟁이 사라진 현대사회에서 현대인이 리비도Libido(성욕을 뜻하는 말이나 넓은 의미로는 모든 신체 기관의 쾌감을 나타냄)를 발산하는 방법 중 하나는 축구장에 가 경기를 관람하면서 한바탕 소리를 지르는 것이다. 따라서 이런 스포츠 종목은 본질적으로 오락을 위한 것이다.

하지만 스모는 다르다. 스모는 종교성, 정서성, 더 나아가 신성성神聖性이 강하다. 일본 문화의 특징 중 하나는 어떤 것이든 일본인의 손에 들어가면 모두 도道가 된다는 것이다. 차를 마시는 행위가 일본에 가면 다도가 되고 꽃꽂이는 화도가 된다. 심지어 스시를 만드는 행위에도 도가 있다. 올해 91세인 일본의 스시 장인 오노 지로小野二郎는 스시 수공 기법에 평생을 바쳤다. 밥을 뭉쳐 그 위에 생선을 올리고 간장을 더한 그의 스시는 겉으로는 지극히 평범해 보인다. 하지만 막상 그 가격은 얼마나 고가인지 모른다. 이에 대해 오노 지로는 다음과 같이 말한다. "잘못 이해한 것입니다. 여기에는 내 진심과 정성이 담겨 있습니다. 나는 여기에 생명을 담았는데, 이 도를 이해하지 못한다면 그 안에 담긴 맛을 누리지 못합니다." 평범하기 그지없는 라면도 마찬가지다. 일본에서는 매년 라면 대회를 연다. 대회에서 최종 우승한 사람 역시 이렇게 말한다. 라면 한 그릇에 도가 있고 그는 이 라면 한 그릇에 생명을 담았다고.

사실 씨름 종목은 민족마다 있지만 일본인만이 그 안에서 도를 끄집어낸다. 그것이 바로 스모다. 일본 문화에서는 스모를 '오즈모人相撲(프로 스모―옮긴이)'라고 하는데, 평상시 훈련이든 실제 경기든 스모를 할 때는 언제나 의식적인 요소가 많이 담겨 있다. 예를 들어 교지行司(심판―옮긴이)는 단도介錯刀를 차고 있다. 일본 무사가 할복자살을 할 때 옆에서 고통을 덜어주기 위해 한칼에 머리를 베어 죽는 것을 돕던 사람을 '가이샤쿠介錯'라고 한다. 즉 교지가 단도를 차고 있다는 뜻은 '내가 오판을 하면 죽음으로 보여주겠다'는 의미다. 물론 지금은 의식적인 차원에서 단도를 차지만 이 역시 일본의 민족 문화에서 비롯된 것이다.

그래서 일본에서는 스모를 가장 깨끗한 스포츠라고 자평한다. 다른 스포츠 경기를 보면 심판 매수, 선수들의 성적 문란 등이 문제가 된다. 그중 가장 심각한 문제는 각성제 복용과 승부 조작이다. 왜 이 두 가지가 가장 심각한 문제일까? 앞서 이야기했듯이 모든 스포츠 종목은 오락을 위한 것으로, 사람들이 돈을 내고 티켓을 사는 이유는 진짜 경기를 보고 싶어서다. 가짜 경기를 했다면 그것은 사람들을 우롱한 것이다.

모든 스포츠가 이러한 문제를 근절하지 못하고 있는 상황에서 오즈모는 이런 문제가 없다고 자신한다. 바로 스포츠 정신이다. 일본의 모든 스모 선수는 경기장에서 반드시 목숨을 건 '무사도' 정신을 발휘해야 하고 절대로 비겁하거나 추악한 짓을 해서는 안 된다. 스모 선수들은 모두 이렇게 이야기한다. "나는 스모에 ○○한 철학을 담았다. 나는 체력이 아니라 철학에 힘입어 가장 높은 단을 딸 수 있었다." 여기에는 도덕성이 담겨 있다.

바둑과 마찬가지로 스모에도 계급이 있다. 모두 10단까지 있으며, 5단 이상이 되면 프로 선수로 간주한다. 9단은 '오제키大関'라고 칭하며 그 위로 1단을 더 올라가면 신의 경지에 달했다는 의미에서 '요코즈나橫綱'라고 부른다. 요코즈나 단계에 오르면 지더라도 단이 떨어지지 않는다. 두 경기 연속으로 진 경우 기껏해야 은퇴 선언을 할 뿐 평생 그 명예를 유지할 수 있다.

요코즈나가 되면 일본 사회에서 귀족에 비견되는 지위를 누린다. 요코즈나 중 한 명인 다카노 하나貴乃花 선수는 일본의 인기 스타인 미야자와 리에宮澤理惠와 사귀었다. 미야자와 리에는 일본에서 여신과 같은 존재로 큰 인기를 누렸으며, 젊었을 때 꽤나 아름다웠다. 두 사람은 약혼을 했지만 얼마 후 파혼했다. 소문에 따르면, 파혼 사유는 다카노 하나의 부모가 미야자와 리에의 출신이 너무 변변치 않다는 이유로 반대했기 때문이라고 한다. 이 사건으로 당시 일본 연예계가 한바탕 시끄러웠다.

그렇다면 스모 선수의 도덕 수준은 정말 그들이 말하는 것처럼 그렇게 고상할까? 요코즈나로 은퇴한 두 선수가 『경기장의 안과 밖賽場內外』이라는 제목의 책을 써서 실상을 폭로한 바 있다. 책에서는 스모 역시 깨끗한 스포츠가 아니라고 돌려 말하고 있다. 앞서 지적한 각성제 복용, 승부 조작 사건이 스모계에서도 많이 발생한다는 것이다.

이 책이 출판되자 바로 큰 파문이 일었다. 많은 일본 사람이 스모는 민족의 성스러운 제단과 같은 스포츠인데 어떻게 그렇게 함부로 지껄일 수 있느냐고 비난했다. 일본 스모협회에서도 두 사람이 '옛 동료'들에게 구정물을 끼얹었고 이는 도덕적으로 비열한 행위라며 고소하겠다고 밝혔다.

후에 두 사람은 아주 참혹한 죽음을 맞이했다. 거의 같은 날에 동일한 사인으로 사망했는데, 병원에서 밝힌 사인은 급성 폐렴으로 인한 호흡 부전이었고 그 외에 다른 이유는 발견되지 않았다.

하지만 조금만 생각해봐도 이것이 정상적인 죽음은 아니라는 사실을 알 수 있다. 분명 누군가의 눈 밖에 나고 누군가의 이익에 방해가 되면서 두 사람은 조용히 처리되었을 것이다.

여기서 중요한 것은 그게 아니다. 핵심은 스모에 도덕적인 문제가 있는지 여부를 어떻게 판단할 수 있느냐다.

결국 이 사안은 『괴짜 경제학』의 저자인 스티븐 레빗의 손에서 풀렸다. 현장 답사를 간 것도 아니고 사람들을 찾아가 자문을 구하지도 않았지만, 그는 아주 간단한 방법으로 문제를 해결했다. 경제학자가 가장 잘하는 일, 바로 빅데이터를 분석한 것이다. 그는 수십 년간의 스모 관련 자료를 모두 조사하여 총 3만2000건의 경기 중 주요 경기를 추려냈다.

여기서 주요 경기란? 스모 규칙은 매우 복잡하지만 한 가지 기본적인 규칙이 있다. 대회마다 모든 선수가 열다섯 경기를 뛰어야 하고 승점이 높은 경우, 다시 말해 여덟 경기 이상 이길 경우 승급된다.

그런데 스모는 경기 규칙이 원시적이고 전통적이라 한 가지 문제점이 있다. 열다섯 번째 경기를 앞두고 일곱 경기를 이긴 상태라면 마지막 경기가 승급 여부를 결정짓는 매우 중대한 경기가 된다. 만약 이 경기에서 지면 앞서 치른 열네 번의 경기가 모두 헛것이 되고 만다. 반대로 승급에 성공하면 돈과 미녀 그리고 명예가 뒤따른다. 승급할 때마다 스모 세계에서의 지위가 크게 달라지니 다들 죽기 살기로 경기에 임할 것이다.

하지만 상대는 죽기 살기의 각오가 아닐 수 있다. 이미 여덟 경기를 이겨 승기를 잡은 상태이거나 여섯 경기만 이겨 승급이 멀어진 상태라면 굳이 그러한 각오로 경기에 임할 필요가 없기 때문이다. 이런 때에 상대는 암암리에 거래를 제안할 수 있다. 돈이나 기타 원하는 것을 받고 관중 모르게 고의로 경기에서 져주는 것이다. 경기할 때는 이를 악물고 힘을 쥐어짜내는 듯 보이지만 사실상 힘은 전혀 쓰지 않고 있다. 거구의 선수가 할리우드 액션을 해도 아무도 알아차리지 못한다. 교지가 칼을 차고 있다 한들 뭘 어떻게 하겠는가?

빅데이터를 분석해보면 욕조에 담긴 물고기를 보듯 이 점이 분명하게 보인다. 스티븐 레빗이 3만2000개의 경기 데이터를 정리해보니 마지막 결승전에서 중대한 경기를 앞둔 선수 측의 승률이 갑자기 두 배로 올라갔다. 이것을 보면 스모 경기가 어떻게 깨끗하다고 할 수 있겠는가?

이 예를 통해 내가 하고 싶은 말은, 겉으로 볼 때는 정신이나 설교, 전통을 내세워 도덕적으로 번지르르한 것들도 사실상 현실 앞에서 쉽게 무너지고, 악한 인간의 본성에 조금씩 잠식되어간다는 것이다.

경제학은 인간이 표면적으로 내세우는 논리, 도덕의 껍질을 벗겨내고자 한다. 그리고 그 배후로 들어가, 인센티브가 주어질 때 인간이 과연 어떤 행동을 하는지 관찰하고자 한다.

왜 일부 사람은 경제학자가 하는 이야기를 잘 들으려 하지 않을까? 이는 바로 사람들이 매일 입버릇처럼 하는 말 이면에 실제로 무엇이 있는지, 그 진상을 경제학자들은 알기에 종종 몹시 사악해

보이기 때문이다.

경제학적 사고로 테러리스트 색출하기

스모도 결국은 세속적인 스포츠이자 게임이라고 할 수 있다. 그렇다면 테러리스트는 어떨까? 테러리스트, 그중에서도 종교적 극단주의 테러리스트들은 자신들의 입장에서 볼 때 스스로는 확고한 이상주의자이자 도덕적으로 순결한 사람이다. 알라를 위해 자신의 생명을 내던질 수 있는 이들은 경제학이 말하는 인간 본성의 법칙에 영향을 받을까? 『괴짜 경제학』에서 이 문제를 다루었다.

테러는 비대칭적인 면이 매우 강해서 일반적으로 해결하기 매우 어렵다. 첫째, 몇 사람이 다수를 죽일 수 있다. 둘째, 돌발적으로 발생하기 때문에 사전에 정보를 파악해 통제하는 것이 불가능하다. 9·11 테러가 발생한 후 영국이나 미국 같은 나라에서도 별다른 방법을 취하지 못하고 그저 막강한 군사력을 동원해 백악관(미국)이나 총리 관저(영국), 대통령 궁(프랑스) 등 주요 목표물만 지킬 뿐이었다. 하지만 테러리스트가 반드시 이런 대형 목표물만을 대상으로 테러를 저지르진 않는다. 그들은 극장이나 지하철 등 언제 어디서나 테러를 저지를 수 있다.

나중에 전문가들은 일부 주요 장소만 보호할 것이 아니라 방법을 바꿔 사전에 테러리스트를 식별해내야 한다고 말했다. 하지만 테러리스트를 식별해내는 일은 대단히 어려운 작업이다. 기존에 동원해온 방법으로는 다음 몇 가지가 있다.

첫째, 첩보를 통해 본거지를 찾는 방법이다. 하지만 테러리스트들은 대개 중동의 산이나 사막에 머무는데, 이 본거지를 무슨 수로 찾겠는가? 세계에 007 요원이 어디 그리 많은가?

둘째, 정보를 통제하는 방법으로, 그들의 통신 기록을 감시한다. 그렇지만 인터넷이 크게 발달한 오늘날, 정보의 바다 속에서 어떻게 테러리스트들의 통신 정보를 식별해낼 수 있겠는가? 게다가 테러리스트의 상당수가 현대화된 기기를 사용하지 않고 입으로 전달하는 원시적 통신 방식을 활용한다.

셋째, 자금의 흐름을 감시한다. 하지만 테러리스트들은 어떻게 된 일인지 돈을 잘 쓰지 않는다. 예컨대 9·11 테러에 가담한 이들이 쓴 돈은 모두 30만 달러로, 큰돈이 오가지 않았다.

이러니 테러 활동을 사전에 막아야 하는 전문가 입장에서는 답답할 노릇이다. 나중에 영국의 경제학자 허슬리(사실 허슬리는 경제학자라기보다는 은행의 프로그램 개발자다)가 이 문제를 해결했다. 허슬리는 본래 은행에서 사기 계좌를 식별하는 일을 했으며 그 과정에서 솔루션을 하나 개발해냈다. 사실 이것도 빅데이터로 개인 계좌에서 이상한 자금의 흐름이 있는지 판단하는 것이었다.

영국 정부는 허슬리에게 은행 계좌를 추적하는 방식으로 테러리스트를 식별해낼 수 있는지 확인해달라고 도움을 요청했다. 허슬리는 반나절 동안 시도해본 후 데이터들이 상당히 어설프다는 점을 깨달았다. 예를 들면 일단 현지의 무슬림들을 예의 주시했다. 은행 계좌에 큰돈을 예치한 다음 자주 현금으로 소액을 인출해가는 무슬림이 있다면 테러리스트일 확률이 높아진다. 또 그들은 금요일 오후에는 일반적으로 은행에 가서 입출금을 하지 않는다. 영국의 무슬림은 금요일 오후에 종교 의식을 거행하기 때문에 그럴 시간이 없다. 그런데 이러한 조건은 아무리 많이 열거해도 모두 같은 집단에 해당될 뿐 의심의 범주를 좁힐 수 없었다.

그러나 얼마 후 허슬리는 마침내 테러리스트로 의심되는 대상의 범주를 한 번에 줄일 수 있는 조건을 발견했다. 나중에 영국 경찰은 이 조건에 따라 실제로 테러리스트를 체포할 수 있었다. 무슨 조건이었을까? 바로 이들은 보험에 가입하지 않는다는 것이다. 20대 이상의 영국 시민이나 장기 거주자라면 보험 가입을 하지 않을 수 없다. 영국 정치에 조금이라도 관심 있는 사람이라면 복지가 잘되어 있으며 복지 혜택의 주요 수단이 보험이라는 것을 잘 알 것이다. 저렴한 보험에 가입해도 기본적으로 의료 보장을 받을 수 있다. 더구나 무슬림은 보편적으로 결혼을 일찍 하고 자녀도 많은 편이기에 20세 이상의 남자가 보험 가입을 안 할 수 없다.

그러나 테러리스트는 보험에 가입할 리 없다. 보험 가입자가 사망한 후 보험 회사가 가족에게 보험금을 지급할 때 한 가지 전제 조건이 있는데, 그것은 테러리스트가 아니어야 한다는 것이다. 사망자가 테러리스트였다면 어떤 보험금도 지급되지 않는다. 이것은 보험업계의 규정이다. 보험에 가입하지 않는 데 따르는 이익은 아주 미미하다. 하지만 테러리스트는 이 돈을 아끼려다 결국 빅데이터에 덜미를 잡혔다.

스스로를 도덕적으로 매우 고상하다고 여기는 테러리스트 역시 작은 이익을 탐하고 손해 보기 싫어하며 비용과 수익을 따지는 인간의 본성 때문에 결국 발각되고 말았다. 이렇듯 인간의 본성은 감출 수 없고 언제 어디서든 드러나기 마련이다.

경제학적 사고로 본 페널티킥

또 다른 예를 들어보겠다. 축구를 아는 사람이라면 페널티킥의 성공률이 얼마나 높은지 잘 알 것이다. 성공률이 75퍼센트로, 대개 페널티킥을 따내기만 하면 한 골을 넣을 수 있다. 페널티킥은 속도가 시속 100킬로미터 이상으로, 매우 빨라 골키퍼가 공이 날아올 때 어느 쪽으로 올지 판단하려고 하면 이미 늦는다. 이때 골키퍼가 취할 수 있는 유일한 전략은 오른쪽이든 왼쪽이든 방향을 정하고 그쪽으로 몸을 던지는 것이다.

페널티킥을 차는 사람에게는 여러 선택이 주어진다. 첫 번째로 공을 왼쪽으로 찰지 오른쪽으로 찰지 선택해야 한다. 사실상 이는 골키퍼와 마찬가지로 반반의 확률이다. 두 번째로 골대의 모서리로 찰지 말지 선택해야 한다. 골키퍼가 방향을 제대로 판단했다 하더라도 일반적으로 그 위치는 막을 수 없기 때문이다. 하지만 매우 정확해야 한다. 왜 페널티킥을 찰 때 공이 골대 밖으로 날아가는 경우가 많을까? 주로 양 모서리를 겨냥해 공을 차기 때문이다.

또 하나의 선택은 골키퍼가 서 있는 골대 중앙으로 공을 차는 것이다. 빅데이터를 분석해보면 골키퍼가 왼쪽을 막을 확률이 약

50퍼센트, 오른쪽을 막을 확률이 약 40퍼센트이지만 중앙에 남아 있을 확률은 고작 2퍼센트밖에 되지 않는다. 다시 말해 수학을 알고 빅데이터를 분석할 줄 아는 선수라면 페널티킥을 찰 때 중앙으로 차는 것이 가장 이성적인 선택일 것이다.

그런데 왜 가운데로 공을 차는 선수는 거의 없을까? 경제학에서 분석해본 바로는 키커 자신의 이익에 맞지 않기 때문이다. 왼쪽이나 오른쪽으로 찼는데 골키퍼가 막았거나 골대의 왼쪽 모서리 또는 오른쪽 모서리로 찼을 때 공이 골대를 넘어가면 운이 안 좋았다고 하면 그만이다. 그렇지만 중앙으로 찼을 때는 설령 골키퍼가 반응이 느려 미처 몸을 던지지 못하고 우연히 키커의 공을 막아냈다 하더라도 해설자를 포함해 모든 관중이 골키퍼가 아닌 키커의 실력을 의심할 것이다.

경기에서 이기고 지는 것은 선수 한 사람의 문제가 아닌 팀 차원의 일인데 선수들이 왜 굳이 자신의 명예를 걸고 더 높은 확률에 도박을 하겠는가? 진다 해도 핑계거리가 있으니 자신의 기량을 보이는 편을 택할 것이다. 따라서 각 사람이 자신의 이익을 따져 최종적으로 선택한 결정이 반드시 가장 이성적인 결정이라고 볼 수는 없다. 바로 여기에 경제학의 매력이 있다.

왜 경제학자가 문제를 보는 관점은 우리와 다른 걸까

왜 경제학자들이나 현명하다고 하는 사람들이 문제를 보는 관점

및 최종적으로 얻는 결론은 일반 사람들의 그것과 다를까? 게다가 그들이 내린 결론은 종종 사람을 화나게 하기도 하고 비도덕적이기도 하다.

이는 미국도 마찬가지다. 미국 노조는 매일같이 정부를 향해 중국 관세를 높이라는 청원을 내고 있다. 미국 노동자의 일자리를 빼앗아간다는 이유로 그들에게는 중국인이 눈엣가시인 것이다. 그러나 미국의 주류 경제학자들에게 이 문제에 대해 물으면 그들은 기본적으로 정부가 절대 중국 관세를 인상해서는 안 된다고 말할 것이다. 자유무역은 미국 노동자를 포함해 미중 양국에 모두 유리하기 때문이다. 또 다른 예를 들어보자. 미국의 하층민은 정부가 모든 부문, 즉 교육, 의료, 주택, 식품 등을 모두 무료로 제공해주길 바란다. 하지만 이 역시 주류 경제학자들에게 묻는다면 그들은 정부가 빈민의 복지 혜택을 지나치게 높여서는 안 된다고 입을 모을 것이다. 그렇게 되면 더 많은 세금이 부과되니 부유층뿐만 아니라 빈곤층에도 좋은 일이 아니라는 것이다.

이런 이야기를 듣고 있으면 어쩐지 화가 난다. 왜 경제학자들이 문제를 보는 관점은 이렇게 다른 걸까? 사실 그 이유는 간단하다. 세상을 보는 관점이 우리와 달리 매우 복잡하기 때문이다. 우리 일반인들은 직관에 따라 세상을 판단한다. 우리 눈에 비친 세상은 단순하다.

현대사회란 무엇인가? 바로 대다수 사람이 세계화된 협력 네트워크에 들어가게 되는 것이다. 이에 따라 상호 관계가 대단히 복잡해지지만, 보통 사람들의 눈에는 그저 주위의 가족, 친한 친구, 동료 등 간단한 관계만 보인다. 몇 다리만 건너도 우리 눈에 보이지 않기 때문에 우리가 인지한 바와 세상의 실제 상황엔 차이가 있다. 경제학자는 이 차이를 연구하는 사람이다.

이 복잡함에 대해 세 가지 방면에서 분석한 바를 간단히 설명해보겠다.

역지사지의 사고방식은 소용없다

첫 번째는 사회 구조의 복잡함이다. 젊었을 때 나는 의기양양하게, 이 세상을 바라보는 궁극의 방법, 즉 역지사지의 방법을 알아냈다고 생각했다. 다른 사람의 생각을 알지 못하는데 어떻게 하지? 먼저 내가 그 사람이라면 그 상황에서 어떻게 할지 고민을 해본다. 말로 내뱉지 않았지만 그 역시 이렇게 생각할 것이라고 가정한 다음 이를 전제로 내가 어떻게 행동할지 판단했다. 젊은 시절 나는 이 방법으로 다른 사람과 협력을 잘하는 사람이 되었고 또 내 협력 파트너를 더 존중하게 되었다.

하지만 인터넷 시대가 도래하면서 역지사지의 사고방식은 아무 소용이 없어졌다. 모든 사람이 한 책상에 앉아 이야기하고 한 냄비 속에 뒤섞여 밥을 먹는 오늘날이다. 대학교수가 웨이보에서 12세 어린이와 함께 토론하는 시대에 역지사지가 무슨 소용이 있겠는가? 다른 사람이 무슨 생각을 하고 있는지 전혀 알지 못한다.

예를 들어보겠다. 세계 사기극의 역사에서 유명한 사건 중 하나가 '나이지리아 사기극'이다. 이런 이름이 붙은 이유는 이 사기극이 나이지리아에서 가장 먼저 시작되었기 때문이다. 그 사기 수법은 사실 매우 간단했다. 사기꾼은 가는 곳마다 이렇게 이야기했다. "헤이, 브라더! 은행 계좌 있나요? 나는 나이지리아 사람인데, 살던 지역이 정치적으로 불안해져서 폭동이 일어났어요. 그래서 돈이 좀 있는 사람들은 재산을 해외로 옮기고 있는데, 은행 계좌를 좀 빌려줄 수 있나요? 5억 달러 정도로 금액도 그리 크지 않으니 당신 계좌를 거쳐 지나가기만 하면 돼요. 이자는 당신 것입니다."

"되죠, 되죠!"

"좋습니다. 그럼 먼저 수수료를 좀 내줄래요?"

이 졸렬한 사기극은 사기꾼이 먼저 상대에게 큰 혜택을 주겠다고 약속하고 그 전에 상대가 먼저 작은 혜택을 줘야 하는 방식이다. 사기꾼은 이 혜택을 받자마자 달아난다.

중국에는 '씨내리 사기重金求子'라는 것이 있다. 전신주에 붙은 전단지나 위챗에서도 자주 볼 수 있다.

"저는 미모의 젊은 여성으로, 재벌가에 시집을 갔습니다. 하지만 안타깝게도 남편이 불임입니다. 재산을 분할받으려면 반드시 아이가 있어야 합니다. 어떻게 해야 할까요? 지금 저에게는 젊은 남자가 필요합니다. 잘생기든 못생기든 상관없습니다. 중요한 것은 반드시 아이를 낳을 수 있는 신체 조건이어야 한다는 점입니다. 성관계를 한 번 하고 아이를 낳으면 보수로 500만 위안을 지불하겠습니다."

과연 믿는 사람이 있을까? 실제로 믿는 사람이 있다. 교육 수준이 높지 않은 사람들은 이런 글을 보고 다음과 같이 생각할 수 있다. 젊은 부인과 성관계를 가져 아이도 낳을 수 있고 돈도 벌 수 있으니 이보다 좋은 일이 어디 있겠는가. 그들은 정말 이것을 믿어버리고, 상대는 그들에게 약간의 수수료 등을 요구한다. 수수료 외에도 돈을 갈취할 방법은 많다. 엄청난 이익을 눈앞에 두면 사람은 작은 부분을 방심하게 되고 마지노선을 넘어서면 결국 금전적 손실을 입기 마련이다. 이것은 현명한 사람들도 빠질 수 있는 함정이다.

그런데 어떻게 이렇게 졸렬한 사기 수법이 여전히 통하는 걸까? 이것은 인터넷 시대의 전형적인 사기술이다. 인터넷 시대에 성행한 통신 사기 중 하나는 다음과 같다. 먼저 사기성 이메일에 일부러 어법상 틀린 문장을 많이 쓴다. 이렇게 하면 독해력이 그다지 좋지 않거나 이해력이 떨어지는 사람 중 속는 사람이 나온다. 사기꾼은 이런 사람들을 추려낸 다음 그들을 대상으로 다시 사기 행각을 벌여 쉽게 목적을 달성한다.

이것이 바로 사회 구조의 복잡함이다. 역지사지가 통하지 않는 세상이다. 하나의 행동이 가져올 결과에 대해 우리는 감히 상상할 수 없다. 현명한 사람일수록 상상하기 힘들어진다.

협력의 복잡함

두 번째는 협력의 복잡함이다. 인류는 언제나 상대방에 대해 전략적으로 추측해야 하는 상황에서 살아왔다. 상대방은 내가 한 말을 듣고 자신이 실제로 어떤 생각을 하는지 항상 직접적으로 말하지는 않는다. 그보다는 내 생각을 고려해 한 차례 말을 다듬은 뒤에 전달한다. 사람마다 IQ가 다르고 지적 수준이 다르며 EQ가 다르기 때문에 모두가 매우 복잡한 상호 관계에 처해 있다. 우리가 이쪽에서 취한 행동이 다른 쪽, 다른 사람들이 있는 곳에서는 어떤 결과로 나타날지, 행위 주체인 우리조차 전혀 알 수 없다.

중국에서는 자동차 사고를 낸 운전기사가 사고 후 피해자를 직접 살해한 기사를 자주 접할 수 있다. 그들은 왜 그렇게 했을까? 사실 이유는 간단하다. 중국 법률이 이 부분에 있어 아직 미비하기 때문이다. 교통사고로 사람이 사망할 경우에는 얼마를 배상해야 하는지 법적 기준이 있다. 하지만 상대가 장애를 입게 되었을 때는 중국의 사회보장제도나 보험 제도가 아직 발달하지 않아서 운전기사가 평생 얼마를 배상해야 하는지 명확한 기준이 없다. 그래서 많은 운전기사가 사람을 쳤을 때 후진해 피해자가 아예 숨지게 만드는 선택을 하는 것이다. 이것을 이성적인 행위라고 할 수 있을까? 비도덕적인 선택이지만 운전기사는 남은 인생 동안 가산을 탕진하고 나락으로 떨어지는 상황을 피할 수 있다. 이것이 바로 사회 협력의 복잡함이 가져온 결과다.

또 예를 들어보겠다. '성매매 금지법'은 사회 주류의 도덕적 기준에 부합한다. 하지만 국가마다 사회마다 발전 단계가 다르기 때문에 이에 대해 서로 다른 결과가 도출되기도 한다. 몇 년 전 읽은 글에서 중국의 빈곤층 여성은 실로 비참한 계층이라는 내용을 본 적이 있다. 중국 하층민의 중범죄 형사 사건을 보면 여성을 상대로 한 살인이 빈번하게 발생한다.

왜일까? 범죄자가 가장 쉽게 손을 쓸 수 있는 상대가 바로 그들이기 때문이다. 우선 물리적 저항력이 낮다. 둘째, 돈을 갈취하기에 가장 만만한 대상이다. 범죄자는 먼저 거래라는 명목으로 이렇게 말한다. "우리 자리를 옮겨 거래를 합시다!" 그런 다음 인적이 드문 곳으로 데려가 돈을 빼앗는다. 이런 범죄가 많이 발생하는 시간대는 새벽 2~3시다. 이때가 바로 첫 번째 거래를 마친 성매매 여성의 호주머니에 돈이 있을 시간이다. 성매매를 하는 것 자체가 불법이기에 여성들은 경찰에 도움을 요청할 생각은 아예 하지 못한다. 게다가 돈을 뺏기면 목숨보다 돈을 보호하려는 생각에 소리부터 지른다. 그러면 흉악무도하고 인면수심의 범죄자는 그 자리에서 여자를 죽이고 만다. 이렇게 성매매 여성은 살인 사건의 주요 목표물이 된다.

본래 여성을 보호하기 위해 성매매 금지법을 제정했지만 결과적으로 성매매 여성들은 오히려 법의 보호에서 소외되었다. 금지법의 제정 의도는 분명 이런 게 아닐 것이다.

또 예를 들어보겠다. 2016년 4월 베이징의 허이和颐 호텔에서 한 남자가 호텔에 투숙한 여성을 끌고 가 무지막지하게 구타한 사건이 발생했다. 이 사건은 한동안 인터넷을 뜨겁게 달구었고, 사람들은 모두 의아해하면서 이 사회의 폭력성이 정말 심각해졌다고 생각했다. 나중에 그 남자는 '포주', 즉 매춘 알선업자라는 사실이 밝혀졌다. 그들에게는 자신들만의 구역이 있어 해당 구역 소속이 아니면 함부로 영업을 할 수 없다. 폭력을 휘두른 남자는 그 여자가 남의 구역에 와서 일을 한다고 생각해 그렇게 때린 것이라고 한다.

이처럼 어떤 금지령이 내려졌을 때 정상적인 사회 질서 밖 후미진 곳에서는 아주 추악한 협력 시스템이 만들어질 수 있다. 금지 법안을 제정한 사람의 목적과 전혀 다른 결과가 복잡한 협력 네트워크 속에서 도출될 수 있다. 그러니 법안 제정자들은 더 신중해져야 하지 않을까?

가짜 경제학에 휘둘리지 않기

세 번째는 인간 마음의 복잡함이다. 많은 사람이 경제학은 결국 돈 이야기를 하는 것이라 여기지만 사실상 그렇지 않다. 어떻게 돈을 가지고 인간을 정의할 수 있겠는가?

미국의 어느 유치원에서 한 가지 골치 아픈 일이 계속되었다. 부모들이 아이를 데리러 오는 시간이 종종 늦어지는 것이다. 본래는 오후 4시에 아이들을 데려가야 하지만 어떤 부모는 이런저런 일로 늦게 오곤 했다. 어떻게 하면 좋을까? 그렇다고 유치원에서 아이를 길가에 내버려둘 수는 없는 노릇이었다. 그래서 어쩔 수 없이 당직 교사를 더 채용해야 했는데, 이는 유치원에 재정적 부담이 되었다.

어떻게 해결할 수 있을까? 근본적인 해결은 거의 불가능해 보였다. 그래서 누군가가 유치원 원장에게 이렇게 말했다. "벌금을 물리세요. 경제적 압력을 가해 아이들을 일찍 데려가게 만드는 거죠." 유치원 원장이 대답했다. "좋습니다. 경제적 수단으로 압박을 가해보도록 하지요. 하지만 벌금을 많이 매길 수도 없으니 이렇게 하지요. 한번 늦을 때마다 3달러 어떨까요?" 결과는 어땠을까? 오히려 부모가 늦게 오는 일이 더 늘어났다. 원래 일주일에 서너 번이었던 것이 이제는 몇 배나 늘어 스무 번가량이 되었다.

유치원 원장은 이 결과를 도무지 이해할 수 없었다. 하지만 자세히 생각해보면 이상할 게 전혀 없다. 당신이 학부모라고 가정해보자. 아이를 늦게 데리러 가면 유치원 교사에게 불편을 주게 되고 유치원 재정 지출이 늘어나니 부끄럽고 미안한 마음에 최대한 아이를 빨리 데려가려고 애쓸 것이다. 그런데 이제 벌금 규정이 생겼으니 그 돈만 내면 그만이다. 한번 늦을 때마다 3달러를 내면 되고 기꺼이 벌금을 낼 용의가 있으면 죄책감 없이 마음 놓고 늦게 갈 수 있는 것이다.

나중에 유치원은 벌금 규정을 없앴지만 그래도 지각 현상은 개선되지 않고 여전했다. 왜일까? 벌금을 내면서 이미 사람들의 생각이 바뀌었기 때문이다. 본래 이 일은 거래가 가능한 것, 돈을 받느냐 안 받느냐는 유치원이 선택할 문제이고 부모가 간여할 수 없는 일, 결론적으로 늦게 가도 상관없다고 생각하게 된 것이다.

이 유치원은 가짜 경제학에 휘둘린 셈이다. 경제학에서 다루고 이야기하는 것은 인간이 수익과 비용을 어떻게 비교하는지 종합적으로 관찰하는 것이다. 여기서 말하는 수익은 심리적 수익을 비롯해 모든 종류의 수익을 다 포함한다. 내가 좋은 사람인 것, 다른 사람에게 폐를 끼치지 않는 것 역시 수익의 일종으로, 수익이 단순히 돈만을 의미하는 것은 아니다.

결론은 사회 구조나 사회 협력, 인간의 마음 모두 복잡하다는 것이다. 수백만 년 동안 오랜 시간을 거쳐 천천히 발달한 인간의 직관을 바탕으로 이렇게 복잡한 현대사회를 판단한다는 것은 아주 어리석은 짓이다. 현명한 사람이라면 그보다는 경제학자가 고안해낸 방법으로 이 복잡함의 여러 측면을 알아보려 할 것이다.

현명한 사람은 왜 우리보다 현명할까

『괴짜 경제학』은 일반인들이 일상생활에서 자주 접하는 상황과 사례를 다룬다는 점에 가장 큰 의의가 있다. 그런데 경제학의 사고방식을 취하다보면 이런 의문이 든다. 왜 우리 일반인이 직관적으로 내린 결론과 이렇게 다를까? 그 중요한 이유는, 경제학적 사고를 해본 적이 없는 일반인은 사실 판단과 가치 판단을 쉽게 혼동하기 때문이다.

'사실 판단'이란 무엇인가? 사실 자체를 있는 그대로 받아들이는 것이다. 중국 고대사를 보면 황제나 장군들 중에는 사실을 듣기 싫어하는 이들이 종종 있었다. 그들은 아군이 전방에서 패했다는 보고를 올리면 보고를 올린 정찰병의 목을 베라는 명령을 내리곤 했다. 왜 그랬을까? 정찰병이 그가 듣기 싫어하는 사실을 전했기 때문이다. 하지만 사실이라는 것은 강철처럼 견고히 그 자리를 지킨다. 누군가의 주관적 의지에 따라 바뀌지 않는다.

두 번째 판단은 '가치 판단'이다. 가치 판단은 인류의 '편안하고 익숙한 영역Comfort zone'이다. 우리는 누구나 가치 판단을 하고 있다. '이것은 ~해야 한다'는 가치 판단의 밑바탕에는 자신의 바람이 담겨 있다. 예컨대 '이 물건은 더 싸게 해줘야 돼.' '난 이 아가씨와 사귀어야 해'와 같은 것들은 모두 바람을 토대로 한 판단이다. 어떤 이상을 실현하는 것이나 좋은 직장을 찾는 것도 모두 개인의 소망이 담긴 가치 판단이라고 칭한다.

우리는 이 두 판단을 혼동할 때가 많다. 간단한 예를 들어보자. 몇 년 전 중국 사회에서 1선 도시(중국의 정치, 경제 등 사회 활동에서 중요한 자리를 차지하고, 주도적으로 다른 도시에 영향을 미칠 수 있는 대도시를 말함. 베이징, 상하이, 광저우, 선전이 여기에 해당된다—옮긴이)의 집값 문제를 놓고 중요한 논쟁이 벌어졌다. 논쟁은 크게 두 파로 나뉘었다. 런즈창任志强(부동산업을 주축으로 하는 중국 화위안華遠 그룹의 전 회장—옮긴이) 같은 사람들은 하루가 멀다 하고 이렇게 말했다. "집값이 오를 게 분명하니 얼른 집을 사십시오. 지금 사지 않으면 늦습니다." 하지만 아무도 그의 말에 주의를 기울이지 않았고, 서민 대다수가 그를 싫어했다. 그는 우리에게 사실을 이야기해주었지만 이 사실은 사람들의 바람과 정반대였기 때문이다. 그래서 런즈창이 연설을 할 때면 신발이 날아오기도 했고, 또 '중국인이 가장 제거하고 싶은 3인' 중 한 명으로 꼽히기도 했다.

한편 일부 사람은 사람들의 가치 판단에 영합했다. 그들 중 누군가는 이렇게 말했다. "나는 가난한 사람 입장에서 이야기하는, 양심 있고 도덕적인 경제학자입니다." 이런 사람을 경제학자라고 부를 수 있을까? 학자의 '학學', 즉 배운다는 것은 무엇을 의미하는가? 배운다는 것은 사실을 판단하는 것이다. 하지만 그들은 매일

같이 사람들의 비위를 맞추는 말만 했다. 결국 이 말을 믿고 집을 사지 않은 사람들은 그대로 손해를 봤다. 그렇지만 어디에다 그들을 고소하고 누구를 찾아가 그들을 신고할 수 있겠는가?

마찬가지로 우리도 사실 판단과 가치 판단을 헷갈리고 있는 것이 아닐까? 그렇다. 우리는 도덕이나 바람이 이 세상을 이해하는 최종 수단이라고 생각해 사실을 놓치기 쉽다. 현명한 사람은 왜 우리보다 현명할까? 그들은 바람에 주목하지 않고 사실에 주목하기 때문이다.

'바람'과 '사실' 사이의 거리

환경보호주의자는 희귀 동물을 보호해야 하며 보호 구역을 설정해 사냥을 금지하고 사냥한 사람을 형사처벌해야 한다는 주장을 펼친다. 도덕적으로 맞는 이야기이고 그러한 바람이 좋은 결과를 가져올 것으로 기대했다. 하지만 정말 효과적일까?

한번은 어느 미국인이 매우 희귀한 조류를 발견하고 서식지를 보호지로 지정해 그 새를 보호하려고 했다. 결과는 어떻게 되었을까? 이 조류는 멸종되었다. 왜 그랬을까? 미국은 토지 사유제 국가다. 정부가 해당 지역을 조류 서식지로 지정하자 주변 토지 소유주들이 긴장하기 시작했다. 자기 땅에서 이 조류가 발견되고 환경보호주의자가 그 사실을 알게 되면 조류 서식지로 지정되고 보호 대상이 되어 땅값이 떨어지기 때문이다. 그래서 사람들은 자기 땅에서 이 새가 보이기만 하면 총으로 쏴 죽였다. 본래 희귀한 새인 데다 서식지마저 정부가 엄격하게 제한했기에 새의 생태 조건이 쉽게 무너져 도리어 멸종한 것이다. 그렇다면 인간의 바람과 사실은 얼마나 차이가 나는 걸까?

다른 예를 들어보겠다. 인도는 과거 영국의 식민 통치를 받았다. 영국인들은 인도에 코브라가 우글거려 사람을 해칠 때가 많다는 것을 알고, 사람들에게 돈을 주고 뱀을 잡아오도록 한 다음 잡아온 코브라를 한데 모아 죽였다. 취지야 좋았지만 결과는 어떻게 되었을까? 어찌된 일인지 사람들이 잡아오는 코브라는 점점 더 많아졌고, 코브라를 모으는 일은 끝이 보이지 않았다. 내막은 이러했다. 뱀을 잡아오던 인도인들이 계산해보니, 나가서 뱀을 잡아오는 것보다 집에서 뱀을 키우는 것이 더 비용이 적게 들었다. 그들은 경제학을 배운 적이 없음에도 뱀을 키워 영국인들에게 가져다주고 돈을 받는 방법을 알았다. 이러한 예를 보면 첫 바람과 의도가 좋아도 그 결과는 너무나 동떨어짐을 알 수 있다.

또 다른 예다. 금주법은 미국 역사상 유일하게 폐지된 헌법 수정안으로, 그로 인한 타격이 제법 컸다. 미국이 서부를 개발할 당시 많은 카우보이가 술을 즐겨 마셨고 그러다보니 사회 기풍이 날로 나빠졌다. 많은 남자가 술만 마시면 사람이 변해 집에서 아내를 때리고 일도 하지 않았다. 결국 20세기 초 여성이 투표권을 갖게 되면서 여성들은 금주를 공약하는 후보에게 투표를 하게 되었다.

1920년대에 미국 정부는 금주법을 공식적으로 반포했다. 이 법령에 따르면 알코올 도수 0.5퍼센트 이상의 음료를 제조, 판매 및 운반하는 것은 모두 위법 행위로 간주되었다. 혼자 집에서 술을 마시는 것은 범법이 아니지만 친구와 함께 마시거나 술자리를 갖는 것은 모두 위법 행위가 되어 최고 1000달러의 벌금과 징역 6개월을 살게 되었다. 21세 이상이 되어야 술을 살 수 있고 신분증을 반드시 확인받아야 하며 특정 장소에서만 살 수 있었다.

금주법이 발표되기 하루 전, 모든 미국인이 정신없이 술을 마셨다. 그리고 금주법을 실행한 결과, 어떻게 되었을까? 몇 가지 결과를 추론해보자.

첫째, 술 마시기를 즐기던 미국인 대다수가 위선자가 될 것이다. 본래는 술을 마시면 마시고 조금만 마실 생각이면 조금만 마셨던 것이 이제는 집에서 몰래 술을 마셔야 한다. 그리고 밖에서는 다른 사람들에게 자신은 원래 술을 마시지 않는다고 말한다. 금주령은 거의 모든 미국 남성을 위선자로 만들어 도덕적 수준을 하향시킬 것이다.

둘째, 술이 희귀해졌기에 가격이 폭등해 암시장이 형성되고 많은 사람이 술을 구하기 위해 온갖 방법을 동원할 것이다. 어디서 구할 수 있을까? 바로 공업용 에탄올을 훔치는 것이다. 공업용 에탄올은 화학 공업의 중요한 원료로, 독성이 있어서 마시면 안 되지만 술꾼들은 아랑곳하지 않는다. 매년 엄청난 공업용 에탄올이 도난당했다.

실제로 1926년 미국의 캘빈 쿨리지 대통령은 공업용 에탄올을 훔쳐 마시는 것이 신체에 크게 해가 된다고 생각해, 정부가 모든 공업용 에탄올에 독성을 넣어 마시는 사람은 사망하게 될 것이라고 국민에게 발표했다. 그리고 신문을 통해 이를 대대적으로 알렸다. 하지만 정부의 손길이 닿지 못하는 곳이 있기 마련인데다 일부 사람은 도저히 술을 끊지 못해 정부의 말을 믿지 않고 계속 술을 마셨다. 그 결과 1926년 한 해에만 뉴욕시에서 1200명이 에탄올에 중독되었고 그중 400명이 사망했다.

셋째, 마피아와 같은 범죄 조직이 활성화될 것이다. 술을 밀수하면 엄청난 이윤이 남는 데다 그들은 칼이나 총을 가지고 다른 이들의 접근을 막을 수도 있다. 사실 당시 미국의 마피아는 아직 크게 확산되지 않은 상태였다. 그런데 1920년대 금주법이 반포되면서 마피아가 규모를 키울 수 있는 발판이 마련되었다.

그들은 자연스레 보호를 받고자 정부 관료에게 뇌물을 줄 것이다. 이로 인해 넷째, 정부의 도덕성이 무너질 것이다.

다섯째 결과는 무엇일까? 도덕적 의도를 바탕으로 하는 금지령에도 예외가 있기 마련이다. 예를 들어 병원에서 알코올을 쓰지 말라고 하면 무엇으로 소독을 하겠는가? 기독교는 예수 수난일을 기념하고자 성찬이라는 종교적 의식을 정기적으로 행한다. 성찬에서 빼놓을 수 없는 것이 포도주로, 이는 예수의 피를 상징한다. 어쨌든 모두 알코올에 해당되는데, 만약 의사나 신부가 이 특권을 가지고 알코올을 판매한다면 정부는 이를 어떻게 금지할 수 있을까? 감독하는 정부 관리를 늘린다면 또 새로운 부패 문제가 발생할 것이다. 프랭클린 루스벨트 대통령의 공약 중 하나였던 금주령 폐지와 그의 대통령 당선은 밀접한 관계가 있다.

대체 인간의 바람과 사실 사이의 거리는 얼마나 될까?

현명한 사람은 사실을 더 많이 보는 사람이다

이제 다시 주제로 돌아오자. 과연 현명한 사람은 어떤 사람일까? 현명한 사람은 우리보다 IQ가 더 높은 사람이 아니다. 바로 인지가 유일한 경쟁 수단이 되는 이 시대에 사실을 더 많이 보는 사람이 현명한 자다.

이 말을 다시 풀어보면 다음과 같다. 인터넷 시대가 되면서 사람들은 더 많은 자유를 누리게 되었다. 지금은 더 이상 혈연이나 계층, 직위, 학력이 개인의 발전에 걸림돌이 되는 시대가 아니다. 모두가 자신의 재능과 특기를 마음껏 발휘할 수 있게 되었다. 이러한 시대에 우리의 유일한 걸림돌은 무엇일까? 바로 인지 능력이다. 당신의 인지 능력이 스스로의 바람대로 세상을 직관적으로만 판단하는 일반인 수준에 머문다면, 미안하게도 당신은 인지의 감옥에 갇힌 것이다.

왜 경제학적 사고가 특별히 중요한 걸까? 이 세상을 둘러싸고 있는 사실들이 우리가 보는 것보다 훨씬 더 복잡하고 사회 구조나 사회 협력 그리고 인간 마음의 복잡한 정도가 우리 상상을 뛰어넘는다는 것을 알려주기 때문이다. 경제학적 사고를 바탕으로 '사실'을 가능한 한 많이 인지했을 때 우리 역시 현명한 사람이 될 수 있지 않을까?

2.
인지적 차이의
본질

생존에 중요한 건 경제학적 사고다

경제학적 사고는 매우 특이하긴 하지만 우리 세대의 생존에 매우 중요하다.

경제학적 사고방식으로 고민하고 내린 결론은 일반적이지 않아 종종 사람들을 놀라게 할 때가 많다. 그 이유는 무엇일까? 직관이나 상식으로 내린 결론과 어떻게 다를까?

그 이유는 먼저 인류사회의 협력 범주가 점점 더 넓어져 우리 주변의 사물을 가지고 이 세상을 이해하기가 어려워졌기 때문이다. 그러나 경제학은 가능한 한 인류의 전체 협력을 기반으로 문제를 바라보려 하기 때문에 자연히 다른 결론이 도출된다.

그렇다면 경제학적 사고는 어떤 점에서 특이할까?

경제학적 사고란 인류가 현재 꾸준히 진행하고 있는, 느리지만 지대한 영향을 미치는 '사고방식의 전환'을 대표해서 이르는 말이다. 이는 한 개인의 사고방식 전환이 아니라 인류 전체의 사고방식 전환을 가리킨다. 이 사실을 잘 이해한 사람만이 그러한 전환 과정이 가능할 것이다.

왜 앞으로 빈부 격차가 더 커질 것이라는 이야기가 많을까? 가난한 사람들의 생활이 더 팍팍해진다는 말이 아니다. 사실 가난한 사람들의 생활 역시 점점 더 좋아질 것이다. 다만 엘리트 집단과의 격차가 더 커질 뿐이다. 이 격차는 바로 인지 수준의 차이 때문이다. 인지적 차이의 본질은 우리가 이 시대의 발전에 순응할 수 있는지, 온전한 사고방식의 전환이 가능한지에 있다.

놀랍게 들릴지 모르겠지만, 이러한 격차는 실제로 존재하고 있다. 이쪽 강가에는 경제학적 사고를 하는 무리가 있고 저쪽 강가에는 비경제학적 사고를 하는 대다수의 사람이 있다. 조금 난해하게 느껴질 수 있으니, 완웨이강萬維鋼(필명은 퉁런위예同人于野, 젊은 과학자로 중국의 지식인들과 대중을 사로잡고 있는 칼럼니스트—옮긴이)의 말을 빌려 이야기해보겠다. 그는 듣는 이에 따라 몹시 언짢을 수 있는 두 가지 용어를 사용했다. 하나는 '이과생의 사고'로, 그가 높이 평가하고 주장하는 것이며 다른 하나는 '문과생의 사고'다.

문과적 사고 vs 이과적 사고

도대체 문과가 뭐고 이과가 무엇인가? 과거에는 그저 배우는 과목의 차이일 뿐 어떻게 귀천을 나눌 수 있느냐고 생각했다. 하지만 실제로 사고를 해보면 그 결과가 완전히 달라진다. 문과생은 이미지, 구체적인 것, 감정 표현을 중요시한다. 예컨대 작은 다리나 흐르는 물, 사람과 같이 매우 구체적인 대상을 가지고도, 쉽게 표현하기 힘든 감정을 충분히 드러낼 수 있다. 반면 이과생은 냉정하고 이성적이며 논리적인 것을 중시한다.

인류는 그동안 이른바 대뇌와 소뇌, 좌뇌와 우뇌, 시스템 1과 시스템 2 식으로 구분한 두 가지 사고방식을 유지해왔다. 여태껏 늘 이렇게 나누었던 분야를 왜 구태여 우열을 구분 짓는 것일까? 왜 인류가 이과적 사고를 배우고 또 경제학적 사고를 배워야 한다고 말하는 것일까?

이 문제는 역사적 발전이라는 관점에서 바라봐야 한다.

문과적 사고가 안 좋은 것인가? 결코 그렇지 않다. 이는 수백만 년 동안 인류가 발전해온 결과물로, 신이 인류에게 준 최대의 은총이라고 할 수 있다. 무슨 말인가? 인류의 첫 발전 단계로 한 세대씩 연대를 거슬러 올라가다보면 인류의 조상이 살던 원시 시대에 도달한다. 각 세대의 조상, 그 한 명 한 명에게는 어떤 사명이 있었을까? 세계와 우주의 진실을 이해하는 것 등이 아니었다. 그들에게는 살아남아 후손에게 유전자를 전해야 한다는 사명이 있었다.

살아남기가 우선 과제였다면 다른 목표는 분명하다. 크게 에너지 절약과 효율 증대, 두 가지로 나눌 수 있다.

왜 에너지를 절약해야 할까? 우선 생존 환경에서 인간의 신체기관이 획득할 수 있는 에너지는 지극히 제한적이어서 닥치는 대로 마음껏 먹을 수 없었다. 신체로 흡수되는 에너지가 신체 기능으로 전환되는 데는 제한이 따랐다. 예를 들어 인류는 자외선을 볼 수 없었고 초저음파와 초음파가 들리지 않았다. 왜일까? 필요치 않았기 때문이다. 어느 정도만 보여도 충분했으니 무제한적으로 발전할 필요가 없었다. 당시 생존에 불필요한 것은 모두 퇴화되었다. 수십억 달러를 들여 중력파를 발견하고 연구하는 현대사회와 다른 시대였다. 박쥐가 되면 초음파는 들을 수 있지만 눈은 퇴화된다. 쓸모가 없기 때문이다. 이렇게 모든 것이 '비용 절감'이라는 경직된 원칙에 따라 설계되었다.

다른 한편으로 인류는 민첩해져야 했다. 예를 들어 근처에 토끼가 있는데 잡지 못하면 굶어 죽는다. 근처에 뱀이 있는데 숨지 않으면 물린다. 이 원칙에 부합하지 않은 사람은 모두 살아남지 못해 그 DNA가 전해지지 않았다. 인간의 DNA가 전해질 수 있었던 것은 우리 조상이 빠르게 반응했기 때문이다.

그렇다면 어떤 것이 반응이 빠를까? 이성적 논리일까? 73×78의 답이 얼마인지 물으면, 한참을 생각한 다음 어쩔 수 없이 종이를 꺼내 계산을 해볼 것이다. 이처럼 이성적 논리는 체계 자체가 느리다. 인류의 먼 조상 입장에서 가장 먼저 구축된 사고방식은 감성, 구체적인 것, 감정일 것이다. 이렇게 이미지화된 사고방식은 사람이 민첩하게 반응하는 데 도움이 되었다. 이는 당연한 것이다. 누군가를 마주쳤을 때 우리는 우리 뇌 속에 저장해놓은 인지 기억과 비교, 대조해보고 그 사람이 좋은 사람인지 아닌지, 믿을 수 있는 사람인지 아닌지 재빨리 판단을 내릴 수 있다. 이런 경우 다른 조사나 연구가 필요치 않다.

감정도 마찬가지다. 같은 대상을 보고도 우리는 공포를 느낌으로써 곧바로 도망칠 것인지, 분노를 느낌으로써 상대를 공격해 쓰러뜨릴 것인지 선택한다. 이 모든 것은 우리가 스스로의 신체를 움직여 재빨리 보인 반응이다. 앞서 감정적이고 구체적이며 이미지화된 문과적 사고방식이 신의 은총이라고 말한 것은 왜일까? 이것이 없었다면 인류는 애초에 살아남지 못했고 그렇다면 지금의 인류도 없었을 것이기 때문이다. 결론적으로 문과적 사고방식은 위대하다.

던바의 수: 150인의 법칙

그러나 현대사회는 너무 빠르게 변화한다. 우리가 가진 것만으로는 변화의 속도를 따라잡을 수 없고, 뚜렷한 한계 때문에 우리는 그 자리에서 옴짝달싹 못하곤 한다. '던바의 수Dunbar's number'라는 말이 인터넷상에도 널리 알려져 있다. 영국 인류학자인 로빈 던바가 개발한 용어다. 던바는 상고시대든 현대든, 또 태평양의 작은 섬에서 수렵, 채집을 하며 살아가는 원시 부족이든 현대사회든 인간은 모두 150이라는 수의 제한을 받는다는 사실을 발견했다. 다시 말해, 인류의 지적 능력 안에서 안정적인 사회적 관계가 가능한 수는 148명이고 이를 반올림하면 150명인데, 이 상한선을 넘기 힘들다는 것이다.

예를 들면 이메일이 탄생하기 전 영국인은 크리스마스이브에 친척이나 친구들에게 축하 카드를 자주 보냈다. 그러나 아무리 축하

카드를 많이 주고받는다고 해도 교제할 수 있는 사람 수가 150명이 넘지 못한다는 것이 그의 이론이다. 실제로 서구에서 군대의 가장 기본적 조직이라고 할 수 있는 중대의 규모는 약 150명이다. 뿐만 아니라 남태평양의 작은 섬나라에서 수렵, 채집을 하며 살아가는 부족의 최대 규모 역시 150명이다.

사실 이 법칙은 전통사회에만 적용 가능한 것이 아니라 인터넷상에서도 마찬가지다. 많은 사람은 인터넷이 연결 수linking number를 확대했다고 말한다. 확실히 그렇다. 하지만 연결 수가 150명을 넘으면 상호 작용 방식이 달라진다. 예컨대 뤼지쓰웨이羅輯思維(저자가 운영하는 중국 1인 미디어의 대표 주자이자 콘텐츠 기업—옮긴이)는 100만 명이 동시 구독할 수 있다. 하지만 상호 작용은 할 수 없다. 실제로 상호 작용을 할 수 있는 수는 여전히 던바의 수, 즉 150명을 넘지 않을 것이다.

왜일까? 이는 150명까지만 에너지 절약과 효율 증대라는 두 가지 생존 사명을 달성할 수 있기 때문이다. 여기서 한 명씩 늘어날 때마다 그에 대해 더 이해해야 하고 신경 써야 할 일도 더 늘어난다. 어떻게 생겼는지, 생일은 언제인지, 그 아내의 외모가 어떠한지, 내가 아는 또 다른 친구와 어떤 관계인지……. 한 명씩 늘 때마다 우리 대뇌 대역 폭에 부담이 증가하고 이 사명의 양을 감당하기 힘들어진다. 결국 우리 인류에게 뚜렷한 제약 조건으로 작용하면서, 2초 내 100미터 완주, 수면 아래서 숨쉬기처럼 불가능한 일이 되고 만다. 수년이 흘러 다른 특별한 능력이 생기지 않는 한 우리는 150명이라는 던바의 수를 결코 벗어나지 못할 것이다.

그러나 현대사회에서 우리의 협력체는 이미 150명을 훌쩍 넘어섰다. 그러면 어떻게 해야 할까? 여전히 우리는 150명의 행동 방식, 인지 방식, 사고방식으로 이 세상을 대하고 있다. 이 때문에 매우 재미있는 대조적 현상이 나타나기도 한다.

이라크 사담 후세인이 쿠웨이트를 침공하면서 1차 걸프 전쟁이 발발했다. 당시 조지 부시는 대통령 연설에서 국민에게 다음과 같이 말했다. "이 전쟁이 일어나서는 안 됩니다. 중동의 여러 나라는 미국의 석유 수입국이기 때문에 미국의 유가 안정에 영향을 줄 것입니다. 또 이는 세계 경찰로서의 미국의 지위에 대한 도전입니다. 우리에게는 세계 질서를 수호해야 할 책임이 있습니다. 후세인이 제멋대로 나선 것이니 우리 미국은 파병을 해야 합니다."

그의 연설을 듣고 유권자가 물었다. "석유 가격과 우리가 무슨 상관이지? 미국이 큰형 노릇을 하는 것과 우리가 무슨 관계가 있지?" 그러자 부시의 참모진이 아이디어를 내 화법을 바꾸도록 했다.

부시는 다시 국민에게 이렇게 말했다. "이라크는 깡패입니다. 깡패가 어린 동생을 괴롭히고 있는 이런 일이 대체 무슨 경우입니까? 쿠웨이트는 참으로 불쌍한 나라입니다. 그들은 이라크를 화나게 한 적도, 건드린 적도 없습니다. 우리 미국이 어떤 나라입니까? 우리에겐 영웅이 있고, 슈퍼맨이 있으며, 캡틴이 있습니다. 깡패가 선량한 소년을 괴롭히는 것을 용인해서야 되겠습니까? 그럴 수 없습니다. 우리는 불의한 일에 용감히 나서서 영웅이 되어야 합니다." 이 말을 들은 미국인들은 정의감에 불타올라 일제히 박수를 쳤다. 그리고 미국은 파병했다.

국민은 미국, 세계, 석유 안보, 세계 질서와 같은 거시적 개념은 몰랐지만, 주변에서 일상적으로 접할 수 있는 비유적 논리를 통해 이 사건을 이해할 수 있었다. 즉, 옆집에 사는 깡패가 약한 소년을 괴롭히고 있다. 이 일은 용인할 수 없는 일이며 분노가 차오른다. 이 같은 일은 누구나 쉽게 이해할 수 있다. 이는 던바의 수, 최대 150명 내에서 교제하는 방식, 감정적 반응에 따른 방식으로 국가적 사안을 처리한 경우다.

나중에 정치가들은 이 방식이 아주 유용하다는 것을 배웠다. 이후에 출마한 아들 부시 대통령은 대통령직을 연임했는데, 첫 번째 임기 동안 그의 정치 성적은 형편없었고 경제는 계속 하락했다. 그럼에도 그에게는 묘안이 있었다. 그의 선거 고문이 '공포'라는 단어를 알려주었기 때문이다. 연임을 위한 대통령 선거 유세에서 그는 사담 후세인에게 화학 무기가 있고, 테러리스트를 지원하고 있으니 반드시 그를 제거해야 하며 그렇지 않으면 미국인의 안전을 보장할 수 없다고 사력을 다해 주장했다. 이 말을 들은 미국인들은 공포심을 느꼈고 부시가 대통령을 연임하도록 지지해주었다.

부시는 선거에서 또 다른 수를 펼치기도 했다. 정치인들은 일반적으로 자신을 내세우기 좋아한다. 하지만 부시는 오히려 자신이 젊었을 때 그리 뛰어나지 못했고 성적도 나빴으며 술에 취하거나 대마초를 피운 적도 있을 만큼 문제아였지만 나중에 개과천선해서 이제는 이렇게 도덕적이고 출중한 사람이 되었다고 말했다. 반전 있는 성공 스토리를 좋아하는 유권자의 표심이 자연히 그에게 쏠렸다. 오바마도 대통령 선거에서 이 방법을 사용한 바 있다.

이 예들을 통해 하고 싶은 말은 이것이다. 우리가 큰 틀에서 선택을 한다 할지라도 사실상 우리 사유는 좁은 틀을 벗어나지 못한다는 것이다. 정치인들은 이런 심리를 꿰뚫어보고 소소한 이야기로 우리를 현혹한다. 아버지 부시, 아들 부시, 오바마 같은 사람들의 시정 방침이 미국에 어떤 변화를 가져왔는지 유권자들은 생각이나 해봤을까? 아닐 것이다. 국민이 듣고 이해하는 것은 동네에서 봤던 일들과 유사한 이야기뿐이다.

문과적 사고방식의 허점

문과적 사고의 공헌이 대단했던 것은 마땅히 인정해야 하는 바이지만, 그렇지 않은 부분도 있다. 인류는 현대사회에 들어선 지 100~200년 만에 사고방식을 전환할 수밖에 없었고, 기존의 사고방식과 전혀 다른 방향으로 나아가게 되었다. 더 구체적으로 말하면, 잘못된 것을 대대적으로 바로잡거나 기존에 없던 것을 대량으로 보충해나가야 하는 것이다. 이것이 바로 완웨이강이 말한 '이과적 사고'다. 지금 여기서 사용하는 말로는 '경제학적 사고'라고 한다.

우리에게 익숙한 이미지화되고 감정적인 사고방식의 허점은 무엇인가? 가장 분명한 것은 문과적 사고는 데이터에 기반해 이 세상을 설명할 능력이 없다는 것이다.

미국에서 자선활동과 관련해 실험을 진행한 적이 있다. 아프리카 어느 국가의 아동 수백만 명이 의약품 부족으로 병에 걸리고 굶어 죽어가고 있으니 원조를 바란다는 편지를 일부 가정에 보냈다. 또 일부 가정에는 아프리카 어느 나라, 어느 도시, 어느 마을에 한 소녀가 있는데 부모가 아이를 정말 사랑하고 예쁜 얼굴에 공부도 아주 잘하지만 먹을 음식과 입을 옷이 부족해 죽게 될 상황이라며 후원을 부탁하는 편지를 보냈다. 연구진은 이 둘 중 두 번째 편지로 모금한 후원액이 더 많을 것으로 예상했고, 실제 결과도 2배 더 많았다. 이 실험을 통해 사람들은 여전히 구체적인 내용에 마음이 쉽게 움직이지 숫자에 쉽게 움직이지 않는다는 사실을 알게 되었다.

하지만 이렇게 되면 우리 눈은 진실이 왜곡된 세계를 담게 되고, 일의 실제 원인을 찾지 못하게 된다. 선의에서 출발했다 해도 세상의 진실을 이해하기에 적절치 않다. 이는 비판적인 시각이 아니라 인류의 공통된 특징이 그렇다.

다른 예를 들어보자. 교통수단 중에서 비행기가 가장 안전하다는 데이터가 이미 나왔음에도 비행기가 안전하지 않다고 생각하는 사람이 많다. 비행기 사고 확률은 매년 470만분의 1이고, 벼락에 맞아 죽을 확률은 190만분의 1이다. 즉 비행기 사고로 죽을 확률은 벼락에 맞아 죽을 확률보다 훨씬 낮은 것이다. 그래서 어떤 항공 전문가는 비행기를 타는 것이 위험하긴 해도 가장 위험한 곳은 비행기 안이 아니라 차를 타고 공항으로 가는 길이라고 말했다. 그럼에도 비행기 사고 보도를 보고 비행기가 위험하다고 생각하는 사람이 많다. 그런데 정작 누군가가 차에 치여 죽거나 어느 고속도로에서 연쇄 추돌 사고가 났다는 보도에는 몹시 익숙해져서 아무

느낌이 없다. 이 같은 정보 전달의 특징, 그리고 지금까지 우리가 길러온 사고방식 및 인지 습관은 이 세상을 왜곡시켜 받아들이게 한다.

9·11 테러 이후 미국인들은 비행기가 안전하지 않다는 생각에 외지에 갈 때 대개 직접 운전하는 쪽을 택했다. 그 결과 단시간 만에 미국 전역에서 교통사고율이 대폭 증가했다. 데이터를 무시한다는 게 문과적 사고의 한계다. 하지만 문과적 사고의 진짜 허점은 이 세상을 옳고 그름, 선과 악으로 구분하는 데 익숙해 다른 비교나 선택을 두지 않으려 한다는 것이다.

한편으로는 문인들 세계의 매력이 바로 이것이다. 농익은 감정을 아낌없이 쏟아부어 한 방향을 택하기 때문이다. 옳은 것만 택할 뿐 그른 것을 택하지 않고, 선을 택할 뿐 악을 택하지 않는다. "생명은 귀하지만 사랑이 더욱 귀하다. 자유를 위해서라면 두 가지 다 포기할 수 있다."(헝가리 시인 페퇴피 샨도르의 시―옮긴이) 이것이 문과적 사고다. 만일 이것이 이과적 사고나 경제학적 사고로 전환되면 자유, 사랑, 생명을 한데 놓고 그 경중을 비교하느라 모든 미적 감각은 사라지고 저속한 인격만이 드러날 것이다.

문과적 사고방식은 기회비용을 빠뜨린다

왜 『괴짜 경제학』의 중국어판 제목에는 경제학에 '악마魔鬼'라는 단어를 붙였을까? 악마는 긍정의 힘이 없기 때문이다. 하지만 비교를 해보고 선택하는 사고방식을 따르지 않는다면 현대사회에서 진실을 알 방법은 전혀 없다. 이는 경제학에서 상당히 중요한 개념인 '기회비용'과 관련이 있다.

비용이란 무엇인가? 일반적으로 사람들은 하나의 물건을 살 때 지불해야 하는 돈을 비용이라고 생각한다. 이것은 '회계 원가'이며, 기회비용은 이보다 훨씬 더 복잡하다. 같은 시간, 같은 장소에서 한 가지를 선택했을 때 그에 따른 기회비용은 얼마일까? 다른 선택을 포기한 값의 총합이 바로 '기회비용'이다.

예컨대 오늘 저녁에 맥도널드 햄버거를 먹기로 선택했다면 회계 원가는 맥도널드 햄버거 가격이다. 이것은 이미 지출한 돈으로, 다른 곳에 쓸 수 없다. 영화 등 다른 선택은 포기한 것이다.

그런데 맥도널드를 먹었을 때 포기한 것은 사실상 훨씬 더 많다. 오늘 저녁 한 끼는 평생에 단 한 번이다. 맥도널드를 먹는다는 것은 KFC를 먹을 수 없다는 것이며, 쓰촨 요리, 산둥 요리, 후난 요리 등도 모두 포기한 것이다. 이렇게 포기한 것을 모두 더한 것이 바로 기회비용이다. 따라서 기회비용은 계산해낼 수 있는 숫자가 아니라 우리가 이 세상을 이해하는 하나의 개념이다.

그렇다면 문과적 사고에서는 왜 기회비용을 계산하지 않는 것일까? 다른 선택이 없기 때문이다. 문과적 사고방식은 인류의 발전 과정에서 형성된 것이다. 발전 초기에 달리 선택할 것이 얼마나 있었을까? 원시인이 토끼 한 마리를 봤다면 잡았을까, 안 잡았을까? 잡지 않으면 다음 끼니에 먹을 것이 없고 그러면 굶어 죽을 수도 있으니 반드시 잡아야 했다. 농경사회가 되었다고 해서 농부에게 다른 선택지가 있었을까? 다양한 직업이 없었기에 그저 봄에 씨를 뿌리고 여름에 김을 맨 후 가을에 추수해 겨울에 저장해야 다음 해에 먹을 양식이 생겼다.

현대사회에 이르러서는 과거의 사고방식대로 생활하고 행동하는 것이 웃음거리가 될 수 있다. 요즘도 집에 노인이 있는 가정이 많은데, 노인들의 사고는 과거 방식에 머물러 있곤 하다. 예컨대 식사 때 음식이 남으면 마음이 불편해 체하는 일이 있어도 그것을 다 먹어치운다. 농경사회에서는 이것이 이성적인 선택이었다. 당시에는 물자가 부족했기 때문이다. 하지만 현대사회가 되면서 우리에게는 다른 선택이 가능해졌다. 점심식사를 과하게 하면 저녁에 아무리 맛있는 음식이 있어도 쉽게 손이 가지 않는다. 이때 입맛이 없어 저녁을 먹는 둥 마는 둥 한다면 이는 곧 더 맛있는 것을 포기한 셈이 될 것이다. 과거의 사고방식이 익숙한 노인들은 이런 선택을 하지 않는다.

현대사회에서는 기회비용이 점점 더 중요해진다. 우리 앞에 놓인 선택이 무궁무진하기 때문이다. 한 청년이 막 퇴근을 하는데, 친구가 전화를 걸어 함께 저녁식사를 한 뒤 술을 마시자고 한다. 잠시 후 이번에는 여자친구가 전화해 함께 영화를 보자고 한다. 그는 몇 가지 선택이 가능한가? 표면상으로는 두 개지만 사실상 훨씬 더 많다. 회사에 남아 야근을 해 상사의 눈에 들 수도 있고, 길거리에서 마음에 드는 이성을 헌팅할 수도 있다. 아니면 집에 가서 책을 읽거나 게임을 할 수도 있고, 존경하는 사람을 만나 뵈러 갈 수도 있으며, 도서관에 가서 강의를 들을 수도 있다. 식사를 하고

술을 마시든 영화를 보든 그가 지불해야 할 기회비용은 상상을 초월한다. 그의 인지 수준이 높아질수록, 연락망과 협력망이 넓어질수록 기회비용은 점점 더 커지는 것이다.

오늘날 이렇게 많은 벤처 기업, 특히 인터넷 벤처 기업이 선택의 폭이 넓어질수록 일하기 힘들어지는 까닭은 바로 여기에 있다. 이런 기업의 직원들은 새벽 두세 시까지 초과 근무를 하거나 철야를 할 때가 많다. 그들이 원해서가 아니라 기회비용이 너무나 크기 때문이다.

요컨대 기회비용은 구체적인 숫자가 아니라 세상을 이해하는 방식을 의미한다. 본질적으로 어떤 선택이든 그 이면에는 지불해야 할 대가가 따른다는 사실을 인식해야 한다. '기회비용'이라는 용어는 잊더라도 "세상에 공짜 점심은 없다"라는 경제학에서 가장 유명한 말은 기억하라. 무엇을 사려면 돈을 지불해야 한다는 뜻이 아니라, 모든 선택에는 대가가 따른다는 의미다.

어떤 대가를 치러도 될 만큼 좋은 가치는 세상에 없다

기회비용의 개념을 이해했으니 다시 문과적 사고로 돌아와보면 그 허점이 더 분명하게 보인다. 문과적 사고는 옳고 그름, 선과 악으로 이뤄진 세계로, 무조건적으로 추구해도 좋을 만한 가치 있는 목표가 존재한다. 이른바 '살신성인殺身成仁' '사생취의捨生取義'는 우리 도덕관에 부합하고 긍정적 에너지가 넘치지만, 그 대가를 계산하지 않는다.

예를 들어보자. 대기오염을 방지하는 것은 좋은 일이다. 어느 누구가 더러운 공기를 마시고 싶겠는가? 하지만 베이징의 대기 질이 30여 년 전의 상태로 돌아가기 위해서는 어떤 대가를 치러야 하는가? 그 대가는 주변의 허베이나 산둥을 포함해 베이징 경제가 30여 년 전 수준으로 돌아가는 것이다. 깨끗한 공기를 마실 수 있지만 먹을 밥이 없다면, 당신은 어떤 선택을 하겠는가?

물론 일부 환경보호주의자들은 이렇게 말할 것이다. "경제를 무너뜨리자는 것이 아니라 오염물을 대량 배출하는 기업이 양심에 따라 오염 방지 설비를 구입하도록 하자는 것이다." 그렇다고 돈을 쓰지 않을 수 있는가? 이 비용까지 더해지면 해당 기업들은 수익을 내지 못할 것이고, 수익을 내지 못하면 기업을 운영할 수 없을 것이다. 경제가 30여 년 전으로 돌아가게 되면 우리는 배를 곯는 것과 신선한 공기 사이에서 선택을 해야 한다. 이 선택 사이에서 균형점을 찾아야 한다면, 거기에 절대적으로 옳고, 절대적으로 그른 것이 있을 순 없을 것이다.

중국의 석탄 사용량이 지나치게 많다는 여러 환경주의자의 지적은 틀린 말이 아니다. 그렇지만 산업계는 현 상황에서 최선의 선택을 하고 있는 것이다. 중국이 원래부터 계속 석탄을 사용한 것은 아니다. 과거에는 목재를 사용했고, 목재는 석탄보다 더 많은 오염물질을 배출한다. 석탄의 연소 가치는 같은 품질의 목재보다 2배 높고 석탄은 목재처럼 쉽게 썩지 않아 보관이 매우 용이하다. 또 석탄은 운반하기 쉽고 목재보다 훨씬 깨끗하다. 이 때문에 석탄이 최상의 선택이 된 것이다.

이런 상황에서 무조건 석탄 사용을 비판하는 것은 아무런 의미가 없다. 화학 비료는 토양을 경화시키므로 사용해서는 안 된다고 주장하는 것과 마찬가지다. 이것은 분명 사실이다. 하지만 화학 비료 사용을 금지시킬 경우 어떤 대가를 치러야 하는가?

우리는 100여 년째 화학 비료를 사용해오고 있다. 현대화가 이뤄지기 전 인류가 먹여 살려야 했던 세계 인구는 많아봤자 8억 명이었다. 그런데 지금은 몇 명인가? 70억이다. 화학 비료를 통해 식량 증산이 이뤄져야 이렇게 많은 인구를 먹여 살릴 수 있다. 만약 화학 비료 사용을 금지하려면 인구를 8억 명으로 줄여야 하는데, 그렇게 되면 엄청난 비극이 발생하지 않겠는가? 게다가 과거 8억 인구의 삶의 질은 지금에 비할 바가 아니었다. 과일이며 고기, 계란, 우유 등은 부자들의 전유물로, 일반 서민들은 먹을 생각조차 하지 못했다. 새해나 명절에 먹어보는 것만도 감지덕지였다. 이런 대가를 치르고 싶은가? 그렇지 않다면 어떻게 무턱대고 화학 비료 사용을 반대할 수 있는가?

미국에서 있었던 더 복잡한 예를 들어보자. 1962년, 미국의 유명한 생물학자이자 작가인 레이첼 카슨이 『침묵의 봄』이라는 책을 썼다. 이 책은 환경보호 분야에서 정전과도 같은 책이다. 이 한 권의 책을 통해 실제적으로 사회 변혁이 일어났으니 얼마나 위대한 성과인가! 그 변혁이란 바로 DDT 사용을 전면 금지시킨 것이다.

DDT는 효과적인 살충제로, 농업계 입장에서는 매우 유용한 것이었지만 환경계 입장에서는 그렇지 않았다. 왜냐하면 DDT로 인해 수많은 곤충이 죽었고 조류마저 피해를 입었기 때문이다. 책 제목이 왜 『침묵의 봄』일까? 봄날의 들과 마을에서 더 이상 곤충이나 새의 울음소리가 들리지 않는다는 뜻이다. 책 제목을 정말 잘 지었다. 이 책은 출판되면서 미국 사회에 큰 반향을 일으켰으며, 많은 이가 환경 파괴에 두려움을 느끼게 되었다. 미국 정부는 어쩔수 없이 DDT 사용 전면 금지를 선언했고, 훗날 이 바람이 전 세계로 불어 중국을 포함해 모든 국가가 DDT 사용을 전면 금지했다.

그에 따른 대가는 무엇이었을까? 미국은 의료 수준이 뒷받침되었기에 별다른 대가를 치르지 않았다. 하지만 아프리카 대륙의 상황은 비극적이었다. 말라리아 발생 억제 효과가 있는 DDT 사용을 전면 금지하자 말라리아로 인해 남아프리카에서만 10만 명이 목숨을 잃었다.

『괴짜 경제학』에서는 DDT 사용을 전면 금지했던 20년 동안 아프리카에서 말라리아로 죽은 사망자 수가 2000만 명으로, 1년에 100만 명꼴이라고 말한다. 누군가가 계산해본 바로는 아프리카 어린이가 가득 탄 보잉 747기 일곱 대가 매일 추락하는 일이 20년 동안 지속되어야 사망자 수가 2000만 명이 된다고 한다. 2006년에 이르러 국제기구는 아프리카의 말라리아 고위험군 지역에서는 DDT를 사용할 수 있다고 발표했다. '독약'이 다시 돌아온 것이다.

이 세상에 절대적으로 좋고, 절대적으로 나쁜 것이 있을 수 있을까? 없다고 본다. 선택에 따른 모든 대가를 면밀히 계산해보고 이성적으로 견주어본 다음 최종적으로 균형점을 찾아낸다 해도, 어떤 대가를 치러도 될 만큼 좋은 가치는 없다.

우리 주변의 예를 들어보자. 중국의 2, 3, 4선 도시에는 모두 신축 지역이 있다. 많은 사람이 신축 지역으로 이사를 간 후 가장 먼저 하는 일은 주민끼리 단결해 기지국을 옮기는 것이었다. 기지국은 휴대전화의 신호를 잡는 곳으로, 상당수 주민들은 기지국이 있으면 전자파가 나와 건강에 치명적인 해를 입힌다고 생각했다. 게다가 기지국은 사람들이 그리 선호하지 않는 차이나모바일, 차이나유니콤, 차이나텔레콤 등 대형 국유 기업 소유였다. 기업에서 사람들에게 아무리 설명을 해도 사람들은 이렇게 말했다. "이 양심 없는 기업들 같으니! 우리 덕분에 돈을 벌고 우리 고혈을 빨아먹으면서도 우리 생사에는 아무런 관심이 없구먼. 좋소! 우리가 단결해 당신네들과 한번 싸워보겠소."

돈을 벌어야 하는 기업 입장에서 사람들과 싸워 좋을 게 뭐가 있겠는가? 기지국을 옮겨버리면 그만 아닐까? 표면적으로는 기지국을 옮기는 것이 좋은 것 같지만 거기에도 대가가 따르지 않을까? 어떤 선택을 해도 대가가 따른다. 이러한 경우에 치러야 할 대가는 휴대전화 신호가 잡히지 않는다는 것이다. 다음은 2015년에 보도된 기사다. 한 노부인이 새집을 마련해 이사를 한 지 얼마 안 되어 갑자기 심근경색이 발생했다. 다급한 상황에 자식들은 발을 동동 굴렀지만 좀처럼 휴대전화 신호가 잡히지 않았고, 아파트 입구에서 1킬로미터 떨어진 곳까지 달려가서야 간신히 신호가 잡혀 급히 구급차를 불렀다고 한다. 노부인은 하마터면 목숨을 잃을 뻔했다. 이것이 대가다.

또 사람들은 숫자를 믿지 않는다. 통신 부처에서 일하는 친구의 말에 따르면, 기지국에서는 전자파가 거의 나오지 않고 그 양이 집안 와이파이로 인한 전자파보다 더 미미하다고 집집마다 설명해도 믿는 사람이 없다고 한다. 사람들은 한 가지 사실을 잘 모르고 있다. 기지국 신호가 약해지면 휴대전화 신호를 잡기 위해 출력이 더 강해지고 그렇게 되면 전자파에 노출되는 것은 마찬가지다. 전자파가 몸에 해롭다고 해도 그것은 기지국의 일방적 잘못이 아니다. 하지만 사람들은 이런 사실에는 무관심하다.

이러한 예들만 봐도 문과적 사고의 허점 두 가지가 고스란히 드러난다. 첫째, 데이터나 전문가를 믿지 않는다. 둘째, 좋은 일의 한쪽 면만 생각할 뿐 그 이면의 선택과 대가를 생각하지 않는다. 즉 문과적 사고는 우리의 감정적 수요에는 부합하지만 우리가 실제 세상을 이해하는 눈은 가리고 있다.

계속 문과적 사고를 신랄하게 비판해 아마 많은 사람이 못마땅해할 것 같다. 물론 여기서 구체적으로 어떤 사람이나 어떤 집단을 지목해 지적한 것이 아님을 알 터이다. 많든 적든 우리 모두가 가지고 있는 사고방식을 이야기한 것으로 이해해주길 바란다.

문과적 사고를 포기해야 할까

이쯤 되면 구체적으로 두 가지 갈등이 빚어진다. 첫째, 문과적 사고가 이렇게 미흡하다면 철저히 버리고 이과적 사고나 경제학적 사고로 전환해야 하는 것 아닌가? 결코 그럴 수 없다. 이는 인류의 가치관 체계가 매우 복잡하기 때문이다. 나만 해도 최소한 진·선·미 세 가지 가치를 알고 있다. 단편적으로 진眞이라는 가치만 강조하여 어떤 방식을 택해야 한다고 주장하면 잘못된 것을 고치려다 정도를 지나치는 결과가 될 수 있다. 선善과 미美라는 다른 두 가지 차원도 있기 때문이다. 이런 측면은 문과적 사고가 더욱 유용하다.

또한 진선미의 차원을 떠나, 어떤 일을 해내기 위해서는 반드시 타인의 협력을 이끌어낼 필요가 있다. 허구한 날 무엇이 옳은지, 무엇이 진실인지만 강조한다면 어떤 일도 제대로 해낼 수 없다. 무슨 일이든 협력이 필요하다. 사회적 협력을 이끌어내고 더 많은 자원을 동원하는 데 있어 문과적 사고는 매우 중요한 역할을 한다. 인터넷이 점점 고도화되는 이 시대에 사람의 필력, 화술, 높은 EQ의 중요성은 점점 더 커질 것이다.

모순적이지 않은가? 그렇다. 사람은 본래 모순덩어리이자 갈등덩어리다. 이 때문에 융통성이 필요하다. 융통성이 있다는 것은 약삭빠르다는 뜻이 아니라, 대립적인 요소를 모두 인격에 담아 자유자재로 활용하되 정도를 넘지 않는 것을 의미한다.

2016년에 아주 멋진 말을 들었다. 왕쉬王朔(중국의 저명한 소설가이자 방송 작가―옮긴이)가 한 말이다. "최고의 지혜는 자가당착이다." 이것을 쉬운 말로 바꾸면 바로 융통성이 아닐까? 첫 번째 갈등은 이러한 것이다.

두 번째 갈등은 이과적 사고가 익숙한 사람 입장에서는 좋겠지만, 모든 사람이 매사 데이터를 신뢰하고 인터넷에서 데이터를 검색해 사실을 파악하는 능력을 가진 것은 아니라는 얘기다. 사람마다 받은 교육이 다르고 주어진 시간도 각기 다르기 때문이다.

그렇다면 어떻게 해야 이과적 사고를 배울 수 있을까? 바로 전문가의 말을 신뢰하는 것이다. 이는 인류사회가 거대한 협력체를 구성할 수 있는 기본 메커니즘이다. 이 메커니즘의 패키징은 복잡하지만 인터페이스는 간단하다.

무슨 뜻인가? 인류사회 대협력이라는 것이 무려 70억에 달하는 인구가 한데 모여 너는 나를 돕고 나는 너를 돕는 식을 의미하는 것은 아니다. 하나하나의 모듈을 형성한 다음 이를 조립하는 것으로, 그 모듈 내부는 매우 복잡하다. 이를 가리켜 패키징이 복잡하다고 한 것이다. 하지만 모듈과 모듈을 잇는 인터페이스는 아주 간단하다.

이는 마치 컴퓨터 속의 부품과도 같다. 과학적 원리가 아무리 복잡할지라도 크게는 메인 보드, 하드 드라이버, 메모리 등 모듈 몇 개로 구성된다. 사회 분업 역시 이러한 모듈을 바탕으로 이뤄진다. 일전에 차이터우菜頭와 이야기를 나눌 기회가 있었다. 차이터우는 과거 항공사에서 근무한 적이 있다고 했다. "비행기를 수리한다는 게 무슨 뜻일까? 비행기를 수리한다는 것은 드라이버로 각 부품을 고치는 것이 아니라 문제로 지적된 부분을 기기로 측량해보고 이 모듈이 고장났다고 말한 다음 전체를 바꿔 끼우는 것이다. 비행기 수리는 이렇게 진행된다."

유일한 생존 전략: 전문가를 신뢰하기

현대사회가 이렇게 구성되었다면 우리의 유일한 생존 전략은 무엇일까? 바로 전문가를 신뢰하는 것이다. "전문가는 믿을 수 없어. 모두 우리를 현혹할 뿐이지." 이렇게 반박하는 사람이 있을 수 있다. 그러나 이런 불신의 마음을 가지고는 현대사회에서 하루도 살아갈 수 없다. 예컨대 수술을 받으러 병원에 가서는 의사에게 이렇게 말한다고 가정해보자. "전문의는 무슨 전문의? 난 못 믿겠으니 어디 대학 졸업장 좀 봅시다." 대학 졸업장이란 무엇인가? 이 역시 의과 대학의 전문가가 보증해준다는 뜻 아닌가? 당신은 기본적으로 전문가를 믿을 생각이 없는 것 아닌가?

현대사회의 본질은 협력과 신뢰를 바탕으로 네트워크를 형성하는 데 있고, 우리 모두가 그 안에 속해 있다. 당신이 받아들이지 않을 수 있다. '만일 전문가가 틀렸다면 내 신뢰를 저버린 거잖아'라고 생각할 수 있다. 앞에서 수없이 강조했던 것처럼 그래도 어쩔 수 없다. 어떤 선택이든 대가가 따르기 마련이고, 절대적으로 좋고 절대적으로 나쁜 것은 없기 때문이다.

얼마 전 한 친구가 내게 물었다. "너는 지식 서비스를 제공하는 사람인데, 만약 잘못된 지식을 전달하면 다른 사람을 망치는 거 아니야? 프로그램을 진행할 때 잘못된 내용을 전달하지 않는다고 어떻게 보장할 수 있나?"

사실 보장할 방법이 없다. 내가 보장할 수 있는 것은 양심에 따라 모든 내용이 사실인지 확인하고, 정확하지 않은 부분에 대해서는 그 분야에서 실력 있는 친구를 찾아가 함께 토론하고 연구한 다음 다시 말하는 것이다. 하지만 나 역시 사람인지라 실수를 할 수 있고 한계가 분명히 있기 때문에 틀리지 않는다고 보장할 수는 없다. 틀렸을 때 어떻게 해야 할까? 나는 인정하라고 제안한다. 억지를 부리거나 시치미를 떼는 것이 아니다. 나 역시 그것을 인정함으로써 나 자신을 있는 그대로 마주해왔기 때문이다.

지식 추구의 과정은 지극히 길고 동적이며 개방적이다. 진실을 추구할수록 더욱더 진실을 고집하기 어려워진다.

현대사회에서 우리는 어떻게 해야 더 나은 자신이 되고 자신의 인지 수준을 업그레이드하며 더 현명한 사람이 되고 높은 곳에 설 수 있을까? 나는 경제학의 지혜에서 힌트를 얻었는데, 그 내용을 네 가지로 요약해보겠다. '대가를 인정하고, 경중을 비교하되, 시비를 따지지 말고, 우열을 겨루라.'

3.
세상을 바꾸는
경제학

불량배가 무술까지 하면 아무도 당해낼 수 없다

내가 경제학과 출신도 아니면서 이렇듯 경제학에 관심을 갖는 것을 이상하게 여기는 사람이 많다. 지난 독서 경험을 보면 경제학은 특별히 깊은 수준까지 배울 필요가 없었다. 경제학은 기본 사고방식만 이해하면 자신의 세계관을 바꿀 수 있는 최상의 무기임에 틀림없다. 경제학적 사고방식을 받아들이면 우리는 직관으로 점철된 일상의 틀에서 벗어나 전혀 다른 세상을 볼 수 있다.

한 가지 이야기를 먼저 하고 싶다. 경제학이 어떻게 세계를 바꿨는지, 경제학의 어떤 핵심개념이 특별히 중요한지 이 이야기를 통해 알 수 있다.

이야기의 주인공은 페루의 경제학자인 에르난도 데소토로, 1941년에 태어나 제네바에 있는 대학에 다녔다. 그가 일생 동안 받은 직함은 숱하다. 관세 무역 일반 협정(WTO의 전신)의 경제학자, OPEC 집행위원회 의장, 스위스 은행가 책임고문을 비롯해 페루 중앙은행장까지 역임한 바 있다. 하지만 에르난도 데소토가 가장 중요하게 여긴 자리는 평범한 민간 학술 조직인 '자유와 민주학회' 회장이었다. 그는 평생 이 조직의 회장을 맡은 것을 큰 영광으로 여겼다.

에르난도 데소토가 페루라는 국가를 어떻게 바꾸었을까? 먼저 페루란 나라를 간단히 소개해보겠다. 페루는 지리적으로 남미 안데스산맥 서쪽에 위치한다. 남쪽으로 가면 폭이 유달리 좁고 긴 칠레가 있다. 페루는 바로 칠레 북쪽에 위치한다. 페루 동쪽에는 볼리비아와 브라질이 있고 북쪽에는 에콰도르와 콜롬비아가 있다.

유럽인이 침략하기 전 남미 대륙에는 원주민이 세운 제국 두 개가 있었다. 북쪽에 있던 곳은 마야 제국으로, 현재의 멕시코 일대에 존재했다. 또 다른 제국은 잉카 제국, 바로 지금의 페루다.

왜 구태여 이 국가를 소개하는 걸까? 지금 우리는 이 국가와 관련된 뉴스를 거의 들을 수 없다. 하지만 1980년대만 해도 페루에 대한 보도가 아주 많았다. 당시 페루는 전형적으로 실패한 국가였기 때문이다. 정부가 없어서였을까? 그렇지 않다. 정부가 있음에도 아무 것도 통제하지 못했다. 도처에 전쟁이 끊이지 않았고 걸핏하면 테러 조직이 암살이나 폭탄 테러를 자행했으니 자연스레 관련 보도가 끊이지 않았다.

왜 이 국가는 이 지경에 이르렀던 것일까? 그 주된 원인으로 '빛나는 길Shining path'이라는 조직을 들 수 있다. 조직의 이름은 상당히 숭고한 느낌을 주지만, 사실상 주된 정강政綱은 역시나 당시 만

연했던 계급 투쟁에 머물렀다. 이 조직의 지도자는 아비마엘 구스만이었다. 그는 일반인이 아니라 높은 학식을 갖춘 지식인으로, 페루에 소재한 한 대학의 철학과 교수였다. 상당히 잘생긴 얼굴의 아비마엘은 장발을 휘날리며 넥타이 없이 재킷 하나만 걸친 채 팔에 책 한 권을 끼고 교정을 오갔다고 한다. 수많은 젊은 청년이 그의 우울한 눈빛과 격앙된 이상주의에 반한 나머지 그를 신과 같이 추앙했다. 그는 말재주가 뛰어난 데다 참신하고 독특한 사상을 제시해 학생들 사이에서 영향력이 대단했다.

그에게는 '샴푸'라는 별명이 있었다. 여기에는 두 가지 의미가 있는데, 첫째는 그와 함께 있으면 머리뿐만 아니라 뇌까지 씻을 수 있다는 뜻이다. 둘째는 뇌를 씻을 뿐 아니라 향기가 남아 다른 사람들도 그 향기를 맡을 수 있다는, 즉 다른 사람에게까지 간접적으로 영향을 줄 수 있다는 뜻이다. 아비마엘 구스만이 어떤 사람이었는지 가히 짐작할 만하다.

"불량배가 무술까지 하면 아무도 당해낼 수 없다"는 말이 있다. 구스만은 행동력과 추진력까지 대단한 사람이었다. 그는 학교에서 계급 투쟁 이론을 설파했을 뿐 아니라 페루 농촌으로 깊이 들어가 사회 최하층민을 동원하는 식으로 점차 '빛나는 길'이라는 조직을 키워갔다.

'빛나는 길'의 활성화

'빛나는 길'은 어떻게 하층민을 동원할 수 있었을까? 당시 페루는 몹시 가난해 국민의 70퍼센트가 빈곤선 이하였다. '빛나는 길'은 서민들에게 이렇게 말했다. "보십시오. 수도 리마의 군정부가 여러분을 조금도 신경 쓰지 않아 여러분이 이렇게 가난한 것입니다. 나에게 방법이 있습니다. 여러분의 병을 고칠 약이 우리에게 있습니다!" 무슨 약인가? 바로 집단생활을 하고 사유재산을 인정하지 않는 것이다.

이후 그들은 대외적 주권을 쟁취하고자 했다. 예를 들면 페루는 구리 생산국이었는데, 다른 국가에서 페루의 구리를 수입할 때 종종 속이거나 부당하게 착취하는 일을 들어 이렇게 선전했다. "그들은 우리에게 이롭지 못한 나라, 모두 제국주의입니다. 우리 페루는 대외적 경제관계를 모두 단절해야 합니다.'

국가와 백성 모두에게 재앙을 가져오는 일이었다. 세계화 대열에서 빠져나온 페루는 부강한 나라가 되어 국민을 잘살게 하고 싶었지만 방법이 보이지 않았다. 중국인은 30여 년간의 교훈을 통해 그것이 길이 아님을 알게 되었지만, 당시 페루의 일반 농민들이 그것을 어떻게 알 수 있었겠는가? 그저 모두가 집단을 이뤄 살아가면 누군가가 자신을 억압하는 일이 없을 것이라는 생각에 다들 좋게 받아들인 것이다.

'빛나는 길'은 확실히 실질적인 일들을 했다. 예를 들어 악질 토호를 처단해 재산을 압류했다. 또 중앙 군부가 역량이 없어 손대지 못했던 향촌에서 기본적인 사회 질서를 바로잡았다. 농민들은 소를 훔치는 도둑들 때문에 골머리를 앓았는데, '빛나는 길'의 조직원들은 소도둑을 잡아준 다음 공개 재판을 했다. 이로써 서민들은 점차 이 조직을 지지하게 되었다.

초기만 해도 수도 리마에 있는 중앙 정부에서는 '빛나는 길'이 하는 일에 전혀 신경 쓰지 않았다. 1982년 '빛나는 길'이 전국으로 확산되어 활개를 치자 중앙 정부는 그제야 관심을 기울이기 시작했다. 하지만 이미 때는 늦었다. 이렇게 산발적으로 조직된 집단이 얼마나 막강한 역량을 지녔는지 오늘날 인터넷을 사용하는 사람들은 모두 잘 알 것이다. 그들은 정부군에 대항해 유격전을 펼치며 싸웠다.

1982년 '빛나는 길'은 중앙 정부에 직접적으로 대항할 수 있는 능력을 갖췄다. 같은 해 그들은 200명의 무장군을 조직해 감옥을 공격했고 수용된 사람들을 모두 탈출시켰다. 중앙 정부는 그제야 정신을 차리고 대응을 하려고 했지만 이미 돌이킬 수 없는 지경이었다. 형세는 이렇게 발전해나갔고 '빛나는 길'은 1982년에서 1990년까지 무려 8년 동안 득세했다.

이 조직이 가장 흥성했을 때에는 각 지역의 중심지를 공략하고 땅을 빼앗아 페루 영토 절반 가까이를 장악했고 거의 전 국토가 조만간 그들의 손아귀에 떨어질 것으로 보였다. 그들은 리마 중앙 정부 기관이나 관리들을 대상으로 폭발, 암살 등 여러 가지 테러 방법을 동원했다.

또 모살 계획을 통보해 중앙 정부를 위협하는 식의 사악한 방법을 동원하기도 했다. 예를 들면 '○년 ○월 ○일 전까지 ○관리(○부장, ○의원) 당신이 스스로 사임하지 않는다면 우리가 당신을 암살할 것이다. 계획은 이미 수립되었으니 지켜보겠다'와 같은 내용을 퍼뜨렸다.

해당 관리 역시 부양할 집안 식구들이 딸린 마당에 어떻게 목숨을 내놓을 수 있겠는가? 사임하는 수밖에 없었다. 가장 극심했을 때는 정부 관리의 70퍼센트가 사임해 정부 조직이 거의 마비되다시피 했다. 이렇게 눈 뜨고 코 베이는 식으로 한 국가가 '빛나는 길'의 손아귀에 넘어갈 판이었다.

미국도 페루의 상황을 보고 몹시 초조해졌다. 하지만 마음만 앞설 뿐 어찌할 도리가 없었다. 미국의 전 국무장관 헨리 키신저는 '빛나는 길'이 서반구에서 가장 흉악한 테러 조직이며, 이 조직의 발전을 방임한다면 아시아의 '크메르 루주'가 될 것이고, 정권이 그들의 손에 떨어지면 페루는 인간 지옥이 될 것이라고 말했다. 사실 모든 사람이 이 사실을 알았지만 정세가 악화되는 것을 막을 길은 없었다.

'빛나는 길'과의 투쟁에서 완승한 경제학자

'빛나는 길'은 어떠한 결말을 맞았을까? 바로 여기서 우리 이야기의 주인공인 데소토가 등장한다. 데소토는 경제학자, 닭 한 마리잡을 힘도 없는 한 명의 학자에 불과했다. 군 통수권을 지닌 대통령도 아니었고 미국에 연줄이 있어 미국 군대에 도움을 요청할 능력도 없었다. 그랬던 그가 어떻게 '빛나는 길'을 궤멸시킬 수 있었을까?

사실 '빛나는 길'과 같은 조직은 대응하기 매우 힘들다. 그들은 먼저 이론적 체계를 잘 다듬어 국민에게 밝은 미래를 약속했기 때문이다. 당시 '빛나는 길'은 페루 원주민과 과거 찬란했던 잉카 제국을 회복시키겠다고도 약속했다.

이러한 조직에 대응하기 위해서는 두 가지 능력이 동시에 필요하다. 이론과 실천, 다시 말해 사고력과 추진력이 모두 있어야 한다.

먼저 데소토는 이론적으로 '빛나는 길'에 반박할 수 있었다. 데소토는 자신의 일생 중 가장 중요한 저서인 『다른 길』을 썼다. 지금 우리가 보기에는 아주 평범한 책 제목이지만, 당시 페루 정국에 빗대어 보면 뚜렷한 함의가 있다. '너희 '빛나는 길'이 주장하는 길과 다른 길을 나는 주장한다. 너희가 말하는 빛나는 길은 시장경제를 멀리하고 세계화 협력의 대열에서 빠져나오는 것이다. 하지만 나는 시장경제를 통해 이 나라가 부강해질 것이라고 주장한다. 우리 나라는 결코 너희의 테러리즘을 통해 부강해질 수 없다.'

경제학 관념에 힘이 있다고 말할 수 있는 이유는 무엇일까? 정치는 칼도 있고 대포도 있으니 더 강력해 보인다. 하지만 정치는 사람의 직관에 의존할 때가 많고 또 수백만 년에 걸친 인류의 발전 과정에서 형성된 감성적 사고방식에 의존할 때가 많다. 예를 들어 나라가 가난하다면 일반 사람들은 '우리가 왜 가난할까? 이게 내 탓도 아니지 않은가? 나는 매일 이렇게 고생하니 분명 다른 사람

탓이겠지'라고 생각할 것이다. '빛나는 길'은 이 논리에 근거해 사람들을 대신하여 그 희생양을 찾았다. '우리가 가난한 것은 악질 토호 때문이고 자본가 때문이며 제국주의 국가가 우리를 약탈했기 때문이다. 그들을 모조리 갈아엎는다면 우리는 더 이상 가난하지 않을 수 있다.' 사람들은 쉽게 이 논리에 마음을 빼앗겼다.

경제학에 힘이 있는 이유는 문제를 다르게 보기 때문이다. 경제학은 사람과 사람을 협력 시스템으로 본다. 따라서 경제학에서는 어떻게 해야 이 협력 시스템을 가장 잘 활용하고 자원을 가장 효율적으로 배치할지 고민한다. 일반 서민과 부자, 제국주의 나라들 모두 협력 시스템 망에 속한 것이다. 경제학자는 어떻게 해야 이 협력 시스템을 가장 고도화시킬 수 있을지 늘 고민한다. 이는 곧 제도적인 차원에서 어떻게 했을 때 이 국가가 부강해질지 고민하는 것이다.

총도 없고 대포도 없었던 경제학이 무엇을 가지고 '빛나는 길'과 같은 테러 조직을 상대할 수 있었을까? 여기서 경제학의 역량이 어디에 있는지 알 수 있다.

데소토는 먼저 당시 페루가 왜 이렇게 가난한지 관찰했다. 그런 다음 학생들을 대거 동원해 대규모 조사를 진행했다. 여기저기를 조사한 결과 매우 안타까운 현상이 발견되었다. 페루라는 국가는 이상하게도 '지하 경제'가 차지하는 비중이 엄청났다. 전체 시장의 56퍼센트가 불법 암시장으로, 정부에 속하지도 않았고 정부에 세금을 납부하지도 않았다. 70퍼센트의 주택이 불법 주택으로, 증명 가능한 재산권이 없었다. 또한 60퍼센트의 식품이 암시장에서 통용되었다.

80퍼센트에 가까운 페루인이 이런 암시장에서 물건을 사고팔았다. 어떻게 이런 기괴한 형국이 빚어질 수 있었을까? 경제학자에게는 이런 현상을 추적해 도대체 왜 이렇게 되었는지 알아낼 방법이 있다.

우선 표면적인 원인은 정부의 법체계가 지나치게 복잡한 데 있었다. 이 역시 기이한 현상이었다. 법체계가 복잡한 문제는 선진국에서 자주 나타나는 현상이다. 아직 성장 중인 빈국의 법체계가 어떻게 이리 복잡할 수 있을까? 페루 정부는 1년에 무려 2만8000건의 경제법을 반포했다. 따라서 일반 서민들은 합법적으로 장사를 하고 싶어도 법의 미로에 갇혀 빠져나오지 못했다.

데소토는 다음 두 가지 예를 열거했다. 첫째, 만일 합법적인 농산물 사업을 하고 싶다면 전체 수속, 절차를 다 받는 데 얼마나 걸릴까? 무려 13년이다. 둘째, 자신이 소유한 땅에 집을 짓고자 수속을 밟는 데 얼마나 걸릴까? 21년이다. 자자손손 기다려도 끝이 없다. 우공이산愚公移山의 정신을 가진 사람만이 비로소 합법적인 집에서 살 수 있었다.

따라서 페루인들은 어쩔 수 없이 불법을 저지를 수밖에 없었다. 합법적 시장에 들어가지 못하고 길가에서 물건을 팔며 푼돈을 벌어야 했다. 또 합법적인 주택을 짓지 못하고 가건물을 지어 살면서 얼어 죽지만 않으면 만족하며 살아야 했다. 페루 길가 곳곳에는 물건을 파는 노점상이 즐비했다. 모두 빈민촌이었다. 기이한 현상은 바로 여기서 비롯된 것이었다.

데소토는 실험을 해봤다. 학생 한 그룹은 미국에, 또 다른 한 그룹은 페루에 머물면서 두 그룹 모두 재봉틀 두 대만 있는 작은 의상실을 등록하는 데 각각 얼마의 시간이 소요되는지 지켜봤다.

미국에서는 이 회사를 등록하는 데 하루면 충분했다. 페루는 어땠을까? 정부와 하루에 여섯 시간을 접촉한다고 계산했을 때 대략 283일이 걸렸고, 또 1100달러 이상을 지출해야 했다. 작은 의상실을 개업하려는 일반 서민 입장에서 이 돈은 천문학적인 수치나 다름없다. 이 사람 입장에서는 어떻게 해야 할까? 비합법적인 경로를 선택할 수밖에 없다. 페루에 유독 불법 경제가 만연한 까닭이 바로 이것이었다.

이제 좀더 가치 있는 문제를 다뤄보자. 가난한 나라 페루가 왜 이렇게 복잡한 법률 체계를 만들게 되었을까? 그렇게 되면 사회 유지 비용이 증가하고 더 많은 자원이 소모되어 안 그래도 가난한 나라가 더 가난해지는데, 제정신이 아니고서야 이러한 법체계를 세울 까닭이 없지 않은가?

이렇게 된 데에는 두 가지 원인이 있다.

첫째, 정부가 충분히 현대화되지 않아 관리 능력이 떨어졌다. 어떤 경우에는 통제 가능 범위 내에서 부담만 늘릴 뿐이었다. 무슨 의미인가? 중국의 예를 들어보겠다. 중국 정부가 개인 소득세를 징수할 때 초기 취지는 좋았다. 정부의 힘으로 소득이 높은 사람에게서 돈을 가져와 가난한 사람을 보조해준다는 취지였다. 하지만 정부의 국정 수행 능력에 한계가 있었다. 세금 징수 능력이 부족한 상황에서 어떤 소득세가 징수하기 가장 편할까? 당연히 기업 노동자다. 기업을 통해 원천 징수를 하면 간단하다. 반면 개인 사업자나 부유층은 자산을 쉽게 감출 수 있기 때문에 정부가 이들의 세금을 징수하기 쉽지 않다. 시간이 지나면서 중국의 개인 소득세는 월급쟁이만 내는 것이 되어버리고, '부유한 사람의 돈으로 가난한 사람을 구제'하는 본연의 역할은 하지 못하게 되었다. '부유한 사람의 돈으로 가난한 사람을 구제'하는 일이 옳고 그른지 따지기에 앞서, 개인 소득세 징수의 당초 취지조차 이루지 못한 것이다. 이는 정부의 관리 능력에 한계가 있기 때문에 생긴 결과다.

이러한 경우 쉽게 악순환이 발생한다. 세금 징수가 잘 되지 않을수록 가능한 범위 안에서 세금 조작을 하는 사람이 많아졌다. 세금 조작을 많이 할수록 가난한 사람은 점점 더 불어난다. 사람들은 세금을 납부하기 싫어하고 합법적으로 장사하는 것을 기피하게 된다. 음성적으로 이뤄지는 불법적인 장사에 합류하는 사람만 늘어간다. 페루의 당시 상황이 그러했다.

둘째, 모두가 알다시피 미국 정부를 포함해 어떤 정부든 많은 일을 처리해 존재감을 드러내고 싶을 때가 있다.

예전에 나는 정부 기관에서 일한 적이 있다. 내 앞쪽에 임신부가 있었는데, 그녀와 정부 관리의 대화를 들으면서 얼마나 기가 막혔는지 모른다. 그 관리는 일반 사무원으로, 별다른 직급이 있지 않았음에도 눈에 띄게 그녀를 못살게 굴고 있었다. "○○자료를 보완하셔야 합니다." 리커창 총리가 대회大会 석상에서 하는 말처럼 '당신 어머니가 당신 어머니라는 사실을 증명하시오' 식의 자료를 요구한 것이다. 결국 그 임신부는 이렇게까지 말해야 했다. "내가 그렇게 먼 거리를 뛸 수 있겠어요? 내가 뛰다가 유산이라도 하면 책임지실 거예요?" 그제야 사무원은 "됐어요. 관둬요"라고 대답하고 일을 처리했다. 그 사무원이 뇌물을 수수하려고 그런 것 같지는 않았다. 그냥 그렇게 존재감을 드러내고 싶었던 것 같다.

또 다른 예를 들어보겠다. 나는 방송국에서 일하는 친구들을 많이 안다. 앵커가 되기 위해서는 반드시 표준어능력시험을 치러야 한다. 훌륭한 앵커는 표준어를 잘하는 것과 아무런 관계도 없다. 이는 누구나 아는 바다. 그런데 왜 이 제도는 지금까지 이어지고 심지어 갈수록 더 엄격해지며 규모가 커지는 것일까? 바로 정부의 존재감 때문이다.

정부는 본질적으로 생물과 같아서 외부적 압박이 가해지지 않으면 존재감을 나타내려는 충동이 점점 더 커진다. 이것은 한 국가만의 현상이 아니라 예로부터 지금까지 모든 국가, 모든 정부에 해당된다. 당시 페루는 이 두 가지 원인 사이에서 요동을 치다가 1년에 2만8000건의 법률로 경제를 통제하려는 우스운 사태에 이른 것이다. 그러니 나라가 엉망진창이 되지 않을 수 없었다.

재산권 보호가 중요하다

우리 주인공인 데소토가 직면한 현실은 이처럼 참담했다. 불법적인 지하 경제가 대규모로 존재한다는 것은 무슨 의미일까? 바로 이 나라에서 부를 창출하는 활동이 재산권 보호를 받지 못한다는 뜻이다. 이것은 매우 중요한 측면이다. 재산권은 한 국가가 부강해지는 데 있어 매우 중요한 역할을 하기 때문이다.

왜 재산권이 이렇게 중요할까? 어릴 때 정치 과목에서 재산권은 극악무도한 자본주의 국가에서 만든 법률로, 걸핏하면 사유재산 보호를 주장하기 위한 것이라고 배웠다. 그러나 사유재산을 보호하는 것은 매우 중요하다. 만약 사유재산을 보호하지 않는다면 다음과 같은 결과를 초래한다.

첫째, 합법적이고 가치 있는 부를 창출하는 활동이 사라진다. 세들어 사는 집에서는 굳이 인테리어를 하지 않기 마련이다. 만일 내집을 짓고 있는데 불법 주택이라 언제 정부가 와서 철거해갈지 모른다면, 즉 재산권을 보호받지 못한다면 집을 잘 지을 필요가 있을까? 제3세계 국가를 많이 여행하다보면, 예를 들어 이집트 수도인 카이로의 외곽 지역에 가보면 도시 전체가 공사를 중단한 건물 같아 보인다. 재산권을 보호받지 못하기 때문에 다들 열심히 일을 진행하려 하지 않는 것이다.

둘째, 소유를 분명히 함으로써 분쟁을 막는 것이 불가능해진다. 재산권을 보호받으면 사람들은 거래에서 불필요한 말을 많이 하지 않아도 된다. 그러나 당신 집이 정부의 보호를 받지 못한다면 악질 토호가 당신 집을 점거할 수 있다. 그랬을 때 어디에 고소하고 어디로 가서 하소연할 수 있겠는가? 소유를 분명히 하여 분쟁이 사라지면 사회 운영비나 시장 거래 비용이 대폭 감소해 사회가 번영하기 시작한다.

셋째, 재산권 보호가 확실히 이뤄져야 더 복잡한 시장이 파생되어 나타난다. 주식, 선물 등 금융 시장이 그러한 예다. 기본적인 재산권이 확실한 상황에서 사람들은 비로소 신뢰를 품고 더 복잡한 금융 거래를 할 수 있다. 기본 재산권이 불분명하면 회사에 기계가 몇 대 있는지, 공장이 언제 철거될지 모르는 상황에서 그 회사 주식이 얼마나 가치가 있겠는가? 따라서 복잡한 금융 시스템이 결코 생겨날 수 없다.

경제학자 데소토는 당시 페루의 이러한 상황을 관찰하면서 무엇이 문제인지 찾을 수 있었다. 이것은 페루만의 문제가 아니라 거의 모든 빈국의 문제가 여기서 출발한다. 데소토는 어떻게 페루를 구하고 그토록 흉악한 '빛나는 길'에 대적할 수 있었을까? 그는 어떤 다른 길을 걸어갔던 것일까?

데소토의 다른 길

1980년대 페루가 왜 그리 가난하고 혼란스러웠는지 다시 간단히 정리해보자. 고금을 막론하고 어떤 정부든 본능적으로 덩치를 불리고 싶은 충동이 있다. 무엇보다 계급사회인 공무원 계층은 부패를 저지르고 권력을 남용해 렌트 추구(경제 주체들이 자신의 이익을 위해 비생산적인 활동에 경쟁적으로 자원을 낭비하는 현상. 즉 로비·약탈·방어 등의 경제력 낭비 현상―옮긴이)를 꾀한다.

하지만 현대화 이전의 정부는 국정 수행 능력이 떨어져 원하는 대로 덩치를 불릴 수 없다. 그래서 자신들이 관할할 수 있는 범위

안에서 국민의 고혈을 빨고 각종 과중하고 잡다한 세금을 거두어들이며 허례허식의 중복적인 법규 조항을 양산해냈다. 그 결과 국민은 합법적인 상거래를 하면 지나치게 부담이 커져 어쩔 수 없이 법률의 테두리에서 벗어난 지하 시장에서 암거래를 하게 되었고 지하 경제 규모는 점점 더 커져갔다. 1980년대에 페루는 이런 상황에 처해 있었다.

계속되는 악순환이었다. 내부의 부담이 커질수록 외부 규제는 점점 더 커졌다. 또 암거래 시장 규모가 갈수록 커져 다음 세 가지 결과가 초래되었다.

첫째, 모든 생업은 아침에 저녁 일을 보장하지 못할 정도로 불안정해졌다. 사람들은 투자를 할 수 없었다. 집을 잘 지은들 무슨 소용이 있고, 합법적으로 장사를 한들 무슨 소용이 있겠는가?

둘째, 시장 내 거래 비용이 기이할 정도로 높아졌다.

셋째, 수준 높은 사업이나 거래 형식이 생겨나지 못했다. 예컨대 한 농민이 약간의 토지와 집을 한 채 가지고 있다고 하자. 정부가 그를 합법적으로 보호해준다면 그는 이 토지나 집을 자산으로 저당 잡힌 다음 받은 돈으로 도시에 가서 합법적인 소규모 판매처를 열 수 있다. 이렇게 되면 나라 전체의 자본이 잘 굴러갈 수 있다.

따라서 데소토는 페루가 사실 가난한 나라가 아니라 대량의 자금이 산이나 호수처럼 쌓여 있을 뿐이라고 지적했다. 하지만 이 호수는 고인 물이라서 사람들이 여기서 낚시나 하고 배나 젓는 등 아주 기본적인 활동만 할 수 있다. 만약 이곳과 산 아래를 연결시키는 통로를 만든다면 바로 수력발전소 하나를 건설할 수도 있다.

쌓여 있는 많은 자금이 풀리면 순식간에 다른 유형의 경제활동도 활성화된다. 그는 페루 개혁의 핵심을 바로 이 호수를 활성화하는 데 두었고, 활성화의 핵심은 법 테두리 바깥에 있던 지하 경제를 법 테두리 안으로 끌고 오는 데 두었다.

간단히 말하면, 바로 '재산권 보호'를 실현하겠다는 것이다. 1987년에 출판된 『다른 길』에서 그는 이에 대해 완전히 정리된 구상을 내놓았다. '과연 우리는 시장경제의 길로 나아가 조국인 페루를 구할 수 있을 것인가?' 『다른 길』에는 앞서 언급한 원리와 더불어 데소토가 학생들과 함께 페루에서 진행한 연구 보고서가 담겨 있다.

이 책은 출판 이후 페루를 넘어 남미 전체에 큰 반향을 일으켰다. 물론 가장 중요한 영향을 끼친 곳은 페루 국내였다. 지식인뿐만 아니라 빈민굴에 살던 사람들까지도 모두 이 책에 대해 토론했다. 이 책이 인터넷 소설처럼 술술 읽히도록 쓰였기 때문일까? 그렇지 않다. 이론서가 하층민에게 영향을 주려면 적어도 한마디, 서민들의 귀에 쏙 들어갈 만한 공감되는 말이 있어야 한다.

사실 이 현상을 이해하기는 어렵지 않다. 구스만은 사람들에게 눈앞에 보이는 현실을 모조리 뒤집어엎은 뒤 장밋빛 미래를 안겨주겠다고 약속했다. 그러나 데소토가 말한 것은 아주 소박한 원리였다. 지금 사람들이 소유한 모든 것, 그것이 황폐한 땅이든 낡은 집이든 오래된 채소 노점상이든 상관없이 모두 국가가 보호해주겠다는 것이었다.

사람들은 바보가 아니다. 집에 소유권 설정만 해두면 국가의 보호를 받을 수 있고 저당을 잡히거나 매도할 수 있으며 현금을 얻을 수 있고 다른 장사를 할 수 있다. 이것은 아무리 일자무식이라도 모를 수 없다. 또 소규모로 장사를 시작해도 법적 보호를 받는다면 사업을 키울 수 있을 것이다. 사람들은 자연히 여기저기서 이러한 이야기를 주고받았다.

데소토가 저술한 이 위대한 이론서는 점진적으로 사람들 사이에 퍼져 곳곳마다 화젯거리가 되었다. 철학 교수 출신인 구스만은 당연히 이 일에 민감한 반응을 보였다. 그는 데소토의 책을 읽고 나서 상황이 좋지 않으니 방법을 달리해야겠다고 판단했다. 그래서 한편으로는 데소토가 청년들을 망쳐놓았다고 비판하는 기사를 싣고, 다른 한편으로는 자신의 정책을 변경했다.

본래 그가 만든 판은 농민들이 가진 땅이며 밭갈이하는 소 등을 모두 내놓아 집단주의를 실현하는 것이었다. 하지만 데소토의 책이 나오자 구스만은 이 방법이 불가능하다는 것을 깨닫고, '여기 땅은 이 사람 것, 저기 땅은 저 사람 것' 하는 식으로 재산권을 보호해주기 시작했다.

본래는 그저 반정부, 테러리스트였던 그가 이제는 암흑 조직으로 변모했다. 암흑 조직의 특징은 정부 관할이나 보호가 미치지 못한다는 점이다. 구스만이 정책 방향을 전환하도록 압박한 것은 정부가 아닌 데소토인 셈이다.

그래서 데소토는 당시 페루 중앙 정부를 향해 다음과 같이 물었다. '국민이 이렇게 많은데, 정부가 마다하면 이들은 테러리스트의 손아귀에 들어갈 것입니다. 사람들의 사유재산권 보호에 더 많은 역량을 투입할 생각이 있습니까?' 데소토가 그 당시 사회에서 한 역할이다.

페루의 일본계 대통령 후지모리

『다른 길』은 1987년에 출간되었고, '빛나는 길'이 가장 흥성했을 때는 1990년이다. 그사이 3년 동안 무슨 일이 있었을까? 아주 중요한 한 사람이 등장했다. 바로 페루 정계에서 가장 중요한 사람인 알베르토 후지모리다.

후지모리는 페루와 일본 복수 국적자였다. 그의 가족은 원래 1920년대에 일본에서 미국으로 이민을 가려 했다. 당시 일본의 부유층은 대부분 미국으로 이민을 가는 추세였다. 그러나 하와이 상륙 작전이 끝나고 미국은 일본인들을 대상으로 신체검사를 했는데, 후지모리의 아버지가 신체검사에서 불합격 판정을 받았다. 어쩔 수 없이 그들은 남미를 떠돌 수밖에 없었다.

페루 은광에서는 중국 출신 노동자와 일본 출신 노동자 모두 가장 천하고 고달픈 노동자 계급이었다. 후지모리의 아버지는 당시 일본 노동자였는데, 이후 돈을 벌어 아들을 미국으로 유학 보냈다. 후지모리는 담쟁이덩굴로 유명한 위스콘신 대학에서 수학했다. 졸업 후 귀국한 후지모리는 교수가 되었고 훗날 대학 총장이 되었다.

후지모리의 인생 전반부를 보면 데소토나 구스만과 다를 바 없이 기본적으로 학자의 삶을 살았다. 하지만 1990년에 이르러 후지모리는 대통령 후보에 출마하겠다고 선언했다. 당시 페루의 상황은 이미 파국으로 치닫고 있었다. 페루 국토의 절반을 차지한 '빛나는 길'의 손아귀에 나라 전체가 떨어지기 직전이었다. 이러한 상황에서 대통령 선거에 출마하겠다는 것은 그 자체가 이상주의자로 보였다.

모두 세 후보가 있었는데, 한 명은 전 대통령으로, 나라가 그 지경이 되었으니 경쟁력이 전혀 없었다. 남은 두 사람 중 한 명이 후지모리였고, 다른 한 명은 노벨문학상 수상자인 대문호 마리오 바르가스요사였다.

대문호와 대학 총장이 경쟁하면 누구의 인기가 더 좋을까? 당연히 대문호의 인기가 하늘을 찔렀다. 그런데 대문호는 대통령 당선에 크게 힘을 기울이지 않았다. 반면 후지모리는 죽기 살기로 덤볐다. 재산의 일부를 팔아 하루가 멀다 하고 트랙터로 페루의 전 지역, 심지어 외진 시골 구석까지 찾아가 유세를 하며 민심 몰이를 했다. 하늘은 스스로 돕는 자를 돕는다고 1990년 후지모리는 추풍낙엽과도 같은 자리인 페루 대통령에 당선되었다.

후지모리가 어떻게 당선될 수 있었을까? 여러 설이 있다. 그중 하나는 중국인처럼 생겼기 때문이라는 설이다. 당시 민생이 어려웠던 페루에서 유일하게 호황인 곳이 바로 중국 식당이었다. 중국 식당은 가격이 저렴하고 맛이 좋아 각지에서 번창했다. 그 때문에 중국인은 부자라는 인식이 자리 잡고 있었다. 페루에서는 중국 식당을 '치파chifa'라고 불렀는데, 이는 중국어의 '츠판吃飯(밥을 먹는다는 뜻—옮긴이)'에서 왔다. 후지모리가 중국인처럼 생겼고 중국인이 나라를 경제적으로 부유하게 해줄 것이라는 희망 때문에 사람들은 그를 선택한 것이다. 후지모리가 당선된 더 중요한 이유는 그가 반복해서 다음과 같은 공약을 했기 때문이다. "제가 당선되면 데소토가 주장한 '다른 길'을 곧바로 실천하겠습니다." 이 공약은 사람들의 희망에 불을 지폈다.

1990년 후지모리는 대통령에 당선되자마자 바로 개혁에 착수했다. 당시 후지모리는 경험이 많은 정치가가 아닌, 그저 지식인일 뿐이었다.

개혁을 하기 위해서는 지지 세력이 있어야 했다. 데소토와 그가 이끄는 자유와 민주학회가 절묘하게도 가장 적합한 지지 기반이 되어주었다. 원래 이 학회는 지식인들이 함께 이론 연구를 하고 논문을 발표하는 곳이었지만, 이제 모두 정계로 옮겨 국가 개혁의 참모로 활동하게 되었다. 간단히 말해 페루의 발전개혁위원회인 셈이었다. 이러한 상황이니 당시 페루 개혁의 실질적 지도자는 바로 경제학자인 데소토였다.

데소토의 개혁은 간단하게 두 가지였다. 첫째, 서민의 사유재산권을 보장한다. 둘째, 정부의 모든 심사 절차를 간소화한다. 국민에게 돌아가야 할 것은 바로 주고, 정부가 관여하지 않아도 되는 것은 즉시 손을 뗀다.

물론 페루의 인구는 중국에 비할 바가 아니기에 개혁이 훨씬 더 간단할 수 있다. 우선 국민의 사유재산권을 보장해주고 빠른 시간 안에 집문서를 발급해주면 되었으니 십 몇 년씩 걸릴 까닭이 없었다. 개혁 이후에는 한 달이면 집문서를 발급받을 수 있게 되었다. 2000년, 즉 후지모리 집권 10년차가 되자 전체 190만 채 이상이 집문서를 발급받았다. 그리고 기존 암시장의 75퍼센트가 합법적인 시장으로 바뀌었다. 또한 정부의 심사 절차를 간소화함으로써 나중에는 후지모리 정부의 일 처리 효율이 미국 정부와 견줘도 큰 차이가 없었다. 과거에는 회사 하나를 등록하는 데 1년을 기다리며 애를 먹어야 했지만, 이제는 하루면 충분할 만큼 모든 수속이 일사천리로 진행되었다.

이뿐만이 아니었다. 후지모리와 데소토가 함께 「특별한 법정」이라는 텔레비전 법정을 기획해, 2주에 한 번씩 법정을 열었다. 데소토 및 자유와 민주학회 학자들이 이 법정의 사회자로 진행을 맡았고 대통령이 직접 법정에 와서 방청했다.

이 법정은 어떤 역할을 했을까? 일반적인 사건을 판결하고 범인을 재판하는 것이 아니라 과거 번잡하고 여기저기 중복된 허례허식의 법률을 논의의 대상으로 삼았다. 국가 경제, 민생과 관련된 것이라면 하나하나 모두 다루었고, 사람들이 필요 없다고 생각한 조항은 그 자리에서 바로 삭제했다. 전 국민 앞에서 텔레비전 생방송으로 진행되었기에 정부에 대한 국민의 신뢰가 빠르게 회복되었다.

한 예로, 예전에는 페루에서 결혼하려면 정부 부처에 가서 20시간 동안 수속을 밟아야 했는데 이러한 법률이 모두 폐지되었다.

후지모리 대통령 vs 빛나는 길

후지모리 앞에는 구스만이 이끄는 '빛나는 길'이 버티고 있었다. 후지모리는 어떻게 그들을 대적할 수 있었을까?

사실 페루 농촌에서는 이미 '빛나는 길'에 저항하는 산발적인 움직임이 있었다. 집단주의를 주장하며 농민의 토지를 몰수했기 때문에 기존에 재산을 보유했던 사람들은 당연히 '빛나는 길'에 대항할 수밖에 없었다.

후지모리는 집권하자마자 정부에 등록만 한다면 '빛나는 길'에 대항하는 모든 민간 조직을 합법화하겠다고 선언했다. 그 결과 순식간에 7000개 조직이 정부에 등록했다. 그중 일부 조직은 두세 사람과 총 몇 자루가 전부였다. '빛나는 길'은 원래 국민의 항쟁에 힘입어 정부에 맞서는 조직이었는데, 이제는 국민의 총구 방향이 '빛나는 길'로 향하게 되었다. 형세가 역전된 것이다.

그리고 1992년, 진정한 역전이 일어났다. 전체 형세가 뒤집히고 '빛나는 길'에 대한 분노가 하늘을 찔렀다. '빛나는 길'은 이 모든 것이 표면적으로는 후지모리와 관련이 있어 보이지만 핵심 배후는 경제학자인 데소토임을 잘 알고 있었다. 그래서 그들은 17명의 암살단을 조직해 전문적으로 데소토를 상대하도록 했다. 1992년 7월, 그들은 자유와 민주학회 본부를 목표로 자동차 폭탄 테러를 저질렀고 그 자리에서 세 명이 사망했다. 데소토는 '빛나는 길'이 자신을 암살할 것을 미리 알고 대비해서 큰 상해를 입지 않았지만 하마터면 폭탄 테러로 현장에서 죽을 뻔했다.

자유와 민주학회, 이 현명한 지식인 집단은 곧이어 성명을 발표했다. '빛나는 길'은 이제 끝났다는 성명이었다. 이론 전쟁에서 이미 실패한 그들이 궁지에 몰린 쥐가 고양이를 물듯 지식인을 상대로 손을 쓰려고 했기 때문이다.

　폭탄 테러가 발생했던 7월이 가고 8월이 되자 후지모리는 '빛나는 길' 본부를 포위 공격했다. 어떻게 이것이 가능했을까? 후지모리 정부가 출범 후 비밀경찰을 조직해 '빛나는 길'의 우두머리 구스만을 조사해왔던 것이다.

　그들은 구스만이 페루 농촌에 있지 않고 수도 리마의 어딘가에 은신해 있을 거라 예상했다. 첩보에 따르면 구스만은 리마의 어느 부촌에 은신해 있었다. 비밀경찰은 단서를 찾고자 매일 부촌의 쓰레기통을 뒤졌다. 이후 보드카와 담배 파이프에서 실마리를 찾은 경찰은 바로 그 지역을 포위해 현장에서 그들을 체포했다.

　하늘이 도왔는지 그날 '빛나는 길'은 중앙위원회 전체 회의가 열려 간부 8명 중 7명이 현장에 있었고, 그들 모두 체포되었다. 마른 체격에 잘생기고 지적 매력이 넘치던 구스만은 이때부터 죄인의 신분으로 격하되었다. 구스만은 아직까지 생존해 있다고 한다. 그는 죽어도 자신이 한 일을 후회하지 않겠지만, '빛나는 길'은 이 타격으로 영원히 전투력을 상실했다.

각자 다른 운명의 길을 걷다

20세기 페루의 역사 한 단락을 간단히 살펴봤다. 사건이 종결되고, 역사의 현장에 있었던 주인공 세 명은 각기 다른 운명의 길을 걷게 된다. 아무리 뛰어난 구스만이라도 이제는 평생 감옥을 벗어나지 못하게 되었다. 그로 대표되는 폭력 사상, '빛나는 길'과 같은 테러 조직은 역사의 뒤안길로 사라졌다. 이들을 동정할 필요는 없을 것이다.

후지모리의 후일담을 간단히 이야기해보겠다. 후지모리는 10년 동안 집정한 후 2000년이 되는 시점, 무슨 연유에서인지 브루나이에서 열리는 APEC 정상회의를 구실로 일본으로 날아갔다. 앞서도 말했듯이 그는 페루와 일본 복수 국적자다. 2002년, 페루는 공금 횡령의 죄목으로 일본으로 망명한 후지모리 전 대통령에게 국제 체포 영장을 발부했다. 후지모리는 2005년까지 계속 일본에서 정치적 망명생활을 했다.

하지만 후지모리는 일반인이 되고 싶지 않았다. 이것은 정치인들의 특징이기도 하다. 2005년 다시 남미로 돌아온 그는 그해 페루 대통령 선거에 재출마하겠다고 밝혔다. 그러나 처음에는 감히 곧바로 페루에 들어가지 못하고, 페루의 적국인 칠레 산티아고로 갔다.

칠레 정부는 뜨거운 감자인 그가 왔다는 소식을 들었고, 비행기에서 내린 그는 바로 경찰에 체포되었다. 나중에 외교적 협상을 거쳐 후지모리는 페루 정부에 인도되었다. 후지모리 역시 현재 수감중이며, 아직 생존해 있다.

앞으로 그에 대한 평가는 두 가지 극명한 대조를 보일 것 같다. 어떤 이들은 그를 독재자로 생각할 것이다. 이 역시 사실이다. 또 다른 이들은 어쨌든 그가 페루를 기존과는 다른 길로 이끌었고 국가 경제 발전의 제도적 기틀을 마련했다고 생각할 것이다. 그는 좋은 사람일까, 나쁜 사람일까?

사실 20세기 역사를 보면 한 가지 독특한 현상이 있다. 제2차 세계대전이 있은 후 제3세계 국가들이 큰 경제 성장을 이루었는데 그 뒤에는 언제나 철권 통치자가 있었다는 것이다. 동아시아의 한국, 타이완, 싱가포르, 남미의 칠레, 페루 모두 비슷한 양상을 보였다. 과연 후지모리는 좋은 사람인가, 나쁜 사람인가?

이러한 철권 통치자들의 공과는 역사가 어떻게 평가할지 두고 볼 필요가 있다. 후지모리의 딸 게이코 후지모리가 부친의 바통을 이어받아 정계에서 여전히 활발하게 활동하고 있다는 게 그의 위안이라면 위안이다.

우리 이야기의 진짜 주인공 데소토는 어떻게 되었을까?

나중에 그는 페루 중앙은행장이 되었고, 지금도 세계적으로 유명한 경제학자다. 어쩌면 의아할 수도 있다. 데소토와 후지모리는 같은 편이지 않았는가? 나중에 후지모리의 정적이 후지모리 정부를 청산하려고 할 때 왜 데소토는 궁지에 몰리지 않았을까?

1990년, 후지모리가 집권하면서 그는 데소토에게 직접 총리를 맡으라고 요청했지만 데소토는 거부했다. 이것은 현명한 처사였다. 자신은 그저 학자에 불과하며 개혁 과정에서 참모장을 맡으면 그만이라는 것이 그의 생각이었다.

사실 후지모리도 고충이 없지 않았다. 당시 여론조사 결과에 따르면, 페루에서 가장 영향력 있는 기관은 대통령 궁, 군대, 교회, 데소토가 이끄는 자유와 민주학회, 이렇게 네 곳이었다.

　후지모리의 정적들은 걸핏하면 이렇게 말했다. "당신이 무슨 대통령이야? 꼭두각시가 아니고 뭐야. 사실상 모든 개혁은 데소토 손에서 이뤄졌잖아." 이 때문에 후지모리는 암암리에 데소토에 대해 안 좋은 이야기를 종종 했다. 그런 기분이 들 수 있다는 것은 누구나 이해할 수 있을 것이다.

　현명했던 데소토는 물러나야 할 때 바로 물러났다. 반면 후지모리는 1992년 전체 인류 역사상 유례를 찾기 힘든 사건을 주도했다. 바로 친위 쿠데타를 일으킨 것이다.

　후지모리가 어떤 인물인가? 그는 문인 출신의 민선 대통령이었다. 하지만 불과 몇 년 후 그는 군대와 결탁해 정변을 일으켰다. 의회를 해산하고 헌법을 수정했으며 자유와 권리를 보장하는 법을 상당수 폐지했다. 또 많은 의원을 축출했으며 최고 법원의 대법관도 갈아치웠다. 그런 다음 후지모리는 입법, 행정, 사법 삼권을 모두 차지하고 독재자가 되었다. 데소토는 상황이 옳지 않은 방향으로 흘러가는 것을 보고 직책을 사임했다.

　1996년, 자유와 민주학회 학자들은 모두 퇴진해 정치 서열에서 사라졌고, 다시 학술 기관으로서의 본분을 다했다. 사실 이것이야말로 가장 어려운 일이다. 높은 자리에 오르면 주변에 따르는 사람이 많아지기 마련이다. 하지만 물러날 때도 함께하는 사람이 얼마나 될까? 1996년은 후지모리가 한창 승승장구하던 때였고 훗날 실각할 때까지 무려 4년의 시간이 남아 있었다. 데소토에게 선견지명이 있었던 것일까? 중국 고대 이야기 속 범려范蠡는 월왕 구천勾踐이 대업을 이루도록 도왔지만, 구천이 환난은 함께할 수 있어도 부귀영화는 함께 누릴 만한 사람이 못 된다는 것을 알고 홀연히 사라져 멀리서 장사를 하면서 도주공陶朱公이 되었다. 데소토에게도 이런 능력이 있었던 것일까?

이는 확실치 않다. 아마 학자로서 초심이 바뀌지 않는 한, 정치에 그렇게 깊숙이 개입하고 싶은 생각이 없었을 것이다. 게다가 국가 제도가 이제 정상 궤도에 올라섰으니 더 이상 그가 할 일이 없어 보이기도 했다. 그렇다면 정치에서 손을 떼고 다시 학술 연구에 매진하는 것은 조금도 이상할 일이 아니었다. 나중에 일어난 정치적 소요는 이 학자에게 아무런 해도 입히지 않았다.

어떻게 해야 좋은 경제학자가 될까

내가 이야기하고 싶은 것은 데소토가 얼마나 정치적으로 현명했는지가 아니다. 그의 이야기를 통해 한 가지 질문을 던져보고 싶다. 어떻게 해야 좋은 경제학자가 될 수 있을까?

중국에는 경제학자가 너무 많다. 그들은 온갖 포럼, 회의에 참석하느라 바쁘고 학술 저서를 발표하며 걸핏하면 "중앙은행이 이번 금리를 낮춰야 한다고 생각합니다"라고 말한다. 국민 입장에서 보면 서로 의견이 엇갈려 결론이 일치되지 않고 겉으로는 그럴듯해 보이지만 실제로는 알 수 없는 노릇이다. 그들끼리도 서로 입씨름을 하는데 대체 누구 말을 귀담아 들어야 할까? 여기서 몇 가지 제안을 하고자 한다.

중국 고대에는 지식인의 수준을 논할 때 입덕立德(도덕적으로 모범이 되는 것—옮긴이), 입언(立言, 저작을 남겨 자신의 사상을 알리는 것—옮긴이), 입공立功(업적을 세우는 것—옮긴이) 세 가지 기준을 제시했다.

먼저 입덕에 대해 이야기해보자. 수많은 경제학자가 자신은 가난한 사람 입장에서 이야기하는 도덕적인 경제학자, 몸속에 도덕적 피가 흐르고 있다고 내세우며, 부자들의 돈을 모두 가난한 사람에게 주어야 한다고 말한다. 듣기에는 그럴듯하지만 나는 그보다 마오위스茅于軾(중국의 유명한 경제학자로, 중국에서 가장 영향력 있는 민간 싱크탱크인 톈쩌天則 경제연구소의 소장—옮긴이)의 말에 더 신뢰가 간다. "나는 부유한 사람 입장에서 이야기하지만, 가난한 사람 입장에서 일을 한다."

경제학자의 도덕성은 빈부를 가리는 데 있지 않다. 학자의 도덕성은 학문의 태도에 달려 있기 때문이다. 20세기 경제학계에는 '칠판 경제학'을 비판하는 사조가 팽배했다. '칠판 경제학'이란 무엇인가? 머릿속에 공식만 가득하고 매일 종이나 칠판에 수학 계산만할 뿐 현실에서 이뤄지는 경제상의 거래를 조사할 능력도, 관심도 없는 것을 가리켜 '칠판 위의 경제학'이라고 한다.

데소토는 그런 사람이 아니었다. 페루 정부의 정책에 있어 낮은 효율이 여실히 보였지만 이러한 정성적 판단에 만족하지 않고 굳이 정량적 조사를 시행했다. 학생 한 그룹은 미국에, 또 한 그룹은 페루에 두고 두 그룹을 대조한 실험이 그것이다. 이렇게 얻어진 실제 데이터를 가지고 국민을 설득했다. 이것이야말로 실제 현장을 조사하고 고찰하는 '발로 뛰는 학문'이라 할 수 있다.

나중에 다음과 같은 일도 있었다. 데소토가 중앙은행장이 된 후 한 번은 인도네시아 발리에서 휴가를 보내게 되었다. 현지 정부는 세계적인 경제학자가 온 것을 보고 전용기를 제공하며 자카르타에서 인도네시아 내각 구성원에게 강연을 해줄 것을 요청했다. 그때도 데소토는 국가가 부강해지기를 원한다면 반드시 가난한 사람의 재산권을 보호해줘야 한다는 등의 이야기를 했다. 강연을 듣고 인도네시아 내각 구성원 중 한 명이 이렇게 말했다. "가난한 사람의 재산권을 보호해주기 싫어서가 아니라 너무 복잡해서 뭐가 뭔지 잘 모르는 겁니다." 이에 데소토가 대답했다. "어째서 모른다고 하는 거죠? 나는 방금 발리에서 왔습니다. 휴가차 왔기에 할 일이 없어 한가로이 농지 주변을 산책했지요. 나는 외국인이니 당연히 어느 땅이 누구네 것인지 모를 수밖에 없습니다. 그렇다면 누가 알까요? 개가 알더군요. 이 집 논에서 저 집 논으로 걸어가니 이 집 개가 짖다가 다른 집 개가 짖었습니다. 개도 아는 일을 분명히 하는 것이 그렇게 어려울까요?" 이러한 경제학자는 늘 현실의 생활을 출발점으로 하여 수준 높은 경제학 문제를 고민한다.

『경제 해석經濟解釋』의 저자 스티븐 청張五常 역시 그런 사람이다. 그는 젊은 시절 경제학을 공부하면서 한 가지 문제에 봉착했다. 매우 복잡한 문제이지만 간단히 요약하면 다음과 같다. 양봉을 하는 사람과 과수원을 하는 사람이 가까이 살 때 누가 더 이득일까? 꿀벌을 많이 키우면 분명 과실수의 수분이나 개화에 도움이 된다. 과실수가 많아지면 꿀벌이 꿀을 채집하는 데 도움이 된다. 사례를 해야 한다면 그들 중 누가 누구에게 사례금을 지급해야 할까?

이것은 매우 재미있는 경제학 문제다. 스티븐 청은 이 문제의 답을 분명히 알기 위해 워싱턴 과수 농가와 양봉업자 사이를 파고들어가 그들과 함께 부대꼈고 그러다보니 나중에는 양봉과 과수 재배에 있어 반 전문가가 되었다.

또 한번은 어느 경제학 문제를 알아보기 위해 직접 귤을 팔기도 했다. 그 경험을 바탕으로 쓴 책이 『귤 장수賣桔者言』다. 나중에 그는 중국 대륙에 와서도 옥돌이나 채소 시장을 직접 발로 뛰며 많은 연구를 했다. 이러한 그의 책들은 '칠판 위의 경제학'이라 볼 수 없다. 그가 쓴 『경제 해석』에도 수학 공식은 하나도 나오지 않는다. 모두 현실 속 생활에서 이뤄지는 경제상의 거래에 대한 생생한 고찰이다. 이런 경제학자야말로 도덕적인 경제학자라고 할 수 있다.

다음으로 입공에 대해 이야기해보자. "우리는 세상을 바꾸기 위해 살아 있다(스티브 잡스의 스탠퍼드 대학 졸업식 연설의 한 구절인 'We're here to put a dent in the universe'의 중문 번역문이자 스티브 잡스 자서전의 중국어판 제목—옮긴이)." 많이 들어본 말일 것이다. 사실 사람이라면 누구나 이와 같은 마음을 품어본 적이 있을 것이다. 경제학자라고 예외는 아니다. 하지만 경제학자의 입공에는 두 가지 방법이 있다. 하나는 우리가 자주 보는 것처럼, 강연을 하고 정부 정책에서 기술적으로 디테일한 부분들에 대해 몰두하는 것이다. 예컨대 '금리를 인하해야 한다' '예금 지급 준비율이 현재 맞지 않다' '위안화가 평가절하되어야 할까?'와 같은 것이다.

그런데 경제학자가 이런 문제들을 고민하지 말아야 하는 것은 아니지만, 경제학자의 사고가 이 차원에만 머물러 있다면 진정한 경제학자라고 할 수 없다. 그보다는 정원 외 공무원에 더 가까울 것이다. 솔직히 이런 사람들 중 상당수는 정부의 고문이나 측근이 되고 싶은 마음뿐일 것이다. 정부 입맛에 맞는 의견을 내면서 나라의 고문이 될 수도 있겠지만 그렇게 되면 정치에 지나치게 깊이 개입해야 한다.

데소토처럼 경제의 구조적 취약성에 대해 깊이 고민한 다음 지혜와 이론을 동원해 국가 제도가 바른 궤도에 들어서도록 이끌어야 한다. 이것이야말로 경제학자가 마땅히 해야 할 일이며, 또 다른 입공의 길이다.

스티븐 청 역시 그런 사람이었다. 스티븐 청이 중국 곳곳을 돌아다니며 강연을 했다거나 중앙 정부가 어떤 일을 해야 한다고 목소리를 높이거나 중앙은행에 훈수를 두었다는 이야기를 들어본 적이 있는가? 하지만 중국이 지난 30여 년 동안 개혁 개방을 해오는 과정에서 중요한 시기마다 이 학자의 그림자를 볼 수 있다.

1980년대 초, 시장경제가 어떤 것인지 중국인들이 아직 개념을 잡지 못할 때 스티븐 청은 국제 경제학계에서 이러한 진단을 내렸다. '중국은 틀림없이 시장경제의 길로 나아갈 것이다. 우리가 시장경제의 길로 가겠다고 정식으로 선언한 것보다 10여 년 더 앞당겨졌다.'

또 다른 예를 들어보자. 중국의 고위층이 시장경제에 대한 개념을 갖게 된 데에는 밀턴 프리드먼이 중국을 방문한 힘이 컸다. 프리드먼은 미국의 저명한 경제학자로, 그의 방중 역시 스티브 청이 추진한 결과였다.

마지막 기준은 입언이다. 경제학자는 글을 쓰거나 의견을 발표하는 것을 주업으로 삼는 사람이다. 따라서 입언이 가장 중요한 지표가 됨과 동시에 가장 어려운 지표이기도 하다. 비전문가인 우리는 경제학자들이 늘 하는 말도 못 알아듣는 것이 태반이다. 경제학자가 하는 말이 옳은지 그른지, 그가 좋은 경제학자인지 아닌지 우리가 어떻게 판단할 수 있겠는가?

물론 나 역시 이런 능력이 없었기에 많은 경제학자에게 가르침을 구했고, 그들은 내게 두 가지 기본적인 기준을 알려주었다. 첫째, 사유재산권 보호를 주장하는지, 둘째, 자유 거래를 주장하는지가 그것이었다. 말은 간단하다. 구체적인 원리도 이미 앞서 이야기했다. 하지만 결코 이 두 가지를 쉽게 여겨서는 안 된다. 실제 삶의 현장에서는 뭐가 뭔지 더욱 헷갈릴 수 있다.

데소토는 현재 세계 곳곳을 누비고 있다. 수많은 제3세계 국가에서 강연 요청이 빗발치고 있다. 그는 가난한 사람의 사유재산권을 보호해야 한다는 본질을 한순간도 버리지 않았다. 이제는 식상하게 들릴지 몰라도 그 이면에는 심오한 원리가 담겨 있다. 어떤 이들은 데소토에게 '재산권 국수주의자'라는 별명을 붙이고 이것 외에는 할 줄 아는 것이 없다며, 능력이 있다면 공식을 가지고 한번 보여주라고 비난하기도 한다. 경제학자에게 있어 입언의 의미가 뭔지 모르고 하는 소리다.

스티븐 청은 현실에서 일어난 일들을 두고 보통 사람은 생각해낼 수 없는 발언을 해왔다. 예를 들어 그는 '노동계약법'에 강력히 반대했고, 이른바 '도시 노동자 최저임금 기준'에 강력히 반대했다. 이 법들은 모두 가난한 사람을 보호하는 법으로 보이는데 무엇이 문제일까? 지나치게 자본가 입장에 선 것이 아닐까? 사실 조금만 더 생각해보면 스티븐 청이 왜 그렇게 했는지 이해할 수 있다. 고용 역시 일종의 거래로, 이러한 거래는 자유를 보장받아야지 '노동계약법' '도시 노동자 최저임금 기준' 같은 것으로 간섭을 해서는 안 된다. 일단 간섭이 시작되면 그로 인한 악영향이 자본가에게 미칠 뿐 아니라 노동자에게 더 크게 다가와 해를 끼칠 것이기 때문이다.

하지만 경제학자로서는 큰 소리로 주장하고 트렌드를 따르지 않으며 주류 의견에 반기를 드는 것 역시 큰 용기를 필요로 한다. 스티븐 청은 중국이 '노동계약법'을 시행한 날부터 지금까지 계속 목청을 높이고 있다. 그 이유는 간단하다. 경제학자로서 사유재산권 보호와 자유 거래 지지라는 두 가지 기준을 충실히 지키고자 하기 때문이다.

제3장

혁신, 인지 수준 향상의 수단

혁신은 신기한 게 아니다

최근에 '대중 창업, 만인 혁신'이라는 말이 유행하고 있다. 이에 대
해 한 친구는 이렇게 비판하기도 했다. "지금 창업자 중 상당수가
주링허우90後(중국에서 1990년 이후 출생한 세대—옮긴이)이고 일반
서민도 창업을 많이 하니까 '대중 창업'은 그래도 어느 정도 말이
되지. 하지만 '만인 혁신'은 어폐가 있지 않나? 지식도 모자라고 조
건도 안 되고 자원도 없는 일반 대중이 무슨 혁신을 한단 말이야?
더욱이 국가 경제와 민생, 과학 연구 개발처럼 중요한 혁신을 대중
에게 기대한다는 것은 진짜 황당한 소리 아냐?"

나는 그에게 반기를 들었다. "내 생각은 반대야. '대중 창업'이 더
말이 안 되지. 일반 대중은 말할 것도 없고 다국적 기업 임원 출신
이 창업을 해도 성공률이 이렇게 낮은데…… 하지만 '만인 혁신'은
사실이잖아. 혁신의 본모습은 이래야 하는 거야."

예를 들어 중국인이 가장 자랑스러워하는 4대 발명 중 하나로 채륜蔡倫이 발명한 제지술이 있다. 채륜이 누구인가? 사회적 지위라고는 전혀 없는 환관에 불과했지만 천고에 빛나는 혁신을 일궈낸 인물이 아닌가?

여기서 교육 이야기를 꺼내지 않을 수 없을 것 같다. 솔직히 요즘 아이들은 어떤지 잘 모르겠지만 적어도 우리 세대가 중고등학생이었을 때는 혁신이 난제처럼 느껴졌다. 난제를 푸는 일은 심적 트라우마였다. 어려운 수학 문제는 못 풀면 못 푸는 것이지 다른 방법이 없었다. 정답으로 가는 길이 어느 쪽인지조차 전혀 파악할 수 없고, 또 얼마나 더 가야 길이 끝나는지 모르기에 그저 앉아서 심란한 마음으로 바라보기만 할 뿐이었다.

그러니 영재, 우등생들이 어려운 수학 문제나 물리 문제를 잘 푸는 것을 보면 감탄하는 것 말고 할 수 있는 게 뭐가 있었을까? 이러한 교육 제도 아래 '혁신'은 아무나 쉽게 이룰 수 없는 신기神機에 가까운 일이다. 지금까지 우리는 혁신을 이런 식으로 바라봤다.

중국 고대 인물 중 가장 지혜로운 사람이 누구일까? 누가 뭐래도 제갈량諸葛亮일 것이다. 하지만 『삼국연의』에서 제갈량의 혁신적인 활약상으로 기록된 부분을 보면 모두 야간에 천기를 읽고 언제 동풍이 불지 아는 것 등이다. 우리 같은 보통 사람이 어떻게 이런 혁신의 경지에 다다를 수 있단 말인가. 우리로서는 떠받드는 것 말고는 할 수 있는 게 없는 것이다.

루쉰魯迅은 『삼국연의』를 평가하며 "제갈량은 요괴에 가까울 만큼 지략이 뛰어났다"고 말했다. 제갈량이 얼마나 지혜로운지 표현하는 다양한 방법 중 하나로 그를 요괴로 묘사한 것이다. 그 결과 우리 세대는 일종의 심적 트라우마를 갖게 되었다. 혁신은 일반인이 다다르기 힘든 경지라고 생각하게 된 것이다. 혁신이란 단어를 떠올리면, 안경을 낀, 흰 수염이 성성한 노인이 흰 가운을 입고 온갖 기구로 가득 찬 실험실에서 일반인은 전혀 모르는, 이해조차 할 수 없는 일을 하고 있는 장면이 연상된다.

사과가 떨어지는 것을 보고 갑자기 깨달음을 얻었다는 뉴턴, 상대성 이론을 만들 때 동시대 과학자들마저 이해를 못 했다는 아인슈타인, 이와 같은 과학자들의 이야기를 들을 때마다 그들은 정말이지 외계인 같아 보인다.

하지만 나는 여기서 정반대의 이야기를 하고 싶다. 혁신은 그렇게 신기한 것이 아니며, 실제로 '만인 혁신'과 같은 환경에서 탄생할 수 있다.

의학계의 혁신 이야기

의학계에 '추파주裴法祖'라는 인물이 있다. 그는 중국의 모든 외과 의사가 인정하는 의학계의 대가다. 어떤 사람이 의사가 될 자격이 있는지에 대해 추파주는 두 가지를 이야기했다. 첫째, 덕이 석가모니의 자비로움에 다다르지 않으면 의사가 될 수 없다德不近佛者不可以爲醫. 둘째, 재능이 신선의 경지에 이르지 못하면 의사가 될 수 없다才不近仙者不可爲醫.

내 생각에 그는 이 두 가지를 자신의 좌우명이자 학생을 가르치는 지표로 삼은 것 같다. 그가 왜 이런 말을 했는지는 이해할 수 있고 또 옳은 말이기도 하다. 하지만 현실에서 좋은 의사는 정말 이러한가? 석가모니처럼 도덕적이고 신선처럼 재능이 뛰어난가?

나는 『닥터, 좋은 의사를 말하다Better: A Surgeon's notes on Performance』를 읽고 나서야 의학에 대한 이해의 폭을 넓힐 수 있었다.

이 책의 저자는 아툴 가완디로, 미국에서 저명한 외과 의사다. 그는 의사 중에서 유일하게, 『타임』지가 2010년에 선정한 세계에서 가장 영향력 있는 100인에 든 바 있다. 그의 학력은 우리 일반인들과 상당히 다르다. 그의 첫 번째 대학은 미국 서부의 스탠퍼드 대학이다. 2년 후 그는 훌쩍 대서양을 건너 명문대인 옥스퍼드 대학에서 철학과 정치학, 경제학 학위를 받았다. 그러나 여기에 만족하지 않고 1995년에는 돌연 미국으로 돌아와 미국 동부 하버드 대학에서 의학 박사 학위를 받았다. 우리로서는 상상하기 힘든 엄청난 학벌이다.

아툴 가완디 박사는 27세에 클린턴 정부 건강정책 고문으로 발탁되었고 오바마 정부에서도 같은 직책으로 그를 선택했다. 그는 문장력도 뛰어나 미국의 저명한 잡지 『뉴요커』에 수년 동안 칼럼을 연재했다. 미국의 대부호인 워런 버핏에게는 찰리 멍거라는 동업자가 있는데, 그는 『뉴요커』에 실린 아툴 가완디의 글을 보고 감탄을 금치 못해 바로 2만 달러 수표에 사인해 아툴 가완디에게 보냈다고 한다. 이 일화만 봐도 가완디가 얼마나 글을 잘 썼는지 알 수 있다.

아툴 가완디의 저서로는 여러 권이 있는데 여기서 언급할 책은 그중 『나는 고백한다 현대의학을Complication: A Surgeon's notes on an Imperfect Science』과 『닥터, 좋은 의사를 말하다』이다. 이 두 권에는 의학적 내용이 대거 등장하며 여기서 몇 가지 이야기를 발췌해 현실 속에서의 혁신에 대한 이해를 돕고자 한다.

손 씻기, 혁신이 반드시 중대한 발견을 의미하진 않는다

가장 먼저 '손 씻기'에 대해 이야기해보자. 다들 알다시피 우리는 세균 감염을 막기 위해 손을 씻는다. 의사만 씻는 것이 아니라 환자도 씻도록 한다. 이것은 누구나 알고 있는 상식이다. 그렇지만 사실 손 씻기는 의학계를 150년 동안 괴롭히고 현재까지도 논란이 종결되지 않은 화제다.

150년 전 빈으로 가보자. 우리 머릿속에 빈은 예쁜 저택과 아름다운 음악이 있는 관광지 중 하나다. 그러나 19세기 중엽의 빈은 거의 유럽의 수도나 다름없었다. 이는 정치 구도에서 봐야 한다.

19세기 초 나폴레옹이 패전한 후 오스트리아·헝가리 제국에 위대한 외교가이자 정치가인 메테르니히가 나타났다. 그는 외교적 수단을 통해 '신성 동맹'을 확립했고 나폴레옹 시대 이후의 유럽 질서를 좌지우지했다. 당시 어떤 이들은 이 동맹에 '인형 제국주의'라는 별명을 붙였다. 즉, 겉으로는 강력해 보이지만 실상은 인형처럼 큰 역량을 발휘하지 못한다는 것이다. 하지만 당시 오스트리아–헝

가리 제국은 유럽의 중심이었기에 빈은 자연스럽게 그리고 은연중에 유럽의 수도가 되었고 문화가 크게 발달했다.

당시 빈에는 빈 종합병원이 있었다. 이 병원은 환자를 치료하는 일반적인 병원이 아니라 연구 중심의 병원이었다. 따라서 의료 설비가 가장 잘 갖춰져 있었고 의료진의 수준도 최고였기에 치료 효과뿐 아니라 안전성도 가장 신뢰할 만했다.

당시 빈 종합병원의 다른 병동들은 별 문제가 없었다. 다만 유독 산부인과 병동의 사망률이 10퍼센트에 달할 만큼 높았다. 물론 당시 유럽 여성은 중국 여성과 마찬가지로 출산이 때로 목숨을 잃을 만큼 쉽지 않은 일이라는 사실을 잘 알고 있었다. 하지만 빈 종합병원에 10명이 출산하러 들어가면 1명이 살아 돌아오지 못하니 겁을 먹지 않을 수 없었다. 그래서 빈 여성들은 작은 진료소에서 애를 낳았으면 낳았지 빈 종합병원은 가지 않으려고 했다.

이런 상황이었으니 빈 종합병원에서 가장 운이 없는 의사는 산부인과 병동 담당의인 제멜바이스였다. 이 병원에서 가장 높은 사망률이 임산부 사망률이었기 때문이다. 제멜바이스는 억울했다. 다른 산부인과 병실은 조산사가 관리하고 자신의 병실은 그가 직접 관리하는데, 아무리 정성을 쏟아도 사망률은 오히려 자기 병실이 가장 높았기 때문이다. 고민을 해도 이해가 되지 않아 하루 종일 머릿속에서 그 문제가 떠나질 않았다. 통풍 설비가 제대로 되어 있지 않아서일까? 아이를 받는 과정에 무슨 문제가 있나? 나중에는 아이를 받는 모든 과정을 표준화하고 심지어 아이를 받는 동작마저 다른 의사와 똑같이 했다. 그러나 사망률은 여전히 떨어지지 않았다.

막 아이를 낳은 산모가 고열에 구토와 오심이 계속되다 며칠 만에 사망해버리면 이는 한 가정에 엄청난 슬픔일 것이다. 현대에는 이것이 전형적인 산욕열이며 출산 후 여성 생식기에 세균 감염이 일어나 발생한 질병이라는 것을 알고 있지만, 당시 사람들은 이를 알지 못했다.

인류가 미생물의 존재를 발견한 것은 17세기다. 레이우엔훅이 현미경을 제작해 렌즈를 통해 미생물을 처음 확인하게 되었다. 하지만 미생물과 질병 사이의 관계는 19세기 중엽이 되어서도 명확하게 밝혀지지 않았다.

아무리 고민을 해봐도 제멜바이스는 산모 사망의 원인을 밝히지 못했다. 그러다 한번은 다른 병원에 가서 연구를 하느라 4개월 동안 자리를 비우게 되었다. 그런데 그가 빈 종합병원에 없었던 이 4개월 동안 산모의 사망률이 돌연 하락했다! 간단히 말해 원인은 바로 제멜바이스에게 있었던 것이다.

제멜바이스는 한참을 고민한 끝에 자신의 두 손에 문제가 있을 수 있다는 생각이 들었다. 앞서 말했듯이 빈 종합병원은 일반 병원이 아니라 연구 중심의 병원이었기에 많은 의사가 의사이면서 동시에 학자였다. 당시 의학자들은 누구나 시체를 해부하는 것이 일상이었다. 제멜바이스는 자신이 시체를 해부하는 과정에서 무언가를 병실로 옮겨오고 그것이 산모의 몸에 옮아와 병이 생긴 것이 아닐까 의심하기 시작했다.

이후 그는 자신의 병실에서 일하는 모든 조산사에게 아이를 받기 전 반드시 손을 씻고 손을 씻을 때는 푸른 용액을 사용하라고 했다. 간단히 말해 손을 소독하라는 것이었다. 이렇게 하면 문제를 해결할 수 있을지도 모른다고 예상한 것이다.

이 방법이 유효했는지 제멜바이스가 담당한 병실의 산모 사망률이 10퍼센트에서 1퍼센트로 떨어졌다. 그는 비록 어떤 미생물이 문제인지는 알아내지 못했지만 발병 원인을 찾았고 손 씻기가 효과가 있다는 것을 발견했다. 그래서 1847년부터 빈 학계에 이 사실을 널리 알리기 시작했다. 1850년 빈 의사 협회 연설에서 제멜바이스는 산부인과 병동의 사망률이 고공행진을 계속했던 이유를 밝히며 다른 의사들에게 이렇게 말했다. "여러분이 손을 씻지 않는다면 결국 죄인이 되는 것입니다. 산모들이 왜 죽었다고 생각하십니까? 바로 우리 의사들이 직접 그들을 죽음의 길로 보낸 것입니다!"

이 말에 의사들은 격노해 소란을 피웠고 아무도 이 사실을 인정하지 않았다. 우리 의사가 도대체 누군가? 우리는 의술로 세상을 구하고 병을 치료해 환자를 살리는 사람들인데 그 책임을 우리에게 돌리겠다고? 의사들은 제멜바이스를 단상에서 끌어내렸다. 그것만으로 모자라 빈 종합병원에서는 더 이상 그를 용납할 수 없다며 해고했다.

제멜바이스는 EQ가 그리 높지 않았던 것 같다. 다른 사람을 설득하고자 할 때는 전적으로 상대방이 쉽게 받아들일 수 있는 방식을 취해야 한다. 하지만 그는 정반대였다. 병원에서 해고를 당했음에도 그는 멈추지 않고 손을 씻지 않으면 살인을 하는 것이며 대학살의 공모자가 된다는 투로 다른 의사들에게 계속해서 편지를 보냈다.

나중에 제멜바이스는 헝가리 병원에서 일하게 되었는데, 이 병원에서도 매일같이 세면대 옆에서 의료진이 손을 씻는지 지켜봤다. 병원장도 아닌데 무슨 권리로 이런 규칙을 강요한단 말인가? 그래서 그의 동료 의사들은 제멜바이스의 행동에 진저리 치며 일부러 더 손을 안 씻었다.

제멜바이스는 계속해서 손 씻기 운동을 보급하려 애썼지만 10여 년 동안 이렇다 할 효과를 보지 못했다. 하지만 현재 의학계는 공식적으로 그를 전염병학의 선구자라고 인정한다. 손 씻기의 효과를 그가 가장 먼저 발견했기 때문이다.

20년 후 의학계가 손 씻기의 중요성을 공식적으로 인정하기까지는 두 사람의 공이 컸다. 한 명은 프랑스인 파스퇴르로, 그의 이름은 지금도 여기저기서 들을 수 있다. 파스퇴르는 원유를 멸균시키는 저온살균법을 발명했다. 그는 의학계의 기재로, 미생물과 질병 발생의 관계를 처음으로 발견했다.

두 번째로 공로가 큰 사람은 바로 영국 의사 조지프 리스터다. 리스터는 영국 빅토리아 여왕의 개인 외과 의사로, 사회적 지위가 아주 높았다. 따라서 사람들은 그의 말을 자연스럽게 받아들였다. 1867년, 리스터는 논문 한 편을 발표해 손을 씻는 소독법과 세균 감염 사이의 관계를 공식적으로 매우 진지하게 밝혔다. 그 결과 외과 의사들은 수술을 하거나 환자와 접촉하기 전 반드시 손을 씻어 소독하는 것이 의학계의 정설로 자리 잡았다.

그렇다면 1847년 제멜바이스가 이 문제를 제기해 공감대가 형성되기까지 무려 20년이 걸렸다고 해도 무방하다. 이야기는 여기서 끝나지 않는다. 병원 역시 사회의 일부이기에 오늘날까지도 손 씻기는 여전히 큰 문젯거리다. 작은 건물 안에서 의사, 환자, 간호사 간에 복잡한 상호 관계가 이뤄지는 가운데 항상 철저히 손을 씻는다는 것은 사실 그리 쉬운 일이 아니다.

현재 좋은 병원의 외과 수술실은 살균 소독을 엄격하게 실시한다. 환자가 사용하는 시트, 의사 모자, 마스크, 수술복, 수술 기구부터 양손에 이르기까지 모두 철저하게 소독한다. 하지만 수술실에서 나온 뒤 들어가는 병실, 병원의 홀 등도 모두 세균이 밀집되는 장소인데, 이런 장소에서조차 모든 사람에게 엄격한 규정에 따라 손을 씻으라고 요구하기는 정말 어려운 일이다.

또한 세균은 손 피부 심층에 있을 때가 많아 일반 비누로는 완전히 씻기지 않는다. 병원에 가면 '7단계 손 씻기'라는 안내문을 볼 수 있을 것이다. 요약하면 다음과 같다. 우선 팔찌와 반지를 모두 빼고 살균 비누를 손에 문질러 거품을 낸다. 반드시 팔뚝의 3분의 1 지점까지 비누를 묻힌다. 15~30초간 손을 비빈 후 수도꼭지에서 물을 틀어 30초간 씻어내고 무균 수건으로 닦은 다음 그 수건으로 수도꼭지를 잠근다. 과연 일반인이 인내심을 갖고 이 복잡한 과정을 끝까지 따라 할까? 누가 지켜보지 않는 한 아마 몇 단계는 생략할 것이다.

누군가가 계산해본 바로는 의사나 간호사가 이 순서에 따라 꼼꼼하게 손을 씻는다면 손 씻는 데만 업무 시간의 3분의 1이 소요된다고 한다. 게다가 피부가 견디지 못해 피부염에 걸려 오히려 세균의 온상이 될 수 있다. 실행하기 힘든 과정임이 틀림없다. 20세기까지 대형 병원 내 환자의 세균 감염률이 계속 떨어지지 않았던 것은 이 때문이다.

결국 이 문제는 어떻게 해결되었을까? 『나는 고백한다 현대의학을』을 보면 다음과 같은 예가 나온다. 미국 피츠버그에 있는 한 병원에서 놀랍게도 단기간에 환자의 세균 감염률을 대폭 감소시켰고, 일부 세균의 경우 감염률이 제로까지 떨어졌다. 이런 신기한 일이 어떻게 가능했을까?

의료 설비의 업그레이드나 엄청난 이론의 발견과는 아무런 관련이 없었다. 바로 일상의 세세한 부분을 관리하면서 이러한 변화가 생겨났다. 새로 부임한 병원장은 병원의 감염률 감소를 최우선 과제로 삼겠다고 선언했다. 그러자 모두가 브레인스토밍을 했고 의사, 간호사, 환자가 한자리에 모여 여러 방안을 궁리했다. 이 방안들은 각각 개별적으로 보면 지극히 평범해 중요한 혁신이라 할 수 없었지만, 하나하나씩 실천해나간다면 상당히 효과가 있는 것들이었다.

예를 들어 고농도 손 소독용 알코올 젤의 디스펜서에 대해 누군가가 수량이 부족하다고 지적했다. 더 구입하기로 했다. 누군가가 설치 장소가 적당하지 않다고 지적했다. 조정하기로 했다. 지금까지는 의사가 손을 잘 씻지 않는 것을 봐도 간호사가 쉽게 나서서 일깨워주지 못했다. 하지만 이제는 의료진의 기풍과 도덕성을 높여야 할 시점이기에 적극적으로 말해주기로 했다. 뿐만 아니라 잊지 않고 매번 손을 잘 씻는 간호사가 있다면 모범으로 삼아 다른 사람들이 본받도록 했다. 또 각 병동이나 기타 병원 내 장소에서 얼마나 손을 잘 씻는지를 심사 지표로 삼아 병원 전체 관리 기준에 포함시켰다.

이와 같이 공장이나 기업에서 시행할 법한 방안들을 동원한 결과, 이 병원은 감염률이 제로에 가까울 정도로 떨어져 인류 의학사에서 최고의 병원이 되었다. 이것이 혁신이 아니고 무엇이겠는가?

조급하게 생각할 필요 없다. 사람들은 일반적으로 혁신을 중대한 발견이라고 생각한다. 하지만 손 씻기와 의학계 이야기를 통해 알 수 있듯이, 중대한 혁신적 원리를 발견한 후에도 150년에 가까운 시간이 흘러야 이것이 제대로 현실에 적용되고, 그 후에야 인류는 비로소 그에 따른 혜택을 누릴 수 있다는 것이다. 혁신은 아주 간단할 때도 있고 또 아주 어려울 때도 있다.

겸자, 혁신이 반드시 첨단 기술을 의미하진 않는다

나는 손 씻기라는 예를 통해 인류 의학의 큰 진보와 혁신이 과학 연구 성과, 지식의 대폭발과 그리 큰 관계가 없다는 이야기를 하고 싶다. 각각의 시초를 찾아보면 별것 아닌 작은 발견에서 출발한 경우가 많다. 다만 그것을 끈기 있게 실천해나가다보니 궁극에는 많은 사람의 생명을 살릴 수 있게 된 것이다. 이것이 바로 의학계 혁신의 실제 모습이다.

또 예를 들어보자. 산부인과는 인류 의학에서 가장 오래된 분야일 것이다. 산부인과가 이토록 중요한 이유는 무엇일까? 직립 보행을 하는 인류는 모든 생물 중에서 출산이 가장 힘들다.

아이를 낳을 때 산모의 산도産道가 태아의 머리가 통과할 수 있을 정도로 열려야 하는데, 그 너비는 10센티미터 정도다. 단지 출산의 고통만 있다면 별 문제가 아니다. 출산 후 산모와 아이 모두 안전하기만 해도 정말 기쁜 일일 것이다. 하지만 과거에는 의료 기술이 발달하지 않아 산모가 난산을 겪으면서 생사의 기로에 설 때가 종종 있었다. 태아가 너무 커서 머리가 나오지 못하거나 역아인 경우가 난산에 해당된다.

정상적인 태위胎位라면 태아의 머리가 먼저 나오고 그다음 목, 어깨가 나온다. 하지만 때로 엉덩이가 아래인 경우도 많은데, 이것을 둔위臀位라고 한다. 둔위는 여러 종류가 있으며 그중에는 슬위膝位라고 하는 매우 이상한 태위도 있다. 바로 태아의 무릎이 먼저 나오는 경우다. 이런 경우 어떻게 출산할 수 있겠는가?

드라마에서 다음과 같은 장면을 자주 볼 수 있다. 의사가 가족에게 묻는다. "지금 난산입니다. 산모를 살릴까요? 아니면 아이를 살릴까요?" 선택지처럼 들리지만 깊이 생각해보면 얼마나 잔인한 질문인가!

유럽의 한 산부인과 의사는 쇄두기碎頭器를 발명했다. 산모와 태아 중 한쪽을 선택해야 할 때 일반적인 경우에는 대부분 산모를 선택한다. 태아 역시 살아 있는 존재이긴 하지만 아이는 나중에 다시 낳을 수 있으니 말이다. 그러면 의사는 쇄두기를 산모의 산도 속에 집어넣어 태아의 머리를 분쇄시킨 다음 조각을 끄집어내는 식으로 산모를 살렸다.

19세기 초, 영국 왕실에서도 비슷한 참극이 일어났다. 당시 영국 국왕이었던 조지 4세에게는 왕위 계승자인 외동딸 샬럿 공주가 있었다. 샬럿 공주는 난산으로 사망했다. 태아가 4킬로그램으로 너무 커서 나오질 않아 만 나흘 동안 진통했다. 태아가 나왔을 때 아이는 이미 죽었고 6시간 후 샬럿 공주 역시 숨을 거두었다.

이 일로 당시 영국 각계는 엄청난 충격을 받았고 출산을 담당했던 의사에게 모든 여론의 화살이 돌아가 그는 결국 총으로 자살했다. 샬럿 공주의 사망은 영국의 왕위 계승 순위에 영향을 주었다. 조지 4세는 다른 계승자가 없었기에 결국 왕위를 동생인 윌리엄 4세에게 물려줄 수밖에 없었다. 윌리엄 4세가 죽은 후에는 그의 질녀가 왕위를 물려받았는데, 그녀가 바로 빅토리아 여왕이다. 영국이 가장 융성했던 19세기가 빅토리아 시대라 불리게 된 이유이기도 하다. 만약 샬럿 공주가 무사히 출산했다면 분명 샬럿 시대가 되었을 것이다.

난산으로 인한 이러한 문제들은 이후 어떻게 해결되었을까? 바로 '겸자'라고 하는, 보기에도 기묘하게 생긴 도구가 발명되었다. 지금은 병원 산부인과에 가면 쉽게 볼 수 있는 것으로, 마치 커다란 달걀 집게와 같은 형태다. 사용법은 겸자를 산도에 집어넣어 태아의 머리에 고정시킨 다음 조금씩, 조금씩 태아를 잡아당기는 것이다. 매우 간단한 발명품이라고 할 수 있다.

겸자를 발명한 사람은 17세기에 살았던 의사 체임벌린이다. 그러나 체임벌린 가문은 겸자를 가문의 의료 비법으로 삼아 발명 사실을 철저히 숨겼다. 당시 많은 부호는 체임벌린의 분만 성공률이 높다는 것을 알고 많은 돈을 들여 그를 청했다. 산모가 있는 집에 도착해 마차에서 내릴 때면 체임벌린은 늘 꽃무늬가 새겨진 커다란 상자를 챙겼다. 그 안에는 체임벌린 집안에서 직접 제작한 겸자가 들어 있었다. 산방에 들어가면 자신의 비밀 장비를 훔쳐보지 못하도록 산모의 가족을 모두 내보냈고 산모마저 침대 시트로 가려 보지 못하게 한 다음 바닥에 무릎을 꿇고 겸자를 사용했다.

체임벌린 가문은 몇 대 동안 겸자의 비밀을 지켜오다 18세기가 되어서야 비로소 외부에 비밀이 밝혀졌고 19세기부터 겸자가 널리 사용되었다. 지난 수백 년 동안 겸자가 얼마나 많은 산모의 생명을 구했는지 모른다. 현재 많은 대형 병원 분만실에 있는 갖가지 기기들, 용기에 든 잡다한 약물들을 다 합친다 해도 산모의 생명에 있어 이 겸자보다 더 중요한 것은 없을 것이다.

겸자를 만드는 데 무슨 첨단 기술이 필요한가? 대형 달걀 집게 아닌가? 하지만 산부인과 의사에게 겸자는 목수에게 나무 다루는 연장과 마찬가지로 중요하다.

질병도 부산물이다

손 씻기와 겸자 이 두 가지 예는, 유용하고 현실적인 혁신과 진보는 첨단 기술과 그리 큰 관계가 없음을 말해준다. 이를 토대로 앞서 나온 내용을 다시 살펴보면, 우리가 의사에 대해 잘못 이해하고 있음을 알 수 있다. 과거에 우리는 의사, 화학자, 물리학자, 수학자 모두 높은 수준의 지식인으로, 그들이 하는 일에 대해 우리는 이해하지 못한다고 생각했다. 하지만 의사는 좀 다르다. 화학자와 물리학자, 수학자가 다루는 것은 객관적 세계에 내재되어 있는 규율, 즉 이미 확정된 것이기에 당장 우리 눈에 정확히 보이지 않는다 해도 조금씩, 조금씩 발견해가면 된다. 하지만 의사가 마주하는 대상은 인간과 인간의 질병이다. 둘 다 불확실하기 이를 데 없다.

일반인들은 종종 질병 자체가 인간과 환경의 상호 작용에서 발생하는 복잡한 산물이라고 여긴다. 앞서 나온 난산을 예로 들어보자. 난산이 왜 발생할까? 다른 동물은 난산이 없는데 왜 인간만 난산을 겪을까? 바로 인간이 직립 보행하기 때문이다. 그렇다면 왜 인간은 직립 보행을 하는 걸까? 인간의 지력이 발달하면서 머리도 함께 커졌기 때문이다. 인간의 머리는 더 이상 산도를 통과하지 못할 만큼 커졌다. 그러면 어떻게 해야 할까? 결국 배태의 방식으로 머리가 아직 다 자라기 전인 영아일 때 태어나는 것이다.

송아지나 망아지는 모두 태어난 지 몇 시간 안 되어 바로 걷고 껑충거리며 풀을 먹는다. 하지만 영아는 그럴 수 없다. 돌이 되기 전까지 걸음조차 제대로 떼지 못하고 만 여섯 살이 되기 전까지 스스로 생존할 능력이 거의 없다. 대뇌가 거대하게 발달했기에 인류의 신체 특징, 질병의 특징, 문화적 특징은 여느 동물과 전혀 다르다. 이것은 기나긴 연쇄 반응이다. 이 연쇄 반응에 대해 좀더 알고 싶다면 앞서 언급한 정예푸의『문명은 부산물이다』를 적극 추천한다.

이 책에서는 한 가지 이론을 주장한다. 인류가 뚜렷한 목적을 가지고 어떤 물건을 발명했다 해도 기나긴 발전 과정을 거친 후에 이 물건이 어떤 효과를 가져왔는지는 '친엄마', 즉 처음 발명가조차 알 수 없다는 것이다. 처음 시작할 때는 그런 목적이 아니었지만 결과적으로 의도치 않은 효과가 나타났다. 따라서 문명은 부산물이다. 이 책의 제목을 빌려 표현하자면, 질병 역시 부산물이다.

진화론이나 '자연선택'이라는 것에 대해 아는 바가 있다면 그 이면이 얼마나 냉혹한지도 알 것이다. 우리 조상, 즉 인류 진화 과정에서 수천수만 년 전으로 거슬러 올라간 시절의 여인이 건강했다면 태아를 산달까지 뱃속에 품을 수 있었을 것이고 그러면 난산으로 고통 받다 죽어 그 유전자가 후대에 전해지지 못했을 것이다.

유전자를 무사히 전한 여인은 당시 분명 병에 걸려 있었을 것이다. 무슨 병일까? 바로 조산이다. 태아가 그렇게 커질 때까지 뱃속에 품고 있지 못하고 미리 출산하게 된 것이다. 그 병든 여인이 바로 우리 조상이 되었고 그 유전자가 전해 내려왔다. 난산이 병일까, 아니면 조산이 병일까? 아직도 정확히 뭐라고 말할 수 없다.

이것을 증거로 나는 이렇게 말하고 싶다. 질병은 그 자체로 독립된 객관적 존재가 아니라 인류와 환경이 복잡하게 상호 작용함으로써 발생한 결과의 하나일 뿐이다. 고명한 의사의 눈에는 결코 질병 하나만 보이는 것이 아니라 또 다른 적도 보인다. 바로 환자, 환경, 병원 그리고 의사가 함께 얽혀 있는 매우 복잡한 상호 작용 시스템이다.

질병 자체를 문제 삼는 것만 치료라고 생각하는가? 그렇지 않다. 상호 작용 시스템을 고도화하는 것 역시 치료 방법이고 아마 다른 것보다 더 큰 효과가 있을 것이다.

1950년대 뉴욕의 의사들이 이런 고민을 했다. 왜 100년 동안 고군분투했음에도 산부인과 병동의 신생아 사망률이 조금도 하락하지 않는 것일까? 1850년에 이만큼이 죽었는데 1950년에도 그만큼이 죽은 것을 보면, 지난 100년 동안 의학은 전혀 발전하지 않은 걸까? 의학계로서는 수치스러운 일이었지만 당장 무슨 좋은 방법이 없는 것도 사실이었다.

이 문제는 어떻게 해결되었을까? 옆 병실의 마취과 여의사인 아프가가 드디어 문제를 해결했다. 아프가는 1933년 컬럼비아 대학 의학 대학원에 입학했지만 과를 잘못 선택해 외과로 가게 되었다. 당시 사람들은 여자 외과 의사가 전망이 없다고 생각했기에 그녀는 나중에 다른 사람의 권유에 따라 마취과로 전과했다. 아프가는 미국에서 여의사 중 두 번째로 마취과 전문의 자격증을 땄다. 게다가 그녀는 여기에 만족하지 않고 다시 본래 전공인 외과로 돌아갔다.

아프가는 의사로서의 자질이 매우 뛰어났다. 한번은 외과 실습을 할 때 다른 외과 의사의 어시스턴트로 수술실에 들어간 적이 있다. 수술이 끝나고 환자가 사망하자 아프가는 수술 과정에서 혹시 자신이 환자의 중요한 혈관을 건드려 죽은 것이 아닌지 계속 고민했다. 결국 그녀는 메스를 집어들고 시체 안치실에 들어가 환자의 시신을 해부했다. 역시나 아프가가 생각한 그대로였다. 아프가는 이 일을 바로 병원에 보고했고 자신의 잘못을 인정했다. 이러한 사람의 눈은 진실만을 볼 뿐 영예나 수모는 중요치 않다. 그녀는 의사로서의 자질뿐 아니라 용기까지 있었다.

결국 아프가는 평생 외과 의사가 되지 못했지만 어디를 가든 두 가지를 가지고 다녔다. 하나는 메스였고 다른 하나는 응급 구조 때 사용할 카테터였다. 만약 길에서 사람이 쓰러져 응급조치가 필요하다면 달려가 임시로라도 외과 의사 역할을 해야 한다고 늘 생각했기 때문이다. 실제로 아프가가 길에서 응급조치로 살린 사람이 10명이 넘었으니 놀라운 일이 아닐 수 없다.

신생아 사망률에 대해 아프가는 산부인과에 문제가 있다고 생각했다. 당시에는 태어난 신생아가 얼굴색이 이상하고 숨을 쉬지 않는 것 같고 심장 박동도 정상적이지 않은 경우 의사는 아이를 살릴 수 없다고 여겨 사망 처리했다.

어쩌면 이들 중에 살릴 수 있는 경우도 있다고 생각한 아프가는 담당 전공의가 아니었음에도 '아프가 척도'라는 것을 발명했다.

아프가 척도는 대단히 간단하다. 이 척도는 심장 박동, 호흡, 피부색, 근육 긴장, 반사의 민감성의 5개 지표를 일컫는다. 항목마다 상태가 아주 좋으면 2점을 매겨, 전체 항목 점수를 다 합쳐 10점이 된다.

모든 신생아는 태어나면 척도에 따라 평가를 받는다. 4점 미만이면 아이가 별로 건강하지 않은 것이고 10점이면 매우 건강한 상태다. 5분이 지나 다시 검사를 한다. 놀랍게도 이렇듯 평범하기 그

지없는 아프가 척도 덕분에 미국의 신생아 질병 사망률이 확연히 감소했다.

황당하리만큼 놀라운 성과였다. 어떻게 이것이 가능했을까? 충분히 가능하다.

한 가지 예를 들어보겠다. 달리기나 걷기는 사실 피곤한 일이다. 하지만 오늘날 많은 사람이 위챗 헬스를 이용하면서부터 달리기에 전념한다. 왜일까? 커뮤니티 안에서 서로 걸음 수를 비교하기 때문이다. 심지어 어떤 사람은 걸음 수를 늘리기 위해 휴대전화를 강아지 몸에 묶어 걸음 수를 올리기도 한다.

아프가 척도는 의사들 입장에서 '위챗 헬스'를 설치한 것과 마찬가지였다. 자신이 담당한 병실에서 분만한 신생아의 생존 여부를 평가할 수 있는 객관적 지표가 생겼기 때문이다. 뉴욕 전체, 나아가 전 세계 신생아의 상황을 가늠할 수 있는 데이터 척도였다. 이제는 의사마다 신생아를 살리기 위해 온갖 수단을 강구하게 되었고, 그 결과 전에는 살지 못했을 아이도 살릴 수 있게 되었다.

아프가 척도가 탄생한 후 몇 년 만에 수백 가지 항목을 개선한 신생아 치료법이 시행되면서 신생아 사망률이 뚝 떨어졌다. 이 간단한 척도는 지금까지도 유용하게 사용되면서 신생아 사망률 하락이라는 적지 않은 공, 아니, 가장 큰 공을 세운 혁신이 되었다. 시스템을 고도화시키는 것이 얼마나 중요한지 알 수 있다.

『닥터, 좋은 의사를 말하다』에 나온 이야기를 더 해보겠다. 전장에 나간 군의관에겐 부상자의 사망률을 낮추는 것이 주된 임무다. 하지만 이것은 결코 쉽지 않은 일이다. 의료 기술이 현저히 발전했을 때만 이 수치가 대폭 하락할 수 있었다.

미국 남북 전쟁 당시 부상자 사망률은 약 40퍼센트였다. 제2차 세계대전 때는 30퍼센트로 감소했다. 외과 수술 기술이 발전했고 페니실린을 사용하게 된 까닭이다. 한국 전쟁 때는 페니실린이 널리 보급되어 이 비율이 25퍼센트까지 하락했다.

이후에는 의료 기술의 획기적인 발전이 없어 사망률이 크게 떨어지지 않았다. 간단히 말해, 미군 병사가 전쟁에 나가 부상을 입으면 4명 중 1명이 전장에서 죽을 수 있다는 것이다.

그런데 2005년 미국이 이라크와 전쟁을 벌이던 시기, 의료 기술이 눈에 띄게 발전한 것도 아닌데 신기하게도 이 수치가 하락했다. 왜 그랬을까? 바로 앞서 우리가 이야기했던 시스템 고도화에서 그 답을 찾을 수 있다.

다음 두 가지가 원인이다. 첫 번째는 미국인이 진행형 외상이라고 부르는 생명 유지 시스템을 창출해낸 것이다. 이름만 들으면 뭔가 대단해 보이지만 사실상 부상자 구조 치료 과정을 어셈블리 라인화한 것이다.

의대 교수는 의대에 입학한 모든 학생에게 두 가지를 알려준다. 첫째, 환자를 치료할 때는 해당 환자와 치료를 철저히 책임져야 한다. 둘째, 절대로 다른 의사를 신뢰해서는 안 된다. 확실히 많은 의사가 이러한 강박증을 가지고 있고, 이 강박증은 의사의 도덕성으로 간주된다.

하지만 전쟁터에서는 의사로서의 이러한 자질이 오히려 안 좋은 결과를 초래할 수 있다. 전투가 벌어지고 있고 부상자가 20명이라고 가정해보자. 의사가 의사로서의 도덕성을 발휘해 어떻게든 살리겠다고 첫 번째 환자에만 매달려 대여섯 시간을 소요한다면, 설령 그 사람을 완전히 살려놓았다 하더라도 나머지 19명은 모두 시체가 되어 있을 것이다.

부상자를 다음과 같이 어셈블리 라인 방식으로 옮겨 치료를 하면 어떤 장점이 있을까? 우선, 전방 병원에서는 생명을 건지는 정도의 가장 기본적인 처치만 해놓는다. 그런 다음 의사가 처치 기록을 남긴다. 상처를 봉합할 필요도 없고, 심지어 아직 마취에서 깨어나지도 않은 상태로 후방 병원으로 이송한다. 후방 병원에서는 부상자를 생산 라인의 고깃덩어리처럼 여기저기로 보낸다. 사실 이러한 방식이 의사의 업무 방식에 부합하지 않을 수도 있다. 하지만 전쟁터에서 부상자의 사망률을 낮추는 데는 아주 효과적이었다.

두 번째로, 미국은 2005년에 전장에서 빅데이터를 사용하기 시작했다. 예를 들면 사병들은 눈이 부상당할 확률을 낮추기 위해 보안경을 착용하는데, 실제로는 보안경 디자인이 너무 촌스러워 착용하기를 꺼렸다. 이 때문에 눈 부상률이 낮아지지 않았다. 그러나 이 시기에는 빅데이터를 이용해 사병들의 이러한 심리를 파악한 다음 장비 담당 부서로 재빨리 피드백을 보냈다. 장비 담당 부서에서 세련되고 트렌디한 디자인의 보안경을 전장으로 보내자 군인들은 이를 착용하기 시작했고 과연 눈 부상률은 곧바로 감소했다.

또 다른 예를 들어보자. 이라크 전쟁에서 미국 사병이 많이 사망한 이유는 첨단 무기에 피격당해서가 아니라 현지 유격대에서 직접 제작한 사제 폭탄 때문이었다. 이런 폭탄은 사실 살상력은 크지 않지만 한 가지 특징이 있다. 폭탄이 터지면 파편이 대량으로 튀어 온 몸에 스치거나 박힌다는 것이다. 상처 하나하나는 그리 치명적이지 않았지만 자잘한 상처가 너무 많아 부상자는 출혈 과다로 사망하기 일쑤였다.

빅데이터는 이러한 정보를 수집한 다음 장비 담당 부서에 보냈다. 장비 담당 부서는 재빨리 구급상자에 지혈 붕대를 대량으로 담아 보냈다. 지혈 붕대라고 해서 특별한 것이 아니라 일반 붕대에 혈액 응고약이 더해진 것뿐이다. 그러나 이러한 혁신을 결코 무시해서는 안 된다. 실제로 지혈 붕대 덕분에 부상으로 죽는 일이 대폭 감소했기 때문이다.

미국은 2005년부터 전장에서의 빅데이터 수집을 각별히 중시했다. 최전방 병원은 늘 일손이 부족하기에 3명의 의사를 파견해 전문적으로 데이터 기록만을 담당하게 했다. 부상자 한 명당 적어도 75가지 정보를 기록했고, 이는 장비 담당 부서가 의료 관련 전략을 고도화하는 데 큰 도움이 되었다. 또한 시스템에서 혁신이 시작된 실제 사례이자 수많은 사람의 목숨을 구할 수 있었던 사례다.

치료는 과학이 아니라 기술이다

앞서 두 가지 요소를 다루었다. 첫째는 지속적인 고도화, 둘째는 시스템의 고도화다. 하지만 의료 행위는 언제나 사람과 관련된 일이다. 여기서 사람의 역할이 무엇일까?

이제 의학에서 사람이라는 요소가 갖는 중요성을 이야기해보고자 한다. 그 전에 먼저 스스로에게 질문해보자. 의학은 전형적인 과학일까, 아닐까? 이 문제는 다소 논쟁의 여지가 있다. 많은 사람이 의학, 적어도 임상 의학은 전형적인 과학이 아니라고 생각한다. 다시 말해 치료는 과학이 아니라 기술이라는 것이다.

평소에 우리는 과학기술을 줄여 '과기科技'라고 한다. 그렇지만 사실 이 둘은 전혀 다른 사고 체계를 지닌다. 과학은 먼저 대담하게 가설을 세운 다음 현실로 돌아가 신중히 증거를 찾는다. 왜 과학자들에게 실험실이 필요할까? 실험실, 즉 간섭이 되는 외부 요소를 배제한 상태에서 자신의 가설을 검증하기 때문이다. 따라서 과학은 이론에서 출발해 현실로 가는 사고 과정이다.

그러나 기술은 하나의 목표를 설정하면 앞뒤 재지 않고 먼저 실행해본다. 목표를 달성하는 데 있어 어떤 수단이든 상관없다. 성공후 어떤 방법으로 성공했는지 모를 수도 있다. 이런 경우 다시 돌아가 이론을 종합해본다. 따라서 기술은 현실에서 출발해 이론으로 가는 사고 과정으로, '과학'과 정반대다.

이러한 기준으로 의학을 정의해본다면 의학은 전형적인 기술에 속한다. 환자가 사경을 헤매고 있는데 의사가 어떻게 책을 들추며 이론적 근거를 찾을 수 있겠는가? 어떤 방법이라도 효과가 있어 보이면 얼른 시도해야 할 것이다. 앞서 언급한 손 씻기나 겸자 모두 위급 상황에서 떠오른 아이디어의 산물이지 어떤 깊은 이론적 배경을 가지고 탄생한 것이 아니다. 따라서 의학에서는 사람이 중요하다. 사람은 자신의 모든 상상력과 능동성, 적극성을 동원해 구체적인 문제를 해결한다. 이는 전형적인 기술적 사고의 흐름이다.

의사는 과학 이론의 지도를 받는 기술직이다

20세기 인류 의학의 주된 사조는 증거 중심 의학evidence-based medicine이었다. 증거 중심 의학이란 간단히 말해 과학적 사고방식에 가장 근접한 의학적 사고를 말한다. 하지만 증거 중심 의학을 따르는 의사들 역시 결국에는 이 두 마디를 덧붙였다. 첫째, '의사의 임상 경험을 존중해야 한다'였고, 둘째는 '환자 개개인의 가치관과 요구를 존중해야 한다'였다. 이는 의학이 결국에는 과학보다 기술의 범주에 더 부합한다는 뜻 아닐까?

확실히 의사라는 집단은 전형적인 과학자 집단이 아니라는 의미다. 의사에게는 하루 종일 대담하게 가설을 세우고 신중하게 증거를 찾을 시간이 없다. 그들은 날마다 구체적이고 즉각 해결해야 하는 문제들과 직면한다. 따라서 이 업종은 과학 이론의 지도를 받는 전형적인 기술직이며, 다른 기술직과의 차이가 우리가 생각하는 것만큼 그렇게 크지 않다.

이는 의사를 폄훼하는 것이 아니라 오히려 가치를 가장 높이 평가한 것이다. 왜일까? 의사라는 업종은 이론의 정확성 여부보다 효과가 있는지 여부가 때로 더 중요하기 때문이다. 한 사람이 얼마나 똑똑한지 여부보다 일을 할 때 책임감이 있는지, 장인 정신이 있는지, 얼마나 필사적인지가 더 중요한 것이다.

한 예로, 낭포성 섬유증이라는 병이 있다. 이 병에 걸리는 구체적인 원인에 대해서는 밝혀진 바가 없다. 이 병에 걸리면 사람의 각종 분비물이 지나치게 점성이 높아져 체외로 배출할 수 없게 된다. 이 병은 유전병이며 치료 불가능하다는 점에 주목해야 한다. 이 유전자를 가지고 태어나면 이 병은 평생 따라다니는 것이다. 현대 의학으로서는 속수무책이다.

이 병에 걸리면 즉각적으로 사망하는 것은 아니지만, 점도가 높아진 분비물이 점차 폐를 막아 호흡에 문제가 생겨 결국 사망에 이른다. 분비물을 밖으로 배출하기만 하면 이 환자의 수명은 일반인과 큰 차이가 없다.

미국에서 이 병을 치료하는 데 가장 탁월한 실력을 보이는 의사로 조엘 월렉이 있다. 그에게 치료받은 한 환자는 현재 67세인데 아직 생존해 있다. 뿐만 아니라 지난 10년 동안 그에게 치료받은 환자 중 한 명도 사망하지 않았다. 이것은 기적에 가까운 일이다. 월렉은 도대체 어떤 방법을 사용한 걸까? 사실 아주 간단하다. 크게 다음 세 가지로 나눌 수 있다.

첫째, 그는 기침법을 개발했다. 두 손을 머리 위로 높이 든 채 허리를 깊이 숙인 다음 갑자기 벌떡 일어나 힘껏 기침하면서 흉강에 있는 분비물을 몸 밖으로 토해내는 것이다. 매일 여러 차례 해야 한다.

둘째, 두드리기다. 환자의 흉강 부위에 14곳을 표시한 다음, 매일 다른 사람에게 부탁해 가슴과 등을 두드리게 했다. 두드려줄 사람이 없을 때는 어떻게 해야 할까? 월렉 박사는 특수한 조끼를 개발했다. 이 조끼를 입으면 울퉁불퉁한 길 위에서 운전을 하는 것처럼 등 이곳저곳을 두드리는 효과를 볼 수 있었다. 하루에 두 번 실시했다.

셋째, 엄격한 실천이다. 윌렉 박사는 환자들에게 평생 동안 매일 기침하기와 두드리기를 반드시 실천해야 한다고 말했다. 말 그대로 죽기 살기의 정신이었다.

"제가 말한 방법대로 하지 않으면 매일 발병 확률이 0.5퍼센트씩 증가합니다. 그런데 제가 말한 것을 지키면 확률은 0.05퍼센트로 떨어집니다." 이 차이를 별것 아닌 듯 여기면 안 된다. 매일 쌓여 1년이 지나면 환자의 생존 확률은 83퍼센트가 되지만, 이 방법을 따르지 않으면 생존 확률은 16퍼센트밖에 되지 않는다.

오랜 기간에 걸쳐 필사적으로 실천하는 것, 이러한 치료법은 사실 간단한 기술이지만 윌렉 박사처럼 엄격한 의사가 관리를 하다 보니 끝까지 지속할 수 있었던 것이다.

또 다른 예로, 주변에서 흔히 들어볼 수 있는 '탈장'이 있다. 탈장이 되면 정말 고통스럽다. 탈장이 생기는 원리는 아주 간단하다. 체내 어느 장기나 조직이 정상적인 위치에서 벗어나, 선천적 혹은 후천적으로 형성된 취약점이나 상처, 혹은 갈라진 틈을 통해 다른 부위에 들어가는 것이다. 따라서 커다란 고통을 유발한다. 탈장 치료는 외과 수술에서는 입문 단계로, 1시간 반이면 수술이 끝날 정도로 간단하다.

그럼에도 10~15퍼센트의 실패율이 있었다. 실패하면 어떻게 해야 할까? 재수술을 하는 수밖에 없다. 숙련된 외과 의사에게 탈장 수술은 구멍 난 솥을 때우는 일이나 다름없었다. 가완디 박사는 캐나다 토론토에서 탈장 수술이 신의 경지에 도달한 병원을 발견했다. 실패율이 1퍼센트 미만이었고, 대체로 30분이면 수술이 끝났다. 마지막으로 치료비가 다른 병원의 절반 수준에 불과했다.

어떻게 그럴 수 있었을까? 그 병원의 비장의 카드를 찾아보니 사실상 별것 아니었다.

그 병원은 탈장 수술 외에 다른 수술은 하지 않았다. 병원에는 총 12명의 의사가 있었는데, 의사 한 명당 1년에 평균 600~800회의 탈장 수술을 했다. 훈련이 완벽을 만들어낸다고, 한 가지 일을 그토록 반복해서 오랜 기간 하다보니 다들 이 방면의 고수가 되었던 것이다. 다른 병원의 외과 의사는 탈장 수술 외에도 많은 수술을 집도하기 때문에 평생 동안 한 탈장 수술 횟수가 이 병원 의사가 1년에 하는 횟수보다 적을 수밖에 없었다.

이 병원은 확실히 이 분야에서 뛰어났고 성공률도 높았다. 하지만 너무 수준이 낮다는 생각이 들지 않는가? 이 병원 의사가 폭스콘 생산 라인에서 아이패드를 조립하는 노동자와 다를 게 뭐가 있는가? 고도의 기술 수준과는 거리가 있다. 그런데 한번 생각해보자. 의학이 하려는 것이 과연 무엇일까? 사람을 잘 치료하는 것인가, 아니면 사람들의 기대치에 걸맞은 지적 함량을 높이는 것인가?

필사적으로 꾸준히 하는 것이 혁신

다시 우리 주제로 돌아오자. 어떻게 해야 좋은 의사가 될 수 있을까? 이 주제를 좀더 확장해보면 이런 질문도 가능하다. 어떻게 해야 진정한 혁신자가 될 수 있을까? 바로 앞에서 이야기한 세 가지가 그 방법이다. 첫째, 꾸준히 지속적으로 한다. 둘째, 시스템화한다. 셋째, 필사적으로 한다. 이것이 바로 장인 정신이다.

지금까지 한 많은 이야기를 통해 나는 이제 '혁신'에 대한 대중의 생각, 즉 지적 숭배를 깨뜨리고 싶다. 많은 사람이 혁신은 난제를 해결하는 것, 그래서 반드시 최고 수준의 지적 능력을 갖춰야 하는 것이라 여긴다. 해결하기 어려운 문제를 앞에 두고 모두가 속수무책으로 있을 때 갑자기 누군가 한 사람이 짠하고 나타나 아무도 생각해내지 못한 번득이는 아이디어로 문제를 해결하는 것, 이러한 사람을 혁신을 창출하는 인물이라 여기는 것이다.

2015년 투유유屠呦呦(중국의 약리학자이자 식물 화학자로, 개똥쑥에서 말라리아 치료의 특효 성분인 아르테미시닌을 개발한 공로로 2015년 노벨 생리의학상을 수상했다—옮긴이)가 노벨 의학상을 받자 많은 이가 그녀를 비판했다. "그게 뭐 대단한 일이라고! 그렇게 많은 중의학 약초에서 겨우 아르테미시닌 하나를 찾아낸 것 가지고. 우연이고 운이지, 뭐. 나중에 수준 높은 과학 논문 한 편 발표하지 못한 것만 봐도 이 사람이 한 연구가 평범하다는 얘기 아니겠어? 그런 사람이 노벨 의학상을 받다니, 정말 운도 좋지."

이렇게 말하는 이는 기본적으로 과학 연구가 무엇인지 모르는 것이다. 과학 연구는 3D, 즉 고되고 지저분하며 위험한 경우가 절대다수다.

하얀 가운을 입은 생물학 박사의 모습이 보기에는 대단할지 몰라도 사실 그들이 매일같이 하는 일은 시험관을 닦고, 시약을 배합하고, 세포를 키우고, 실험 데이터를 기록하고, 틀리면 다시 하고, 기약 없이 연구 성과를 기다리는 것이다.

그래서 요즘은 이런 과학 연구를 가리켜 '노동집약형 과학 연구'라고 하니, 사실상 폭스콘 노동자와 다를 바가 없다. 하지만 그들이 이뤄낸 성과가 인류 문명에 엄청난 공헌을 하지 않았는가? 혁신이란 무엇인가? 이러한 활동 자체가 바로 혁신이다.

시야를 좀더 넓혀보자. 노벨 물리학상의 첫 수상자인 빌헬름 뢴트겐은 X선을 발견했다. 어떻게 발견했을까? 뛰어난 두뇌 덕분에? 아니다. 그의 세심한 성격 덕분이다.

어느 날, 뢴트겐은 실험 중에 어느 시험관에서 투과성이 높은 빛이 나오는 것을 발견했다. 호기심이 인 그는 이 빛으로 여러 사진을 찍어봤다. 이 물건, 저 물건을 들고 찍어보다가 이 방사선이 어떤 물건이든 그 내부를 통과할 수 있음을 발견했다. 심지어 아내의 손을 놓고 사진을 찍었더니 뼈가 보이기까지 했다. 나중에 이 사진과 발견 덕분에 뢴트겐은 첫 번째 노벨 물리학상 수상자로 선정되었다.

노벨상을 수상할 무렵까지도 이 방사선이 도대체 무엇인지 몰랐기에 X선이라는 이름이 붙여졌다. 얼마나 중요한 과학적 발견인가?

꾸준히 지속적으로 하는 것, 시스템화하는 것, 필사적인 장인 정신으로 하는 것 그 자체가 혁신이다.

2015년 말, 나는 새로운 연말 강연 계획을 하나 세우며 친구들에게 말했다. "이번 연말 강연은 한 가지 특징이 있는데, 바로 계속 지속적으로 한다는 거야. 적어도 20년 동안 매년 12월 31일 저녁 8시 30분에 시작해 이듬해 첫날 새벽 1시 30분까지 5시간 동안 강연을 하는 거지. 물론 내 강연이 그렇게 재미있지는 않을 수 있어. 하지만 중요한 것은 내가 계속 한번 밀고 나가볼 생각이라는 거고, 지금 시장에는 이와 유사한 상품이 없다는 사실이야." 내 말을 들은 친구들 모두 실현 가능한 계획이라고 생각했다.

나 스스로 예측을 해보면, 첫해는 티켓 판매가 어려울 수 있지만 3년차부터는 문제가 되지 않을 것으로 보인다. 5년차, 8년차쯤 되면 텔레비전 중계권까지 해서 수익이 좀 날 것 같다. 만약 정말 20년을 달성한다면 틀림없이 중국 시장에 하나의 지표이자 '기적'까지도 될 수 있을 것이다.

2015년의 나는 그저 어수룩하게 계획을 밀고 나가는 사람에 불과하겠지만 내가 정말 20년 동안 강연을 해서 2035년까지 이른다면 그때의 나는 제값을 톡톡히 하는 혁신자가 될 것이다.

혁신에 대해 한 친구가 이런 비유를 들려주었다. 인류는 미로 속에 들어간 한 무리의 쥐와 같다. 쥐들은 제각기 흩어져 길을 찾으려고 발버둥 친다. 크게 세 종류 쥐가 있는데, 첫 번째 쥐는 뭐가 뭔지 몰라 그저 남이 가는 대로 따라갈 뿐이다. 이런 쥐는 혁신과는 거리가 멀다.

나머지 두 종류 쥐 중 두 번째 쥐는 매우 똑똑해서 어떻게 해야 미로를 빠져나가는지 알고 올바른 방향으로 갈 수 있다. 이런 쥐는 극소수로, 인류로 따지면 뉴턴이나 아인슈타인급의 대과학자나 대사상가다.

세 번째 쥐는 우둔한 데다 단순하다. 분명 이쪽이 맞는 것 같은데 왜 막다른 골목이 나오는지 의문이 생기면 그들은 죽을힘을 다해 머리를 부딪친다. 그러다보면 어느 날 정말 길이 뚫리는 날이 오기도 한다.

어느 것이 혁신일까? 혁신은 똑똑한 쥐들의 몫이면서 또 우둔한 쥐들의 몫일 수 있다.

IQ는 관계없다

내가 혁신과 창조라는 주제에 이토록 관심을 갖는 이유는 무척 신비롭기 때문이다. 우리는 일반적으로 혁신과 창조가 인간의 대뇌 활동이라고 생각한다. 모든 인간의 머릿속에 있는 대뇌는 1.5킬로그램으로, 상당히 가볍다. 이 안에서는 도대체 어떤 일들이 일어나는 걸까? 뇌과학으로 사회가 떠들썩하긴 하지만 사실 지금까지 뇌과학 분야는 발전에 한계가 있다.

얼마 전 위챗에서 '인류 뇌과학에는 뉴턴이 부재하다'라는 글을 본 적이 있다. 무슨 뜻일까? 뉴턴이 등장하기 전 인류의 물리세계는 혼잡 그 자체였다. 뉴턴이 출현해 칠판에 글을 쓰고 그림을 그리며 몇 가지 공식과 법칙을 밝히자 혼란스러웠던 것들이 제자리를 찾고 복잡했던 물리세계가 간단한 몇 가지 원리로 정리되었다.

인류의 뇌과학 역시 마찬가지다. 갖가지 연구 성과가 쏟아져 나오지만 기본적인 내용조차 아직 정리되지 못했다. 예를 들어 인간의 대뇌 속 뉴런이 몇 개나 될까? 어떤 사람은 120억 개라고 하고 어떤 사람은 800억 개, 또 어떤 사람은 1000억 개라고 한다. 뉴런의 개수조차 확실치 않은데 더 고차원적인 대뇌 신경활동을 어떻게 알 수 있겠는가? 예컨대 지각 능력은 어떻게 생겨나는 걸까? 어떻게 감정을 느낄 수 있는 걸까? 꿈은 왜 꾸는 걸까? 이 모든 것이 아직 분명하지 않다. 도대체 어떤 메커니즘에 의해 혁신과 창조라는 인간 대뇌의 가장 간단한 활동이 이뤄지는지도 여전히 모호하다.

하지만 인류 과학의 특징은 내재된 메커니즘을 몰라도 크게 상관없다는 것이다. 또 다른 연구 방법, 즉 인풋과 아웃풋에 따라 결론을 도출해내는 '그레이 연구법Gray box testing'이 있다.

19세기부터 수많은 과학 영재가 이 방법에 매달렸다. 사실 우리 역시 어릴 적부터, 창의력이 있어 무엇을 배우면 곧잘 하는 아이가 있는가 하면 학습이 느리고 우둔한 아이도 있다는 것을 잘 알고 있다. 앞서 언급한 진화론의 원리대로라면 발육이 우수하고 IQ가 높은 사람의 유전자를 후대에 전해야 하지 않을까?

19세기 말부터 20세기 초까지 세계적으로 우생학이 유행했다. 사실상 우생학의 기본 논리는 다소 냉혹한 면이 있다. 지금 인류는 현대사회로 진입했고 사람들의 생활 수준은 크게 개선되었다. 자연선택대로면 우둔한 인간은 원래 굶어 죽고 도태되어야 하지만 이제는 죽지 않고 운 좋게도 냉혹한 '자연선택의 칼날'을 피해가게 되었다. 그러면 이제 어떻게 해야 할까? 계속 살아남아도 되지만 아이를 낳아서는 안 된다. 아이를 낳을 권리는 저 똑똑하고 우수한 이들에게 양보해야 한다. 이런 식으로 몇 세대가 지나면 인류 전체의 수준이 높아지지 않겠는가? 이것이 우생학 또는 '적극적 우생학'이라고 하는 것이다.

지금 우리로서는 이 논리가 얼마나 참혹하고 비인간적이며 종족 차별적인지 잘 알 수 있다. 하지만 20세기 상반기에 독일 나치가 펼친 논리가 바로 이것이다. 아리안족인 독일인이 북유럽에서 가장 우수한 인종이고, 프랑스인, 이탈리아인, 스페인인은 지중해의 매우 뒤떨어진 인종이라는 것이다. 더 동쪽으로 가 슬라브인인 이집트인도 마찬가지이며 중국인은 더 말할 것도 없었다. 전부 다 쓸모없는 인종이기에 도태시키는 것이 가장 좋은 방법이라고 생각했다.

물론 우생학을 주장하는 과학자가 모두 나치주의를 신봉했다고 생각해서는 안 된다. 그들은 과학적인 태도로 신중히 우생학을 바라봤다. 오늘날에는 이미 타당성을 잃었지만, 당시 과학자들은 전 인류적 정의감에 불타 우생학을 연구했다.

그중 루이스 터먼이라는 사람이 있다. 그는 독일인도, 나치도 아닌 미국인이었다. 게다가 그가 평생 한 일은 사업성이 높은 IQ 테스트다. 만약 사람의 대뇌를 그레이 박스로 보고 객관적인 기준을 가지고 평가한다면 사람을 여러 등급으로 나눌 수 있지 않을까?

예를 들어 75 이하면 막노동을 하고, 75~85이면 이발사 같은 기술직을 할 수 있다. 85 이상이면 창조적 활동에 종사해야 한다. 만약 사회에서 남보다 뛰어나 엘리트가 되려면 반드시 IQ가 115나 120 이상이 되어야 한다. 터먼은 평생 이 일을 계획하고 실행하고자 했으며, 이는 과학 연구일 뿐 아니라 일종의 사회사업이기도 했다. 즉, 사람이 태어나 일정 연령에 도달하면 터먼에게 와서 검사를 통해 점수를 받은 다음 사회 분업에 참여하는 것이다.

이 방법이 믿을 만하다면 꽤 괜찮은 것 아닐까? 인류사회의 전체 협력 비용이 대폭 절감될 수 있을 것이다. 오늘날 큰 비중을 차지하는 업무가 바로 사람을 선별하는 것이다. 만약 IQ 테스트를 신뢰할 수 있다면 더 이상 대입 고사를 치를 필요도 없고 대학에서는 이 점수에 따라 학생을 입학시키면 된다. 대기업 사원 모집역시 간단해진다.

하지만 터먼은 매우 신중하고 빈틈없는 과학자였다. 그는 당시로서는 가장 오랜 기간에 걸친 사회 실험을 진행했다. 이 실험은 1921년에 시작되어 그가 사망한 1956년까지 무려 35년 동안 이뤄졌다.

어떤 실험이었을까? 터먼은 먼저 미국 캘리포니아주에 가서 아동 1만6000명을 대상으로 IQ 테스트를 했다. 그중 1500명의 IQ가 151 이상이었다. 그는 이 아이들에 대한 파일을 만든 다음 장기 추적 조사를 했다. 이 아이들의 진학, 취업, 이직, 승진, 논문 발표 등을 모두 추적해 기록을 남긴 것이다. 이 작업은 1956년까지 계속되었다. 그때가 되자 아이들도 상당히 나이를 먹었다.

터먼은 이 실험에서 세 가지 결론을 도출했다. 첫째, 이 그룹의 평균 창의성은 일반인보다 우수하지 않다. 둘째, 이 그룹은 모두 지적 능력이 매우 높지만 그럼에도 일부는 오늘날 사람들이 말하는 '루저(실패자)'로 전락했다. 이들은 지극히 평범한 일에 종사했고 심한 경우 정신병원에 입원하기도 했다. 이 결과를 어떻게 해석해야 할까?

더 중요한 것은 IQ가 높지 않아 실험 대상에서 제외된 아이들 중에서 노벨상 수상자가 2명이나 나온 것이다. 게다가 재미있는 사실은 장기간 추적 조사를 하는 과정에서 그룹의 아이들과 정이 들어 그랬는지, 아니면 IQ가 높은 아이들이 더 잘되었으면 하는 바람에서 그랬는지 터먼은 35년 동안 종종 이들이 좋은 학교에 입학하고 더 좋은 일자리를 찾도록 도왔다.

그러나 이렇게 개입을 했는데도 실험 결과는 그에게 실망스러웠다. 터먼은 임종을 앞두고 우리에게 깊이 새겨둘 만한 말을 남겼다. "IQ와 사회적 성취는 아무런 관련이 없는 것 같다." 이 말은 우리 일반인들의 직관, 즉 IQ가 높으면 앞으로 사회 경쟁력이 더 높을 것이라는 생각에 위배되는 결과다.

더 우월한 인간이란 없다

우생학이 가능할까? 물론 가능하다. 현대 바이오 기술로 개를 엄선하여, 더 빠른 개를 원할 경우 더 빨리 달리는 개를 태어나게 할 수 있다. 외양이 더 아름다운 개를 원하면 더 아름다운 개가 태어나게 할 수 있다. 그래서 매년 각종 국제 도그쇼가 개최된다.

그런데 왜 이런 원리를 인간의 몸에 적용하지는 못하는 걸까? 동물을 개량할 때 우리가 원하는 것은 단일한 기준이다. 하지만 인간을 단일한 기준으로 엄선할 수 있을까? 예를 들어 경주마를 엄선해 더 빠르고 민첩한 말을 개량했지만, 대신 성격이 예민하고 거칠어질 수 있다. 또 산란능력이라는 인간의 단일한 목표만으로 암탉을 엄선해 알을 잘 낳는 암탉을 개량했지만, 몹시 신경질적이고 공격성이 강해지는 문제가 발생할 수 있다.

만약 이것을 인류에 적용시켜 전 인류가 이러한 우생학을 통해 지능이 기이할 정도로 높아졌지만 성격은 점점 더 안 좋아져 다른 사람과 협력하길 싫어한다면, 인류는 혁신과 창조가 가능할까?

설령 유전공학이 여기까지 발전한다 해도 유전공학 기술은 메스가 아니라 커다란 나무 막대기임을 알 수 있다. 즉, 인간이 유전자를 조작해 사람의 특정 형질을 바꾸려고 해도, 자르고 싶은 곳을 정확하게 잘라내는 메스처럼 딱 떨어지게 조작할 수 없다. 커다란 막대기같이 한번 휘두르면 한 무더기가 함께 떨어져 나가고 만다.

유전자는 인간의 내재된 특질이며, 겉으로 표출되는 형질 또한 매우 다양하다고 이해하면 된다. 우리는 지금 현대 과학의 수준에 국한되어 있기에 그 전체에서 한두 가지밖에 볼 수 없으며, 그 외 어떤 다른 위험이 있는지는 사실상 알지 못한다. 한 예로, 테이색스병이라는 유전병이 있다. 이 병에 걸린 소아는 두세 살에 지능 발육이 중단되고 얼마 지나지 않아 사망한다.

많은 유전병 학과의 학자들이 이 병을 기이하게 여기는 것은 이 병이 진화론의 원리와 맞지 않기 때문이다. 수억 년간의 진화 과정에서 이러한 질병의 유전자를 가진 인간은 이미 도태되어 사라졌어야 하는데 어떻게 아직도 현대사회에 남아 있는 것일까? 나중에 나온 연구 결과에 따르면 테이색스병을 유발하는 유전자가 있다고 해서 반드시 발병하는 것은 아니라고 한다. 그렇기 때문에 어떤 사람은 운 좋게 살아남을 수 있었던 것이다. 또 이 유전자를 가진 사람은 폐결핵 간균에 저항하는 능력이 아주 뛰어나다.

진화란 무엇인가? 진화란 두 가지 안 좋은 상황 중에서 손실이 적은 쪽을 취하는 것이고, 심한 경우 여러 안 좋은 상황에서 손실이 가장 적은 쪽을 택하는 것이다. 폐결핵이 자주 발생했을 당시 이런 유전자를 가진 사람은 폐결핵 저항 능력이 뛰어났기에 테이색스병에 걸릴 위험을 안고 가는 편이 더 타산이 맞았을 것이다. 테이색스병이 지금까지 유전되어온 이유라고 볼 수 있다.

이것을 보면 유전자는 상품들이 진열되어 있는 마트에서 원하는 것을 골라 오는 것처럼 임의로 필요한 것을 가지고 나오면 되는 그런 것이 아님을 알 수 있다. 장점을 취하고 싶으면 어쩔 수 없이 부수적으로 따라오는 단점을 받아들여야 한다. 이 단점이 정확히 무엇인지도 다 알 수 없다. 또 단점을 없애다보면 장점마저 한꺼번에 사라질 수 있다. 인류라는 종의 이러한 다양성을 존중하는 관점에서 보자면 '적극적 우생학' 자체가 성립될 수 없다.

IQ보다는 그물망

두 번째 주제는 IQ다. 인간의 IQ를 정말 검사할 수 있을까? 지금까지도 IQ 테스트는 활발히 이뤄지고 있다. 하지만 많은 학자는 반대의 목소리를 낸다. "IQ 테스트는 IQ 테스트 방식을 좋아하거나 능숙한 사람에게 적합한 검사다."

재미있는 예를 들어보겠다. 미국에 데이비드 보이스라는 유명한 변호사가 있다. 보이스는 어릴 때 난독증이 심해 책을 펼치면 한 단어도 제대로 읽지 못했다. 글 한 편을 읽는다는 것은 하늘의 별 따기였다. 이런 아이에게 IQ 테스트를 하면 시험 문제조차 이해할 수 없으니 분명 0점일 것이다. 그렇지 않겠는가?

그런 그가 어떻게 유명한 변호사가 될 수 있었을까? 로스쿨에 다니려면 방대한 양의 법률 서적을 읽어야 하고, 사건을 조사하려면 적어도 사건 파일을 읽어야 한다. 그런데 난독증 환자가 저명한 변호사가 되다니, 이것이 어떻게 가능했을까? 바로 그가 글을 읽을 수 없었기 때문이다.

첫째, 글을 읽을 수 없는 사람은 집중력이 매우 뛰어나다. 보이스는 읽을 수가 없으니 무슨 일을 하든 온 정신을 집중했다.

둘째, 보이스는 경청하는 것을 잘하고 언어에 매우 민감했다.

셋째, 보이스는 기억력이 매우 비상해 자신이 들은 말은 모두 기억했다. 단지 책으로 볼 때 기억하지 못할 뿐이었다.

넷째, 보이스는 법정이나 일상생활에서 다른 사람의 사소한 행동에 대해 뛰어난 감수성을 보였다.

다섯째, 보이스는 복잡한 내용을 쉬운 말로 풀어내는 능력이 천성적으로 뛰어났다.

현재 다양한 종류의 IQ 테스트가 있고 사람들은 여전히 IQ를 신비하게 여기지만 사실 그럴 필요 없다. 책을 읽지 못해도 위대한 변호사가 되는 엄청난 성취를 이룬 사람이 있으니 말이다.

지금까지 든 여러 예는 인류가 해온 여러 차원의 활동을 설명해준다. 가장 기본적인 차원의 유전자, 다소 피상적인 차원의 IQ, 그리고 모든 사람의 주목을 끄는 혁신과 창조가 있다. 사실 이것들은 모두 점點형 현상이 아니라 그물網형 현상이다. 점 하나의 가치를 판단하려면 그 점이 원래 자리했던 그물로 돌려보낼 때 비로소 판단할 수 있다.

한 사람이 가지고 있는 유전자에 대해 판단할 때도 그가 생활했던 환경으로 돌아가보지 않으면 그 유전자가 좋은지 나쁜지 알 수 없다. 한 사람의 지능을 알아볼 때 역시 그 사람의 직업, 생활 등 전체 사회 네트워크에 연결시켜 보지 않으면 그 사람이 우둔한지 똑똑한지 진정으로 알 수 없는 것이다. 혁신이나 창조의 차원도 마찬가지다. 단독으로 존재하는 창조 활동은 없다. 모든 창조 활동은 전 인류적 혁신과 창조 그물망 속에 존재한다.

창조는 연쇄적인 활동이다

여러분에게 케빈 애슈턴이 쓴 『창조의 탄생How to fly a horse』이라는 책을 추천하고 싶다. 애슈턴은 이 책에서 혁신과 창조의 메커니즘이 무엇인지 처음으로 혁신적인 안을 제시했다. 바로 다음의 두 가지다.

첫째, 사람들은 자신의 구체적인 문제를 확인하고 그 문제를 해결한다. 그 문제 하나하나는 소소할 수 있다. 하지만 중요한 것은 두 번째다. 전 인류가 저마다 각각의 새로운 창조의 선線을 형성한 후 그 선을 연결하여 그물망을 만들면 하나의 거대한 창조가 이뤄질 것이다.

중국에 저우치런周其仁이라는 경제학자가 있다. 그는 경제학자 입장에서 사회 전체를 바라본 『소득은 연쇄적인 활동이다收入是一連串事件』라는 책을 썼다. 그의 책 제목대로 창조를 설명해보면, 창조는 연쇄적인 활동이자 그물망이지 결코 하나의 점이 될 수 없다.

이 논리가 설득력 있다고 느낀다면 우리가 일상생활에서 얼마나 많은 것을 잘못 알고 있는지 깨닫고 더 이상 예전처럼 생각하며 살 수 없을 것이다.

내가 초등학교에 다닐 당시 교실에는 온통 갈릴레이, 뉴턴, 아인슈타인에 이르기까지 과학자나 발명가의 사진이 걸려 있었다.

왜 이들의 사진을 걸어놓았을까? 두 가지 의미가 있다. 첫째는 아이들에게 공부를 잘하면 이렇듯 유명해지고 한 분야의 전문가가 될 수 있다고 말해주는 것이다. 둘째는 우리 세대의 혁신과 창조에 대한 인지 틀을 이 사람들이 만들어놓았음을 암시한다. 다시 말해 모든 혁신과 창조는 '저절로 이뤄진 것이 아니기에' 그 공을 이전의 각 인물에게 돌리는 것이다.

그런데 이 인물들의 명단은 지금까지도 변화가 없다. 중국의 모든 초등학교에는 아직도 똑같은 인물 사진이 걸려 있다. 그 전이나 그 이후의 사람들은 다 어디로 갔을까? 활과 화살은 누가 발명했을까? 바퀴는 누가 발명했을까? 대량의 농업 기술은 누가 개발했을까? 어망은 누가 처음 만들었을까?

　기나긴 역사 속에서 미처 다 기록하지 못해 그들의 이름이 남아 있지 않은 것이라고 말할 수 있다. 『문명은 부산물이다』에서 정예푸는 이 점을 잘 짚어주었다. 발명은 우연히 발견한 현상이자 뜻밖에 얻은 성과이기에, 많은 사람이 누가 발명했다고 알고 있는 것도 반드시 정확한 사실은 아니라는 것이다. 예를 들어 종이는 누가 발명했을까? 다들 알다시피 제지술은 중국의 채륜이 발명했다. 그런데 『문명은 부산물이다』를 읽으면 채륜이 종이를 만들기 전에 중국에는 이미 종이가 있었음을 알 수 있다.

　그렇다면 이전의 인물들은 차치하더라도 그 이후에는 어떻게 되었을까? 과학기술이 폭발적으로 발전한 20세기 후반에는 과학자가 부지기수로 출현했고 전달 수단 또한 훨씬 발달했다. 그럼에도 왜 초등학교 벽에 사진이 걸린 과학자는 아무도 없는 것일까? 과학이 더욱더 번영한 시기인데 왜 이런 현상이 빚어진 것일까?

　자신이 알고 있는 현대 물리학자가 누구누구 있는지 한번 돌이켜보자. 스티븐 호킹을 꼽는 사람이 분명 있을 것이다. 그렇다. 호킹은 대단한 물리학자다. 하지만 물리학은 호킹이 연구하는 천체물리학을 포함해 고전역학, 열역학, 전자기학, 상대론, 양자물리 등 여러 갈래로 나뉜다. 분야별로 대표적 인물이 누가 있을까? 대부분의 사람은 잘 모를 것이다.

　기이한 일이다. 왜 20세기 후반에는 대과학자가 출현하지 못한 것일까? 이에 대해 다른 해석을 해볼 수 있다. 대과학자의 발명은 그의 개인적 성과이자 인류의 단계적 현상이라는 것이다. 이 점을 인식한다면 또 다른 문제를 발견할 수 있다. 바로 노벨상과 관련된 문제다.

노벨상은 인지적 산물이다. 모든 과학적 발명에 대해, 어느 과학자가 어느 발명품을 발명했는지 구체적으로 규명해주기 때문이다. 따라서 이제 노벨상에 대한 이야기를 해보겠다.

돈과 상관없이 계속 실험했다

1923년 두 명의 캐나다 학자가 노벨 생리의학상을 수상했다. 바로 프레더릭 밴팅과 존 매클라우드다. 이 두 사람은 캐나다 토론토 대학 생리학과 교수였다.

둘은 인슐린을 발견해 노벨상을 수상했다. 인슐린이 나오기 전까지 당뇨병 환자는 굶주리는 가운데 고통받다 죽을 수밖에 없었다. 하지만 인슐린이 나오자 얼마간 병세를 호전시킬 수 있는 특효약으로 각광받았다.

인슐린은 어떻게 발견되었을까? 먼저 밴팅의 공이 컸다. 밴팅은 교수였지만 평교수에 불과했고 매클라우드는 학과장이었다.

밴팅이 동물의 췌장에서 당뇨병을 치료할 특효약을 추출할 수 있는지 알아보자는 제안을 했을 때, 매클라우드는 그 아이디어가 몹시 기괴하다고 여겨 특별히 지지하지는 않았다. 하지만 같은 직장에서 일하며 매일같이 얼굴을 마주해야 하는 처지에 제안을 거절하기도 좀 난처했다.

게다가 밴팅이 제안한 연구 조건은 간단했다. 개 10마리를 구할 경비, 실험실 제공, 조수 한 명, 8주의 시간, 이렇게 네 가지였다. 매클라우드는 한 번에 그 조건을 다 들어주었다.

개 10마리로 무엇을 했을까? 먼저 5마리씩 두 그룹으로 나누고, 첫 번째 그룹의 개들을 당뇨병에 걸리게 한 다음 다른 정상적인 그룹의 췌장에서 특정 물질(즉 인슐린)을 추출해 첫 번째 그룹의 개에게 집어넣었다. 이후 첫 번째 그룹 개들의 당뇨병 증세가 호전되는지 지켜봤다. 밴팅은 스물한 살 먹은 조수 한 명을 데리고 곧바로 이 간단한 실험을 시작했다.

8주가 금세 지나갔지만 실험엔 아무런 진전이 없어 보였다. 조수는 밴팅에게 이렇게 말했다. "학과장님이 더 이상 경비를 지급하지 않으실 테니 아무래도 급여를 받기 힘들 것 같습니다. 이 실험이 성공하면 저에게 급여를 주시고, 실험에 실패하면 그냥 제가 운이 없었다고 생각하지요." 그래서 두 사람은 계속 실험을 했다.

개가 없을 때는 어떻게 했을까? 도축장으로 달려가 소의 췌장에서 추출해왔다. 시간이 흐르다보니 점차 확신이 생겼고, 개들 중 일부는 정말 당뇨병이 호전되었다. 그렇다면 사람에게도 효과가 있지 않을까? 그래서 두 사람은 먼저 스스로에게 실험해보고 이후 당뇨병에 걸린 동료를 대상으로 실험을 해봤다.

이 과정에서 매클라우드는 전혀 관여하지 않았고, 학술활동에 참여하러 유럽을 방문했다. 그러다 췌장에서 추출한 물질이 효과가 있다는 소식이 들리자 매클라우드는 그제야 정신이 번쩍 들어 이 실험에 개입하기 시작했다. 인슐린 추출물을 더 정제하기 위해 생산 과정을 공업화시켰고, 이 성과를 노벨상 위원회에 보고했다. 이것이 최종적으로 승인을 받은 것이다.

결국 1923년 노벨상의 영광은 밴팅과 별다른 일을 하지 않았던 학과장 매클라우드 모두에게 돌아갔다.

나중에 두 사람 모두 마음이 불편해 밴팅은 상금의 절반을 자신의 스물한 살 먹은 조수에게 주었다. 매클라우드 역시 홀가분하게 상금 절반을 자신의 조수에게 주었다. 이것이 바로 1923년 노벨 생리의학상과 관련된 이야기다.

누가 옳은지 판가름할 수 없다

중국인에게 좀더 익숙한 예를 들어보겠다. 중국인 최초로 노벨상을 받은 두 명의 물리학 엘리트가 있다. 한 명은 양전닝楊振寧이고 다른 한 명은 리정다오李政道로, 모두 대과학자다. 두 사람 다 지금 90세가 넘었는데, 한 명은 칭화 대학에 있고 다른 한 명은 베이징 대학에 있으니 이웃인 셈이다.

두 사람 중 한 명은 안후이성 허페이 출신이고 다른 한 명은 상하이 출신이며, 멀리 미국에서 유학을 할 때도 같은 과였다. 게다가 졸업 후 미국 프린스턴 대학에서 연구를 할 때도 역시 이웃으로 지냈으니 사이가 가깝지 않을 수 없었다.

당시 프린스턴 대학 고등 연구소장은 로버트 오펜하이머였다. 미국 학계에서 입지가 대단했던 오펜하이머는 '맨해튼 계획'을 주도해

'원자폭탄의 아버지'라고 불렸다. 당시 오펜하이머는 나이가 적지 않았는데 이 두 젊은이를 보고는 몹시 흡족해 이런 말을 남겼다. "프린스턴 대학에서 이 두 중국 젊은이가 잔디밭에 앉아 학술 토론을 하는 것을 보니 그야말로 교정의 수려한 경관을 보는 듯하다."

두 사람은 높은 수준의 학문으로 젊었을 때부터 협력해 공동 논문을 많이 발표했다. 그런데 논문을 발표할 때 누구의 이름이 먼저 나올 것인지가 문제가 되었다. 영어권 관습에 따르면 이름의 자모 순서에 따라 선후를 정한다. 리정다오는 L로 시작하고 양전닝은 Y로 시작하니 이 방식에 따르면 리정다오의 이름이 먼저 나와야 했다.

그러나 양전닝은 중국의 방식대로 나이가 많은 사람의 이름이 먼저 나와야 한다고 생각했다. 양전닝은 1922년생이고 리정다오는 1926년생이라 양전닝이 네 살 위였다. 첫 번째 논문을 발표할 때 양전닝은 자신의 생각을 말했고 리정다오가 받아들여 양전닝의 이름을 첫 번째로 하여 발표했다.

그런데 이름이 첫 번째로 나올 때와 두 번째로 나올 때 받는 대우는 다를 수밖에 없었다. 다른 사람의 축하를 받을 때도 이 순서에 따라 축하를 받았다. 그래서 두 번째 논문을 발표할 때는 리정다오가 이렇게 말했다. "우리 순서를 바꾸죠. 국제관례에 따르면 제 이름이 먼저 나와야 하잖아요." 이번에는 양전닝이 그 요구를 받아들여 순서를 바꾸었다.

하지만 두 사람 모두 마음이 상해 몇 년 동안 협력을 하지 않았다. 그런데 매일같이 얼굴을 마주치고 또 함께 학술 토론을 하다보니 다시 협력을 하기 시작했다. 오랜 시간이 흘러 엄청난 성과가 나와 두 사람은 함께 노벨 물리학상을 받게 되었다. 그것이 바로 패리티 비보존 법칙이다.

그런데 노벨상을 받을 때는 두 사람이 어떻게 서명을 했을까? 역시나 해묵은 문제였다. 영어권 관례에 따르면 리정다오가 먼저 나와야 하고, 중국의 관례에 따르면 양전닝이 앞에 나와야 했다. 또 스웨덴에서 열리는 수여식에서도 누가 앞에 설지 순서를 정해야 했다.

소문에 따르면 양전닝은 이렇게 말했다고 한다. "난 아내와 같이 오지 않았나. 내 아내가 스웨덴 국왕과 함께 입장해야 하니 첫 번째로 입장하게 하세. 그리고 내가 자네보다 나이가 많으니 두 번째로 스웨덴 왕비와 함께 입장하겠네. 자네는 세 번째로 들어오게." 이 말을 들은 리정다오는 마음이 상했지만 시상식장에서 어떻게 할 수 없어 참았다.

나중에 노벨상 수여가 끝나고 미국의 잡지 『뉴요커』에서 두 사람의 인터뷰를 발표했다. 이때에도 양전닝은 자신의 이름이 리정다오보다 먼저 나와야 한다고 주장했다. 그러자 더 이상 참을 수 없었던 리정다오와 양전닝 사이의 갈등이 폭발해 큰 싸움이 벌어졌다. 나중에 리정다오는 아예 프린스턴 대학을 떠났다.

두 사람의 관계는 그 이후로 다시는 회복되지 않았다. 두 청년을 너무나 아꼈던 오펜하이머 교수는 리정다오에게 이렇게 말했다고 한다. "이런 식으로 떠나버리면 평생 다시는 물리학을 할 수 없다네." 그런 다음 양전닝에게는 이렇게 말했다. "정신과 의사를 만나 심리 상담을 좀 받아보게."

이 이야기는 『리정다오 전기』에서 볼 수 있다. 『리정다오 전기』를 쓴 저자의 아버지는 지셴린季羨林(중국의 언어학자, 문학자, 동방학자, 번역가로, 중국인의 정신적 스승이라 불린다―옮긴이)이며, 저자 역시 물리학자였기에 아주 터무니없는 이야기는 아닐 것이다.

이 과거 이야기를 꺼낸 이유는 양전닝과 리정다오 중에서 도대체 누가 옳고 누가 그른지, 두 사람이 갈라선 것이 누구 탓인지를 말하고 싶어서가 아니다. 1950년대에 이 두 사람이 토론하던 프린스턴 대학 현장으로 돌아가 전체 과정을 지켜본다 해도, 두 사람중 누가 패리티 비보존 법칙에 대한 공헌이 더 큰지 판가름하기 어렵다는 말을 하고 싶은 것이다.

창조는 한 사람의 공로가 아니다

이 시대의 가장 저명한 과학사 연구자인 로버트 머튼은 말했다. "노벨상은 모든 과학적 성과를 한 사람의 공으로 돌린다. 이 점이 노벨상의 구조적 결함이다."

언뜻 보기에는 노벨상을 비난하는 것처럼 들린다. 하지만 앞서 언급한 것과 비슷한 사례가 여럿이라는 데 주목해야 한다. 뒤로 갈수록 노벨상에서 이러한 분쟁이 점점 더 많아졌다. 예를 들어 2015년 중국의 투유유가 노벨 의학상을 받자 의견이 분분했다. 어떤 사람은 투유유가 공을 가로채 협력 파트너의 공로마저 자신의 것으로 돌렸다고 비난했다.

이러한 현상을 통해 우리는 전체 협력 네트워크에서 한 사람의 공로를 딱 잘라 구분 짓는 것이 거의 불가능해졌음을 알 수 있다.

그렇다면 노벨상을 만든 것 자체가 잘못된 것일까? 그렇지 않다. 노벨상은 인류 혁신과 창조 활동에서 특정 단계의 산물로, 개개인에게 공로를 돌리기 위한 것이다. 하지만 과거와 달리 앞으로는 그렇게 하기가 점점 더 어려워질 것이다. 솥에 물을 끓이는 것으로 비유해보면 다음과 같다. 물이 담긴 솥을 아궁이에 올려두고 불을 지핀다. 처음에는 평균 온도만 올라갈 뿐 기포 현상은 전혀 보이지 않는다. 하지만 어느 단계에 들어서면 하나둘 작은 기포가 올라오기 시작한다. 온도가 더 오르면 기포들이 연달아 끓어오르며 기포와 기포 사이의 경계를 구분하기 어려워진다.

또한 과학의 시대가 도래하기 전에도 누가 어떤 발명을 했는지 정말 정확히 구분할 수 있었을까? 내가 『문명은 부산물이다』를 강력히 권하는 이유이기도 하다. 이 책은 우리가 알고 있는 많은 내용이 사실이 아님을 알려준다. 과학의 시대가 열리자 평범하고 혁신을 모르는 사회에서 걸출한 발명가들이 자신의 눈부신 재능으로 두각을 나타냈다. 그들의 재능이 밤하늘의 별처럼 찬란하게 빛나면서 우리도 그들의 존재를 알게 되었다. 하지만 나중으로 갈수록 혁신적 창조 활동이 연계되면서 무엇이 누구의 것인지 구분하기 어려워졌다.

예컨대 역사서를 읽어보면 누가 전보를 발명했고 누가 전화를 발명했는지 우리는 명확히 알 수 있다. 하지만 누가 텔레비전을 발명했는지 말할 수 있는가? 책을 찾아보면 베어드라는 이름이 나온다. 하지만 후세 사람들은 베어드가 텔레비전을 발명하기 전에 이미 텔레비전과 관련된 많은 기술이 세계 각지에서 개발되었음을 인정하고 있다.

베어드가 텔레비전으로 첫 방송을 내보내자 많은 사람이 뒤이어 여러 부분을 보완해주었다. 텔레비전은 1926년에 발명되었지만 실제로 방송이 된 것은 1928년이고, 심지어 베어드와 같은 시기에 텔레비전을 발명한 사람도 있었다.

즉, 우리가 기존의 인지적 틀에 따라 발명가를 찾아내려 애쓰지 않았다면 베어드는 그 수많은 사람에 파묻혀 텔레비전 발명가라는 월계관을 쓰지 못했을 것이다.

더 근래의 예를 들어보자. 휴대전화를 누가 발명했는지 들어본 적 있는가? 사실 휴대전화는 인류 혁신과 창조의 그물망이 기나긴 발전 과정을 거치며 탄생한 산물이다. 휴대전화 외에도 지금 우리 주변을 돌아보면 여러 물건이 있다. 세탁기는 누가 발명했을까? 에어컨은 누가 발명했을까? 냉장고는? 아무리 찾아봐도 눈에 확 띄는 이름이 보이지 않는다. 무슨 의미일까? 지금 이 시대는 발명가의 이름을 찾으려는 노력을 이미 포기했고 더 이상 창조의 공을 한 개인에게 돌리지 않는다는 뜻이다. 물론 전 인류가 기존의 인지적 틀을 바꾸는 것은 좀더 시간이 요구된다.

한 무더기의 작은 혁신이 중요하다

1978년, 노벨 위원회는 빅뱅을 연구하고 우주배경복사를 발견한 두 명의 엔지니어에게 물리학상을 수여했다. 듣기만 해도 거창하게 느껴지는 이 업적을 간단히 설명해보겠다. 1940년대에 미국 프린스턴 대학의 천체 물리학자들은 한 가지 가설, 즉 우리에게 대단히 익숙한 빅뱅 가설을 제시했다.

그들은 우주가 막 탄생했을 때는 하나의 점이라고 추측하고, 그것을 '시작점起點'이라 불렀다. 이후 대폭발이 일어나 점은 극도로 높은 온도의 큰 불덩어리로 변했다. 그리고 불덩어리가 점차 냉각되는 과정에서 여러 성간 물질이 폭발 중심에서 멀어지기 시작했다.

이 가설이 맞다면 지금 우리 눈에 보이는 우주는 여전히 폭발 중이다.

여기에는 우주 공간이 절대 영도가 아님을 증명해주는 증거가 필요했다. 아직도 우주가 냉각되는 과정에 있다면 많은 곳에 열이 남아 있어야 하기 때문이다. 이 온도를 찾지 못한다면 빅뱅설은 성립되지 않는다.

하지만 천체 물리학자들은 어떻게 해도 그 증거를 찾을 수 없었다. 결국 누가 찾았을까? 미국 벨 실험실의 두 엔지니어가 우연히 발견했다. 두 사람은 위성 신호를 받던 중 어느 한 신호가 마치 우주에 항상 일정하게 있는 것처럼 전혀 다른 요소의 영향을 받지 않는다는 사실을 발견했다. 왜 그럴까? 두 사람은 그 이유를 확실히 알 순 없었지만 기왕 발견했으니 논문 한 편을 써서 발표했다.

프린스턴 대학의 천체 물리학자들은 이 논문을 보자 바로 자신들이 찾고 있던 그 증거임을 깨달았다. 이로써 그 성과가 노벨 위원회에 보고되었고, 1978년 노벨 위원회는 이 두 명의 엔지니어에게 물리학상을 수여했다.

재미있는 것은 우주배경복사를 발견한 이들은 자신들이 발견한 것이 무엇인지 확실히 알지 못했다는 것이다. 또 프린스턴 대학의 천체물리학자들은 중요한 학설을 발견했지만 계속 증거를 찾지 못하다가 결국 다른 사람이 발견한 것을 찾았으니 이 공로 역시 그들의 것이라 할 수 없다.

이 이야기는 현대사회의 혁신과 창조가 무엇인지 가장 극명하게 보여주는 사례다. 인터넷과 연관되어 가장 많이 나오는 말이 '쏟아지다'이다. 거시적 현상과 이를 구성하는 미시적 개체 사이에는 사실상 아무런 연관관계가 없다는 뜻이다. 가장 간단한 예가 바로 물이다. 물 분자 안에는 파도 현상이 존재하지 않는다. 그런데 한 무더기의 물 분자가 한데 모이면 파도라고 하는 거시적 현상이 쏟아져 나온다.

창조와 혁신도 마찬가지다. 과학자나 엔지니어 모두 개별적으로는 자기 눈앞에 놓인 가장 구체적인 문제를 고민한다. 잘 해결했다 하더라도 위대한 업적이라고는 할 수 없다. 인류 전체의 창조 그물망으로 시야를 넓혀, 통찰력을 가지고 수없이 많은 소소한 혁신 사이의 관계를 발견한 다음 그것들을 연결시킬 때 비로소 위대한 혁신이 이뤄진다. 중요한 혁신과 창조는 바로 한 무더기의 작은 혁신, 작은 창조 사이의 관계다.

현대사회로 올수록 중간 관계를 잘 정립하는 사람이 뛰어난 인물이 된다. 하지만 안타깝게도 이런 사람들은 일반적으로 노벨상을 받지 못한다. 예컨대 『창조의 탄생』을 쓴 케빈 애슈턴은 'IoT의 아버지'라 불린다. 사회가 알고 있는지 여부는 중요하지 않다. 하지만 그의 작은 발견이 오늘날 물류 네트워크, 특히 사물 인터넷 IoT(사물에 센서를 부착해 데이터를 실시간 인터넷으로 주고받는 기술이나 환경—옮긴이)에 중요한 공헌을 한 것은 사실이다.

애슈턴은 젊었을 때 마트에서 판매 사원으로 일한 적이 있다. 그때 그는 이 마트가 입하, 판매, 재고 3단계로 물품을 관리하고 있는 것을 발견했다. 기존의 마트라면 이것만으로 충분했다. 하지만 한동안 P&G 립스틱이 아주 잘 팔려 진열대에 갖다놓기만 하면 바로 품절되었고, 직원들은 이 물건이 진열대에 있는지 아니면 창고에 있는지 종종 헷갈리게 되었다.

애슈턴은 물건이 어디에 있든지 쉽게 찾을 수 있도록 모든 상품에 위도 매개 변수를 적용하는 방법을 고안해냈다. 다시 말해, 상품에 당시 아주 저렴한 칩을 집어넣어 이 상품의 위치를 나타내는 것이다. 원래 마트는 물품을 관리할 때 위치 매개 변수와 같은 것을 고려하지 않았지만, 애슈턴이 작은 발명을 해냄으로써 전체 물류 네트워크가 활성화되었다.

지금은 인터넷에서 물건을 하나 사도 휴대전화를 통해 물류의 흐름을 생생히 추적할 수 있다. 이것이 현대의 물류다. 현대 물류와 과거 물류에는 어떤 차이가 있을까? 모든 상품에 위치를 나타내는 매개 변수를 추가했다는 차이뿐이다. 애슈턴은 작은 공헌을 했지만 그가 한 일이 점차 연결되고 확장되어 물류의 혁신을 가져왔으니 그 의의가 크다고 할 수 있지 않을까?

코카콜라는 포장 기술의 혁신 덕분

오늘날 인류 혁신을 들여다보면 두 가지 방향으로 나아가는 것을 발견할 수 있다. 첫 번째는 시간적 차원으로, 혁신의 나무에서 천천히 자라나 이후에 결실을 맺는다. 두 번째는 공간적 차원이다. 공간적 차원에서는 혁신의 그물망이 생성된다. 혁신의 그물망이란 각종 노드가 연결되어 대량으로 쏟아져 나오는 총체적 현상을 말한다.

이 두 가지 차원을 설명하기 위해 우리에게 친숙한 코카콜라를 예로 들어보겠다. 코카콜라는 매일 전 세계에서 7000만 캔이 팔리니 20세기 산업화의 최대 성과가 바로 코카콜라라고 할 수 있다. 이는 시간의 나무에서 자란 열매다.

코카콜라는 설탕물이 아닌가? 모든 동물은 수분을 필요로 한다. 그래서 우리의 옛 조상들은 문명사회가 도래하기 전 강이나 하천 부근에 거주해야 했다. 이후 조금씩 문명사회가 이뤄지자 동물의 가죽, 조롱박, 도자기 등 물을 저장할 수 있는 도구가 발명되어 수원지에서 떨어져 생활할 수 있게 되었다.

이는 첫걸음에 불과했다. 약 1만 년 전부터 인류는 우물을 파기 시작했다. 이후 물에 꽃이나 풀 혹은 과일을 넣으면 물에서 그 맛이 우러난다는 것을 알게 되었다. 콜라의 조상이 바로 이러한 차가 아닌가? 민족마다 지역마다 모두 있었으니 그리 진기한 것이 아니었다.

미국의 남북 전쟁 당시 한 약사가 약 배합을 잘못해 두통 치료를 위한 시럽과 소다수를 한데 섞어버렸다. 그런데 막상 마셔보니 맛이 있었다. 처음에 이것은 술 깨는 약으로 판매되었다.

이후 코카콜라를 개발하게 된 약사는 이것으로 사업을 하기는 힘들 것 같아 이 처방을 어느 점원에게 팔았다. 점원은 이 처방을 가지고 음료를 만들어 판매하기 시작했다. 하지만 남북 전쟁 기간에 이런 소다수가 널리 퍼져나갈 리는 없었다. 많이 팔려봤자 그 마을, 그 지역에서 판매되는 것이 전부였다.

코카콜라가 세계 전역으로 뻗어나갈 수 있었던 것은 이 소다수의 신비로운 처방 때문이 아니라 포장 기술 덕분이었다. 인간의 포장 기술은 나폴레옹 전쟁 때 비로소 나오기 시작했다. 사람들은 주석이나 철 깡통으로 음식물을 포장하면 보관 기간이 길어진다는 것을 발견했다. 이후 한 세대 한 세대를 거치며 혁신을 거듭한 끝에 견고하고 밀봉된 캔이 등장했다. 콜라와 같이 시럽이 든 음료를 캔에 넣으면 아주 오랫동안 저장할 수 있었다.

또한 코카콜라가 수많은 사람을 찾아갈 수 있었던 데에는 현대 사회의 발명품인 냉장고의 공이 크다. 냉장고가 없으면 코카콜라는 제대로 맛을 느낄 수 없다. 결국 코카콜라는 시간의 나무에서 가장 늦게 자라난 열매다. 오늘날 우리가 냉장고에서 꺼낸 코카콜라가 정말 코카콜라 회사에서 오롯이 창조하고 발명해낸 것인가? 인류의 옛 조상이 살았던 수십만 년 전부터 창조와 발명이 쌓이고 쌓여 만들어진 결과다.

이를 다시 공간적 관점으로 살펴보자. 코카콜라를 저장한 캔은 알루미늄인데, 알루미늄의 원광인 보크사이트는 호주에서 많이 생산된다. 하지만 보크사이트만 있어서는 안 된다. 이 보크사이트에 전기 화학 반응을 일으켜 알루미늄을 추출해내며, 여기에는 여러 광물질이 사용된다. 그중 하나가 그린란드산 수정석이다. 그런 다음 대량의 제련을 거쳐 최종적으로 순수한 알루미늄을 추출한다. 이렇게 만들어진 알루미늄을 캔 공장으로 보내 소형 알루미늄 캔으로 가공하면 지금 우리가 보는 캔이 된다.

이 시럽물 자체도 간단하지 않다. 우리는 코카콜라의 배합이 어떻게 이뤄지는지 세세한 부분까지는 모르지만 적어도 그 안에 옥수수가 원료인 감미료가 들어갔다는 것은 알고 있다. 또 코카콜라에는 아프리카산 열매가 들어간다. 비록 극소량에 불과하지만, 현재 콜라 열매라고 불리는 것이다. 이외에도 스리랑카산 나무껍질과 멕시코 산지의 꽃잎이 들어가고 코카인도 살짝 들어간다. 미국 정부는 코카콜라 회사가 코카인을 소량 재배하는 것을 특별히 허가했다. 각각의 함량은 얼마 안 되지만 만약 이중 하나라도 빠진다면 현재의 코카콜라 맛이 나지 않을 것이다.

코카콜라는 매일 전 세계에서 7000만 캔이 팔린다. 이것이 어느 한 지역에서 한 사람이 단독으로 만들어낼 수 있는 것일까? 코카콜라는 거대한 혁신 네트워크가 공간을 확장해나가면서 얻어낸 결과물이다.

노벨상 예측

이제 다시 노벨상 이야기로 돌아오자. 노벨상은 앞으로 틀림없이 문제가 될 것으로 보인다. 내 생각에 두 가지 예측이 가능하다.

첫째, 노벨상 수상에 대해 갈수록 많은 의문이 제기될 것이다. 즉, 사람들은 노벨상 수상자들을 대상으로 대중의 눈을 속여 명예를 훔친 것은 아닌지, 다른 협력 파트너의 성과를 가로챈 것은 아닌지 의문을 제기하는 일이 많아질 것이다. 의심의 목소리는 갈수록 커지고 결국 노벨상은 흐지부지 사라지거나 스웨덴에서만 1년에 한 차례씩 열리는 행사로 전락할 것이다.

둘째, 더 분발하지 않아 노벨상 수상자가 이렇듯 적다고 말하는 사람이 많다. 이에 대해 나는 다음과 같이 말하고 싶다. 노벨상은 결국 네트워크에 따른 결과물이 될 것이고, 이는 혁신의 그물망에서 최종적으로 나타나는 현상이다. 그 예로 영국 케임브리지 대학의 캐번디시 연구소에서 서른 명이 넘는 노벨상 수상자가 배출된 일을 들 수 있다. 그들은 어떻게 이런 놀라운 성과를 거둘 수 있었을까? 바로 그들이 네트워크를 형성했기 때문이다. 솔직히 말해서, 그 과학자들이 함께 10미터 높은 단상에서 혁신을 하고 있는데, 중국 과학자 한 명에게 10미터 이상 뛰어올라 그들을 넘으라고 하면 가능하겠는가. 혁신은 혁신을 들볶지 말고 지금처럼 천천히 발전해나가면 이뤄진다. 조급해할 필요가 없다.

앞서 우리는 한 가지 문제를 남겨두었다. 전 인류의 혁신 활동이 나무와 그물망이 되었을 때 각 개인은 어떻게 존재감을 확인할까?

우리 개인의 가치는 어떻게 나타낼 수 있을까?

사실 혁신 활동이 발전하면 발전할수록 인간의 유형만 바뀔 뿐 개인의 가치는 더욱 중요해진다.

과거 혁신의 주체는 공부를 잘하는 노드형 인간이었지만, 미래 혁신의 주체는 공부와 거리가 먼 연결형 인간이다. 다음과 같은 장면을 상상해보자. 필기시험이 시작되어 선생님이 교실에 들어와 말씀하신다. "여러분, 이제 참고서는 모두 앞으로 제출하세요. 옆 사람과 속닥거리지 말고 혼자 문제를 푸세요." 이런 시험은 누구에게 유리할까? 당연히 공부를 잘하는 사람이다. 똑똑하고 노력파인 이들은 구체적인 난제를 만나면 바로 달려들어 문제를 해결한다. 퀴리 부인이 집에서 이것저것 섞어보다 새로운 원소를 만들어내고, 아인슈타인이 집에서 고민을 좀 해보고는 새로운 이론을 생각해낸 것처럼 공부를 잘하는 사람은 분명 높은 성적을 거둘 것이다.

하지만 고사장 규칙이 갑자기 바뀐다면 어떻게 될까? 선생님이 오늘은 오픈북 시험이라며 자유롭게 떠들고 원하는 대로 질문하고 심지어 휴대전화로 시험장 밖에 있는 친구에게 물어봐도 된다고 말씀하신다. 이런 경우, 공부를 잘하는 학생은 오히려 불리할 것이다. 평상시에 다른 것은 신경 안 쓰고 오로지 공부만 해서 반 친구들과 그리 가깝지 않다면 물어볼 친구도 없을 것이다. 하지만 공부를 못 하는 학생은 일반적으로 EQ가 높아 도와주려는 친구가 많다. 설사 공부를 잘하는 학생 두 명이 각기 다른 답을 알려줘도 원리는 잘 모르지만 어떤 것이 정답인지 분별할 수 있을 것이다.

여기서 말하는 공부 못 하는 학생은 어떤 사람일까? 바로 스티브 잡스 같은 사람이다. 잡스가 도덕성이 떨어진다는 사실은 꽤 유명하다. 그런 그가 어떻게 스마트폰 시대를 열게 되었을까?

잡스는 코드 한 줄도 작성할 줄 몰랐지만 네트워크 중앙에 앉아, 완고하고 깐깐한 업무 방식으로(잡스는 처녀자리가 아니었음에도 성격상 이와 같은 처녀자리의 특성을 지녔다) 회사 사람들과 위아래 협력 업체들까지 닦달했다. 다른 사람들 눈에는 말도 안 되는 꼬투리를 잡아내면서 사람들을 몰아붙여 만들어낸 것이 바로 혁신적인 아이폰이다.

지금 우리는 모두 잡스를 스마트폰의 개척자로 인정한다. 그러면 그가 구체적으로 한 일은 무엇일까? 없다. 그는 그저 선택하고 판단했을 뿐이다. 공부 못 하는 사람이 시험장에서 답안을 베껴 쓰는 전형적인 방식이다.

이처럼 나무나 그물망에서 혁신이 완성되었을 때 더 광활한 연결 통로를 찾을 수 있다면, 그리고 가장 정확하게, 더 이상 고민하지 않아도 될 만큼 정확한 판단을 내릴 수 있다면 누구나 인류 대혁신과 대창조의 주역이 될 수 있다.

나도 퀴리 부인이 아닌, 잡스가 되고 싶은데 무슨 방도가 없느냐고 누군가가 묻는다면 나 역시 모른다. 하지만 앞서 여러 차례 언급한 정예푸의 사회학 저서 『문명은 부산물이다』를 추천해줄 수는 있을 것이다. 이 책에서는 인류 초기 문명이 어떻게 형성되었는지 전반적으로 훑고 있다. 그중 한 장에서는 혁신의 다섯 가지 메커니즘을 생동감 있게 묘사하고 있다. 이 다섯 가지 메커니즘은 계속해서 존재해왔다. 다만 현대의 혁신 상황에서 전보다 더 눈에 들어오는 것뿐이다. 이 다섯 가지 메커니즘을 간단히 소개해보겠다.

첫째는 나눔이다. 다시 말해 자신에게 뭔가 좋은 것이 있다면 꼭꼭 숨겨두는 것이 아니라 다른 사람과 공유하는 것이다. 자선을 말하는 것일까? 아니다. 이러한 나눔은 다른 사람을 도울 뿐 아니라 상대의 행위도 이끌어낸다. 대자연 속에서 '하늘이 베푼 양식'을 얻은 인류가 이를 계기로 스스로의 의지와 상관없이 농업사회로 들어선 것처럼 말이다.

위챗은 장샤오룽張小龍이 개발했는데 편리할 뿐만 아니라 처음부터 무료로 이용할 수 있었다. 위챗을 쓰기 시작하자 사람들은 이제 더 이상 위챗 없이 생활할 수 없게 되었다. 많은 정보를 얻을 수 있을 뿐 아니라 쇼핑까지 가능하다. 이렇듯 행위는 누군가가 아낌없이 베푼 것에서 비롯된다.

따라서 혁신의 노드를 만들어내고 싶다면 자신의 것을 아낌없이 나눌 수 있어야 한다. 최근 테슬라는 특허 기술을 모두 공개했다. 당시 우리는 테슬라의 이러한 대인배적 행보에 모두 감탄했다. 하지만 지금 와서 보면 이는 다른 이들의 행위를 길들이고 이끌어내기 위한, 상업적 이익과 관련된 조치였다고 할 수 있다.

둘째는 차용 및 이용이다. 즉, 다른 사람의 좋은 것을 가지고 와 사용하는 것이다. 지금도 독립적 혁신, 자주 혁신을 해야 한다고 외치는 사람들이 꽤 있다. 정말 이것이야말로 심각한 문제 아닐까? 지금이 어떤 시대인데 아직도 이런 골동품 같은 소리를 하는 사람들이 있을까?

현대 서구 문명은 알파벳 표 위에 세워졌다. 이 표현 방식이 없었다면 서구 문명은 결코 탄생하지 못했을 것이다. 알파벳은 어디서 왔을까? 본래 고대 이집트 상형 문자에서 온 것으로, 나중에 이것이 셈족에게 전파되면서 알파벳 문자가 되었다.

이것은 다시 페니키아인이 그리스인에게 전파했는데, 전파할 당시 이 알파벳 문자에는 모음이 없었다. 그런데 그리스어는 모음이 있었기에 모음을 보충해 그리스어 알파벳 표를 만들었다. 나중에 이것이 로마인에게 전해져 라틴 알파벳 표가 되었으니, 지금 우리에게 익숙한 26개 알파벳이 바로 이것이다. 모든 문명은 이렇게 전파된다.

셋째는 교잡交雜(유전적 조성이 다른 두 개체 사이의 교배를 뜻한다—옮긴이)이다. 다른 사람에게서 차용한 것을 내가 본래 가지고 있던 것과 합치면 완전히 새로운 혁신이 가능하지 않을까? 예를 들어보자. 활자 인쇄술은 중국 송나라 때 필승이 발명했지만 중국에서는 꽃피지 못했다. 한자는 자수가 너무 많아서 이 인쇄술로는 효율성을 크게 높일 수 없었기 때문이다.

하지만 유럽은 달랐다. 유럽은 자모가 26개밖에 없었기에 활자 인쇄술이 활용되자 순식간에 전파되었고 혁신의 꽃이 만개할 수 있었다. 이것이 바로 교잡의 효과다. 모든 혁신의 본질은 바로 교잡에 있다.

넷째는 발명이다. 하지만 정예푸가 말하는 발명은 우리가 기존에 알고 있는 내용과 다르다. 혁신의 성과가 하나 나타났을 때 우선 조급해하지 않는다. 그것의 다양한 본연의 특성이 아직 다 드러나지 않았기 때문이다. 시간이 흐르면 점차 내재되어 있던 여러 특성이 드러나는데, 당신이 혁신 주체로서 이 과정을 주도해가는 것을 가리켜 발명이라고 한다. 즉, '발전이 명확히 드러난다'는 의미의 발명인 것이다.

케빈 켈리는 『인에비터블 미래의 정체』에서 이것을 잘 말해준다. 오늘날의 혁신은 초기에 다른 형태로 위장해 있을 때가 많다. 텔레비전이 바로 그랬다. 텔레비전이 막 발명되었을 때 사람들은 이것의 용도에 대해 집에서 연극이나 영화를 볼 수 있는 정도로만 생각했다. 초기의 텔레비전 콘텐츠는 연극 중계와 영화 방영, 이렇게 두 가지였다.

하지만 시간이 흐르면서 텔레비전의 여러 특성이 드러났고 나중에 ENG 방식으로 전환되면서(비디오카메라를 사용한 뉴스 취재 시스템), 텔레비전 콘텐츠도 달라졌다. 더 이상 연극이나 영화에 국한되지 않게 된 것이다. 현재 우리는 텔레비전에서 뉴스나 다큐멘터리 등 텔레비전이라는 매체에 적합한 콘텐츠를 볼 수 있다. 텔레비전 자체적으로 점차 콘텐츠를 발명해간 것이다.

다섯째는 상호 작용이다. 지금의 혁신은 더 이상 개인의 독무수준이 아니다. 대부분의 경우 사교댄스처럼 함께 상호 작용할 수 있는 대상이 존재한다. 또 두 명에 그치지 않고 군무처럼 여러 회사가 상호 작용을 할 수도 있다. 일부 회사는 경쟁 상대가 너무 바짝 쫓아와 어쩔 수 없이 개에 쫓기듯 혁신을 해야 했던 경험이 있을 것이다.

커다란 나라도 마찬가지로 치열한 군비 경쟁 때문에 혁신이 이뤄진 경우가 많다. 따라서 적이나 경쟁 상대가 존재한다는 사실이 반드시 부정적인 것만은 아니다. 어쩌면 상호 작용의 좋은 상대가 될 수도 있다. 완전히 적을 제거해 홀로 천하를 제패하고 시장을 독점한다면, 그날은 분명 혁신이 끝을 맺는 혁신 최후의 날이 될 것이다.

정리해보면 다섯 가지 메커니즘은 다음과 같다. 나눔, 차용, 교잡, 발명, 상호 작용이다. 이 다섯 가지는 다른 사람의 혁신과 창조를 기반으로 혁신의 그물망을 짜는 방법이자 다른 사람의 혁신을 종합하는 방법이다. 이 다섯 가지 방법에 익숙해진다면 비로소 직접 혁신의 나무를 키울 수 있고, 직접 혁신의 그물망을 짤 수 있으며, 직접 혁신의 과실을 맛보게 될 것이다.

3.
인지 수준 향상과
궁지에서 벗어나기

내 친구 왕위취안

내 친구 왕위취안은 대중에게 이름이 널리 알려진 유명 인사가 아니지만 아는 사람들 사이에서는 그를 우러러보는 사람이 적지 않다. 그에게 있는 능력이나 그가 지금 하고 있는 일은 다른 사람이 평생 가도 따라잡지 못하기 때문이다.

그중 두 가지 면을 이야기해보겠다. 하나는 외국어 능력이다. 외국어를 잘하는 사람은 많다. 하지만 많은 영어 원서를 빠른 속도로 읽을 수 있는 사람은 내 주변에서 왕위취안뿐이다. 그래서 그의 시각은 매우 신선하고 또 예리하다. 사적으로 대화를 나눌 때면 나는 종종 그가 최근에 발생한 일들에 관해 들려주는 이야기를 듣곤 한다.

또 하나는 왕위취안의 공적 신분이 투자자라는 것이다. 하지만 그는 우리가 흔히 보는 일반 투자자와는 다르다. 일반적인 투자자는 모두 미국에서 융자를 받은 다음 중국에 투자를 한다. 중국 시장은 창업의 기회가 가장 많고 미국인에게는 돈이 있기 때문이다. 어떻게 보면 딱 맞아떨어지는 논리다.

하지만 왕위취안은 정반대다. 그는 중국의 신흥 중산층의 돈을 가지고 미국에 가서 혁신 기업에 투자한다. 그는 내가 아는 모든 친구 중에서 미국의 혁신을 가장 잘 이해하고 있다.

그가 내리는 많은 결론은 우리가 일반적으로 인지하고 있는 내용과 현저히 다르다. 왕위취안을 통해 미국식 혁신이 어떻게 이뤄지고 있으며, 중국인의 미래에 어떤 영향을 줄지 알아보자.

실리콘밸리 시대는 끝났고 이제 모두 견고해져야 한다

과거에는 '혁신'이라 하면 대기업을 떠올렸다. 대기업이 가진 많은 재정으로 연구소를 세우고 전문가들을 데려와 수년 동안 무언가를 만지작거리다 제품 하나가 출시된다. 하지만 미국의 혁신, 그중에서도 주도적인 혁신은 소기업이 이뤄낸다. 베이징 대학 쉐자오펑 薛兆豐 교수의 관점에 따르면 길가 2층짜리 작은 건물에 직원이라고는 몇십 명밖에 되지 않는 작은 회사가 생각지도 않게 5년 후에 세계 500대 기업 안에 든다는 것이다.

어떻게 이런 현상이 가능할까? 이는 대기업의 전환 효율이 너무 낮기 때문이다. 대기업은 많은 사람을 고용하고 투자도 많이 하는 듯 보이지만 연구 성과를 내는 데 수년이 걸리는 일이 부지기수다.

가장 전형적인 예가 노벨상이다. 대학 시절 나는 과학 연구에 뜻을 품고 이에 전념하고자 교수님을 찾아가 지도를 부탁했다. 교수님은 편지로 내게 이렇게 말씀하셨다. 과학 연구에 뜻을 세우고 헌신하겠다면 평생 연구할 작정으로 임해야 할 것이며, 아마 퇴직할 무렵에야 성과를 낼 수 있을 것이라고 했다. 편지를 읽고 나는 몹시 놀랐다.

　실제로 노벨상 수상자의 연령은 대부분 70, 80 혹은 80, 90세의 고령이다. 젊은 나이에 사망하면 노벨상을 받지 못한다고 할 수 있다. 하지만 실제로 성과가 난 시기는 연구자가 30세 전후일 때가 많다. 다시 말해 그들은 성취를 이룬 다음 50년에 가까운 세월을 기다려야 노벨상 평가 위원회가 그 성과의 가치를 알아차리고 상을 수여하는 것이다.

　요즘은 반대 현상이 나타나고 있다. 많은 과학 연구 성과가 이미 시장에서 상용화되었음에도 노벨상 위원회가 상을 수여하지 않으면 노벨상 위원회에 압박이 들어가는 것이다. 그래서 요즘은 상을 수여하는 속도가 대단히 빨라졌다. 예를 들어 2010년 노벨 화학상 주제는 그래핀Graphene(연필심에 사용되는 흑연은 탄소들이 벌집 모양의 육각형 그물처럼 배열된 여러 평면이 층으로 쌓여 있는 구조인데, 이 흑연의 한 층을 지칭한다. 0.2나노미터의 두께로, 물리적, 화학적 안정성이 매우 높은 것이 특징이다―옮긴이)이었다. 이 연구 성과가 나온 것이 2002년 전후이니 10년도 채 되지 않아 상을 수여한 것이다. 어떻게 이렇게 빨리 상을 받았을까? 이미 그래핀 관련 기업이 많아졌고 그래핀 생산 공장 역시 적지 않기 때문이다. 길 가는 사람을 붙잡고 물어봐도 알 만큼 그래핀 개념이 널리 알려져 노벨상 위원회 역시 민망한 마음에 얼른 상을 수여한 것이다.

또 한 예로 일본의 블루레이 DVD가 있다. 발명가가 학자가 아니었기 때문에 본래 수상 확률이 지극히 낮았다. 하지만 이 제품이 출시되자마자 시장 호응이 엄청났기에 결국 어쩔 수 없이 상을 수여했다.

과거에는 연구 상황에 맞춰 순차적으로 일을 추진했다. 대학에서 인력을 동원해 천천히 연구하고 천천히 상용화시키고 최종적으로 시장에 출시하다보니 효율성이 매우 낮았다. 하지만 지금은 반대가 되었다. 누가 먼저 연구 성과를 시장에 출시하느냐로 문제가 바뀌었다. 그래서 미국은 현재 우수한 기업가들이 대거 이 일에 뛰어들고 있다. 대학에 가서 최상의 특허를 찾아낸 다음 특허권자와 이야기를 해 이것을 상품화하고 시장에 출시하는 것이다. 이런 기업가들은 보통 독자적으로 움직이곤 한다. 그들은 회사를 설립해 주로 이 일에만 집중한다. 오랜 시간을 투자해 대학의 성과를 상용화하는 것이다. 계산해보면, 5~8년 동안 1000만 달러 이상을 투자해야 비로소 하나의 제품이 상용화된다.

이렇게 하면 그 난도며 위험성이 얼마나 클지 가히 짐작할 수 있다. 한 회사가 5~8년 동안 기본적으로 다른 수입 없이 연구 개발만 한다면 그것이 모두 지출이기 때문이다.

따라서 이 기업은 최상의 것을 선택해야 한다. 1000만 달러 이상 융자를 받아야만 상품을 출시할 수 있는데, 과학기술이 변변치 않거나 연구 개발 과정에서 전망이 없어 보이면 돈을 융통할 수 없게 되고 회사는 문을 닫아야 한다. 따라서 과학기술을 포함해 가장 가능성이 높은 대상을 선택해야 하는 것이다.

또한 여기서 나는 5~8년이라는 법칙을 벗어날 수 없다는 것을 발견했다. 5년보다 더 단축시키는 것은 불가능하다는 의미다. 5년 전에 확보한 최고의 과학기술이 시장에 출시되면 틀림없이 세계 최고의 우수성을 갖춘 제품이 될 것이고 따라서 엄청난 생명력을 발산할 것이다. 이러한 회사들은 일단 제품이 출시되면 단시간 내에 진정한 의미의 다국적 기업으로 발전할 수 있다.

해외의 여러 사례가 이를 증명해준다. 포춘 500대 기업보다 더 명단이 긴 포춘 1000대 기업을 보면, 1973~1983년까지 10년 동안 1000개 기업 중 350개 기업의 자산 규모가 바뀌었음을 알 수 있다. 다시 말해 350개 기업의 순위가 내려가고 350개 기업의 순위가 올라간 셈이다. 이후 2003~2013년까지는 712개 기업의 순위가 바뀌었다. 변화 속도가 훨씬 더 빨라진 것이다. 변화가 가속화된 이유는 무엇일까? 기존 기업이 도산했기 때문이 아니라 더 많은 신흥 기업이 진입했기 때문이다. 수많은 신흥 기업이 첨단 기술에 힘입어. 그리고 세계에서 가장 선진화된 과학 연구 성과를 응용한 제품에 힘입어 다른 기업보다 강력한 우위를 점할 수 있었다. 그 결과 신속히 선두 자리까지 오를 수 있었던 것이다.

이것은 우리가 세계적 이슈에 주목할 때 쉽게 간과할 수 있는 부분이다. 이러한 기업들은 해당 영역에서 선진 과학기술을 보유한 기업이지만 동종 업계에 있지 않은 사람들은 이것을 잘 모를 수 있다. 페이스북처럼 이름만 들어도 모두 아는 인터넷 웹사이트와는 다르다.

나는 각 업계의 개혁자들이 한 팀이 될 때 비로소 산업 구도를 포함해 세계 과학기술에 진정한 변화가 찾아올 것이라 생각한다. 인터넷은 인터넷만의 가치가 있지만 그것이 전부는 아니며 오히려 일부에 불과하다.

대기업은 소기업과의 경쟁으로 즉시 사라지지 않을 것이다. 왜일까? 기업이 규모가 커지면 지속적으로 서비스와 제품을 제공할 능력을 갖추게 된다. 바로 플랫폼이 구축되는 것이다. 텐센트를 예로 들어보자. 텐센트는 본래 QQ 서비스를 주로 제공하는 회사였다. 하지만 플랫폼을 구축하게 되자 이용자 수가 무수히 많아졌고 다른 기업이 하던 분야도 가능해졌다. 현재 텐센트는 최대 게임 업체, 최대 콘텐츠 플랫폼이 되었다. 즉 플랫폼을 구축한 이후 더 많은 서비스를 제공할 수 있다면, 또 이후로도 지속적으로 제공할 능력을 확실히 갖춘다면 이는 사실상 기업의 생명 연장이라고 볼 수 있다.

하지만 이들이 여기서 다시 자발적인 개혁을 할 것이라고 기대하기는 힘들다. 아예 기회가 없는 것은 아니지만 확률이 매우 낮다. 이 시점에서 그들이 개혁을 완수하고 싶다면 주로 M&A가 답이 된다. 기업 내 수많은 사내 벤처 기업을 만든 구글이 가장 성공적인 사례로 높이 평가받지만, 이렇게 스스로를 개혁하는 과정이 매번 성공한 것만은 아니었다. 예를 들어 구글은 최근에 로봇 회사를 대거 인수했다. 사람들은 구글이 금세 로봇을 만들어낼 것으로 기대했지만 지금 와서 볼 때는 소화 불량이었던 것 같다. 현재는 인수한 기업 중에서 가장 유명한 보스턴 다이내믹스를 토해낼 준비를 하고 있다.

회사가 커지면 조직원이 많아지기 마련이다. 하버드 대학 클레이턴 크리스텐슨 교수는 『혁신 기업의 딜레마』에서 해결 방안을 찾고자 시도했지만 찾지 못했다. 사람이 많아지면 기본적으로 조직이 방대해지는 문제를 피할 수 없다. 이 문제는 해결 불가다. 그런데 굳이 해결해야 할까?

나는 인류가 오늘날까지 발전해오면서 지구를 지배하는 동물이 될 수 있었던 까닭은 우리 선조들이 불로장생을 꿈꿨기 때문이 아니라 후손들이 더 뛰어나길 바랐기 때문이라고 생각한다.

확실히 우리의 지식수준이나 능력은 1000년 전 조상들보다 훨씬 뛰어나다. 기업 역시 마찬가지다. 대기업의 연구 지원을 받는 경영대학원 교수들은 대기업을 도와 기업의 지속적인 발전을 연구한다. 하지만 실제로는 무수한 작은 기업이 대기업을 위협하고 있는 것이 현실이다.

그러면 대기업은 이렇게 말할 것이다. "인수 합병으로 문제를 해결할 수 있습니다. 우리가 가진 부로 어느 기업이 조금만 커져도 바로 그 기업을 인수해버리지요." 하지만 요즘 작은 기업들의 성장 속도는 빨라도 너무 빠르다. 앞서 언급한 포춘 1000대 기업의 교체 속도처럼 말이다. 우수한 소기업 상당수가 대기업에게 인수할 기회조차 주지 않는다. 이미 규모가 너무 커져서 인수를 할 수 없을 정도로 빠르게 성장한 것이다. 이제 둘 다 별 차이가 없거나 또는 대기업보다 더 큰 규모로 성장하는 단계라 인수하는 것이 불가능해졌다. 현재 이런 현상이 두드러지는 추세다.

이런 현상이 나타난 까닭은 무엇일까? 여러 이유가 있다. 첫째는 벤처 투자다. 작은 기업이 천천히 이윤을 굴려 자금을 모으면서 성장해간다면 분명 느린 행보를 보일 것이다. 하지만 사람들이 이 기업의 미래가 매우 밝다는 사실을 알게 되면 큰돈을 들고 와 성장을 돕는다. 벤처 투자는 어떤 의미에서 대기업의 M&A를 막는 역할을 한다.

두 번째 이유로는 블록형 혁신이 있다. 과거의 기업들은 내생적 성장(경제 내에서 내생적으로 발생하는 기술 진보를 통해 장기적인 경제 성장을 이뤄간다는 의미의 경제학 용어―옮긴이)을 도모했기에 연구 개발이 끝나야 상품 설계에 들어갔고 상품 설계가 끝나야 생산을 했으며 생산이 끝나야 전 세계 판매 루트를 확보했다. 그리고 루트를 확보한 후에야 전 세계를 대상으로 마케팅을 펼쳤다. 기본적으로 선형線型 방식, 즉 이번 일이 끝나야 다음 단계로 들어가는 식으로 기업을 키워갈 수 있었다. 이런 방식에서는 한 기업을 세계화시키려면 100년도 부족한데, 5년이나 10년 만에 국제화를 이룬다는 것은 어림없는 소리였다.

하지만 이제는 인터넷이 있어 세계가 평등해졌고 사람들은 더 긴밀히 협력한다. 국가 간의 차이가 사라지고 전 세계적으로 신용 분야를 포함해 동일한 비즈니스 규칙이 통용된다. 합작 파트너 간의 신용도 사전에 파악되어 쉽게 파트너를 찾을 수 있다. 특별한 제품이 출시되면 사람들 모두 그와 함께 블록을 쌓으려고 한다. 대기업이 아니더라도 필요한 모든 기능을 '산업 생태계'를 통해 조달

가능하다. 대기업이 더 이상 인수를 할 수 없을 정도로 기업은 급속도로 성장한다.

동시에 기업은 산업 생태계를 통해 활동함으로써 과거의 기업 경영과 두 가지 면에서 차이를 보인다. 첫째, 기업 규모가 과거보다 많이 작아졌다. 페이스북이 2012년 상장할 때 이용자 수가 10억 명에 가까웠다. 당시 중국 내 차이나모바일 이용자 수 역시 10억 명에 가까웠다. 그런데 차이나모바일은 직원이 10만 명이었지만 페이스북은 상장하기 전 직원이 3400명에 불과했다. 직원 수가 이렇게 적은데 어떻게 그 업무를 다 소화해낼 수 있을까? 바로 대규모 협력 덕분이다.

둘째, 직원 수가 적기 때문에 협력해서 일할 때 과거처럼 통제 위주의 관리 방식을 취할 수 없다. 다들 테일러 시스템Taylor system(과업 관리와 차별적 성과급 제도를 도입한 과학적 경영 관리법—옮긴이)을 잘 알고 있을 것이다. 가장 초기에 공장은 인간을 기계처럼 사용했고 통제를 강조했다. 하지만 지금은 해외에서도 리더십이라는 단어가 새롭게 대두되고 있다. 이는 전쟁이 일어났을 때 수장의 태도에 비유해볼 수 있다. 남들에게는 적진으로 돌격해 용감히 싸워 고지를 함락시키라 하고 자신은 황제처럼 뒤에 누워 '어쨌든 나는 무사하겠지' 식의 태도가 아닌, 내가 먼저 앞장서서 용감히 싸우고 사람들을 이끌며, 내 인간미와 호소력, 지도력을 보여 사람들이 나에게 협력하도록 만드는 것이다. 사람들이 종속 관계가 아님에도 나와 협력하는 이유는 바라는 바가 같기 때문이다. 해외에서 중국 공산당의 군대 인솔 방식에 관심을 갖는 것은 그 방식이 협력 생태계를 기반으로 하기 때문이다.

나는 종종 난처한 질문을 받을 때가 있다. 내가 미국에서 투자를 하는 연유로 1년 중 절반을 미국에 있다고 하면 상대는 꼭 이렇게 묻는다. "실리콘밸리입니까?" 아니면 "실리콘밸리 어때요?" 그러면 나는 실리콘밸리가 아니라 미국에 있다고 다시 대답한다.

왜 그렇게 묻는 것일까? 실리콘밸리는 과거 큰 호황을 누린 데다 확실히 수많은 혁신 기업의 모태였고, 벤처 투자의 중요한 원천이라고 할 수 있기 때문이다. 하지만 오늘날 혁신은 이미 미국 전역으로 확산되었고, 지금 혁신의 주된 방식은 앞서 말했듯이 기업가가 대학에서 과학기술 성과를 확보한 다음 5~8년의 연구 개발을 거쳐 이 제품을 출시하는 것이다. 따라서 정말 기업에 필요한 협력 대상은 대학의 과학기술 발명가인 교수들이다. 오늘날의 혁신 기업은 분명한 특징이 있는데, 나는 그것을 '두 명의 수장 제도 雙長制'라고 부른다. 즉 뛰어난 CEO와 뛰어난 교수가 함께하는 것이다. 이 두 조건만 갖춰지면 이 기업은 혁신을 시도해볼 만하다.

또한 이는 CEO와 교수 모두에게 각자의 수준을 가늠해볼 수 있는 잣대가 된다. 연구 성과가 뛰어난 교수라면 자신의 특허를 아무에게나 주지 않고 분명 실력이 뛰어난 CEO에게 줄 것이다. 상대 입장도 마찬가지다. 연속으로 두 번이나 창업을 하고 두 기업 모두 상장시킨 다음 또다시 새로운 창업을 준비하는 수준의 CEO라면 일반적인 수준의 과학기술로는 분명 성에 차지 않을 것이다. 즉 뛰어난 CEO는 뛰어난 교수를 찾을 수밖에 없다. 그리고 교수와 CEO가 모두 뛰어난 수준이라면 이 기업은 성공 가능성이 높다.

이런 상황이니 창업은 실리콘밸리가 아닌 대학과 관련이 높다는 것을 알 수 있다. 최근 미국에서는 창업이 늘고 있는 추세이며, 그 이면에는 이런 심오한 원리가 존재한다. 바로 모두 대학 주변에 위치한다는 것이다.

물론 실리콘밸리는 여전히 우위를 자랑한다. 하지만 이 우위가 점차 바뀌고 있다. 실리콘밸리 1세대 주역은 전자산업과 하드웨어이며, 대표 기업으로 휼렛패커드HP가 있고 인텔이 있다. 현재도 하드웨어 산업은 계속되고 있고 여전히 대량의 전자 제품이 실리콘밸리에서 제조되고 있다. 하지만 더 이상 주류가 아니며 최고의 호황기는 이미 지났다고 할 수 있다.

실리콘밸리 2세대 주역은 인터넷이다. 과거에는 빌 게이츠나 스티브 잡스로 대표되는 소프트웨어가 있었고 현재는 저커버그로 대표된다. 하지만 실리콘밸리의 핵심은 과학기술이 아니라 혁신, 반反전통이다. 더 나아가 반사회적인 면도 어느 정도 있다. 위 인물들이 첫발을 내디뎠을 때 그들은 10~20대의 청년이었으며 사회 주류 문화와 상당히 격차가 컸다.

현재 인터넷은 진입 장벽이 전혀 없고 인터넷 관련 기업들도 업무 방식을 혁신해왔기 때문에 2세대는 계속 존재한다. 과거 우리는 중국인이 허구한 날 외국 것을 베낀다고 지적했다. 마치 외국인은 도덕성이 높아 표절이라고는 모르고 산다는 듯이. 그러나 지금은 미국인도 중국의 업무 방식을 많이 따라하고 있다. 더구나 업무 방식과 같은 것은 특허 등록을 할 수 있는 것이 아니기에 표절한다 해도 범법 행위가 아니며, 게다가 수익성도 있으니 누구든 따라할 수 있다. 그러므로 당신이 새로운 업무 방식을 내놓고 다른 사람이 따라하지 못하게 함과 동시에 창업에 성공하려면 반드시 더 빨리 달려야 한다. 빠르면 빠를수록 더 좋다. 어느 정도까지 빨라져야 할까? 이용자 수가 어느 정도 쌓이고 눈덩이를 굴리듯 점점 늘어나 새로운 고객이 당신의 앱을 먼저 선택할 수밖에 없을 때 당신은 성공했다고 할 수 있다.

전제 조건은 빠르게 성장하면 할수록 좋다는 것이다. 그러면 이를 위해 어떻게 해야 할까? 가장 뛰어난 인재를 데려와 가장 높은 급여를 주고 나아가 가장 좋은 벤처 투자 회사를 유치하여 많은 돈을 투자받으면 기업 가치가 높아질 것이다. 그리고 앞으로의 기업 가치는 더욱 높아질 것이다. 그럴 때 사람들은 당신을 위해 열심히 일하고 야근하면서 또 하나의 페이스북을 만들어낼 것이다.

이런 방식은 지금 전 세계로 확산되고 있다. 그러나 실리콘밸리역시 자체적인 강점이 여전히 존재한다. 아직도 전 세계에서 가장 기술력이 뛰어난 인재들이 실리콘밸리에서 일자리를 찾는다. 여기에 와서 페이스북 같은 기업에 들어가면 대우도 좋고 스톡옵션을 받을 수 있기 때문이다. 이러한 기업에서 5년쯤 일한 뒤 회사가 상장되면 남은 평생 일을 안 해도 수입을 걱정하지 않을 정도다.

이는 벤처 투자자들도 좋아하는 방식이다. 이런 식으로 투자하면 고정 자산 투자가 적고 성장이 가속화되기 때문이다. 몇 년 만에 페이스북처럼 되면 좋고, 반대로 도산해도 상관없다. 벤처 투자자체가 리스크에 투자하는 것이기 때문이다. 돈을 쏟아붓고 뛰어난 인재를 발굴해 죽을 듯이 달리는 것이 실리콘밸리에서 가장 두

드러진 방식이다.

하지만 그렇게 할 수 있는 기업이 많지 않기에 이런 방식에도 한계가 있다. 세계 모든 업계가 이러한 업무 방식을 취하지 않는다고 해서 도산하지는 않는다. 제조 기업이라면 견고한 제품을 만드는 데 치중하면 되듯이 굳이 제품 모델 혁신을 필요로 하지 않는 업계도 상당수다. 또한 어느 분야의 한 기업이 제품 모델을 혁신한 후 다른 많은 기존 산업 종사자들이 이를 배울 수도 있다.

도서 분야에서 미국은 아마존이라는 혁신적인 모델을 내놓아 인터넷에서 책을 판매했다. 그러자 트레이닝복을 판매하는 기업이 여기서 영감을 얻어 인터넷 매장을 개설해 트레이닝복을 판매하기 시작한다. 하지만 이제는 인터넷에서 트레이닝복을 판매한다는 것만으로 기업이 급성장하는 일은 없을 것이다. 기존 기업들도 다른 기업의 업무 방식을 참고하는 데 결코 뒤처지지 않기 때문이다. 따라서 업무 방식에서 성장 기회를 엿보는 것은 상당히 어려워졌다. 실리콘밸리 역시 이러한 특성을 보인다.

블록형 혁신

사실 실리콘밸리는 다른 지역과 큰 차이가 없다. 실리콘밸리에는 스탠퍼드 대학 못지않은 우수한 학교들이 있다. 샌프란시스코 북쪽에는 캘리포니아 대학 버클리 캠퍼스가 있고 안에는 캘리포니아 대학 샌프란시스코 캠퍼스가 있다. 모두 일류 대학으로, 창업 기업들이 이 대학들 주변에 많이 포진해 있다. 솔직히 이제 이러한 창업은 실리콘밸리만의 특징이 아니다. 대학을 중심으로 지식재산권을 가지고 창업하는 것은 새로운 개방형 혁신의 뚜렷한 특징이다.

오늘날의 실리콘밸리를 만든 요소들은 여전히 존재한다. 하지만 실리콘밸리만의 특징은 앞으로 더 이상 중요한 강점이 되지 못하고, 정말 강점이 될 부분에서 실리콘밸리는 특별히 두각을 드러내지 못할 것이다.

결과적으로 투자에서도 변화가 발생한다. 우리가 미국 동부 프로젝트에 많이 투자한 것은 스탠퍼드 대학 기계공학과, 전자공학과, 컴퓨터학과가 우수하기 때문이었지만, 사실 MIT 공대도 뒤지지 않는다. 대학 창업이라는 큰 흐름에서 보자면, 인공지능, 가상현실처럼 요즘 떠오르는 분야에서 스탠퍼드 대학은 여전히 강점을 보이지만, 비단 스탠퍼드뿐 아니라 하드웨어가 좋은 학교라면 모두 강점이 있다.

예를 들어 과거에는 하버드 대학 출신 창업자 수가 MIT 공대보다 더 많았다. 하지만 최근 몇 년간 MIT 공대 출신 창업자 수가 하버드 출신보다 더 많아졌고 진행하는 프로젝트도 하버드보다 훨씬 더 눈에 띈다. 또 로봇공학과가 있는 카네기멜런 대학이 있다. 이런 대학에서 상용화한 과학기술 프로젝트는 그만큼 더 많은 강점을 갖출 것이다. 스탠퍼드 대학은 하드웨어 분야가 상당히 우수하지만 이제 더 이상 독보적이지는 않다.

지금 가장 떠오르는 산업용 로봇 리싱크 로보틱스Rethink Robotics를 예로 들어보자. 우리는 모두 산업용 로봇이 전체 제조업의 구조를 바꿀 것이라고 이야기한다. 하지만 대부분 기존의 산업용 로봇, 특히 중국에서는 일본이나 독일의 산업용 로봇을 지나치게 홍보하고 있다. 그들의 특징은 정밀도 및 산업 통합을 강조한다는 것이다. 독일인은 인더스트리 4.0으로 전체 산업의 매끄러운 통합 Seamless Integration을 강조한다. 하지만 사실상 창업자가 가장 적응하기 힘든 것이 매끄러운 통합, 다시 말해 규칙들이다. 대기업에서 수십 년을 일한 사람이 창업에 능한 경우는 거의 없다. 창업자에게 규칙을 한 보따리 제시한다는 것은 그들을 속박하는 행위다. 이와 달리 미국의 산업용 로봇은 사고하는 로봇이다. 리싱크 로보틱스의 설계 원칙은 '나를 지지하게 만드는 것'이 아니라, '당신이 나를 이해한다면 나도 당신을 이해하게 된다는 것'이다.

즉 이러한 로봇의 요구는 다음과 같다. '창업자든 혁신자든 누군가가 제품을 하나 만들어낸다면 우리 로봇이 그것을 모방해 백 개, 천 개, 만 개로 만들어내겠다. 당신이 나를 이해할 필요도 없고 창업자가 코딩을 할 줄 몰라도 상관없다. 우리 로봇이 당신을 배울 것이다.' 하지만 일본이나 독일 로봇은 이러한 학습 능력이 없고 사고가 유연하지 못해 수준 차가 크게 벌어진다.

이미 언급했듯이, 앞으로 혁신과 창업의 주체는 이런 작은 기업의 혁신자들이지 대기업이 지속적으로 이끌어가지는 않을 것이다. 이러한 시기에는 모든 자원이 소기업 혁신자를 중심으로 배치되어야 한다. 소기업이 성장하면 투자 기업도 수익을 올릴 수 있다. 대기업이 소기업을 위해 자원을 배치해주지 않고, 그저 제조 능력이 얼마나 뛰어나고 얼마나 선진화되었는지 자화자찬만 늘어놓는다면 핵심을 비켜가는 셈이다. 신제품은 대기업이 아니라 바로 소기업에 있기 때문이다.

전 세계 산업계에서 현재 가장 두각을 나타내고 있는 리싱크 로보틱스는 어디서 나온 것일까? 바로 MIT 공대 교수가 개발한 것이다.

MIT 공대 중국계 미국인 과학자인 장펑張峰은 CRISPR-Cas9라는 유전자 편집 기술 특허를 보유했다. 그래서 최근 장펑과 관련된 기사를 각종 매체에서 많이 접할 수 있다. 유전자 편집 기술은 블록을 쌓는 것처럼 특정 유전자 부위를 임의로 더할 수도, 뺄 수도 있어 유전공학 산업을 완전히 바꿔놓을 것이다. 이는 유전자 처리 기술이 크게 발전했으며 더 나아가 새로운 생물체를 만들어내는 것도 가능할 수 있다는 의미다. 윤리 문제나 위험성을 잠시 뒤로하면, 이 기술 자체는 과학의 진보, 특히 의약 연구의 큰 발걸음이다.

얼마 전 미국의 한 대학에서 유전자 편집 기술의 도움을 받아 인체 세포 내에서 HIV 바이러스를 제거하는 데 성공했다고 밝혔다. 에이즈가 무서운 이유는 세포 안으로 침투해 세포를 정상 세포처럼 보이게 한다는 점이다. 우리 인체의 모든 방어 메커니즘은 일반적인 세균과 바이러스만 식별할 수 있어서 정상 세포처럼 보이는 것들은 식별해내지 못하고 죽이지 않는다. 하지만 이 유전자 편집 기술을 이용하면 에이즈 바이러스에 감염된 세포 안에서 에이즈 바이러스를 제거할 수 있다. 이 놀라운 발견이 순조롭게 진행된다면 앞으로 3~5년 안에 인류는 에이즈 극복을 선언할 수 있을 것이다.

이것은 유전자 편집 기술 응용의 한 가지 사례다. 앞으로 농업 등 여러 분야에서 널리 응용될 것이다. 유전자 편집 기술은 2013년 1월 처음으로 『네이처』에 발표되었다. 세 대학이 동시에 연구하고 있었는데, 현재 특허를 낸 곳은 MIT 공대 장평 교수 팀이다. 특허 등록 후 장평은 다른 사람들과 협력해 에디타스 메디신 Editas Medicine을 설립했다. 2014년 설립된 이 기업은 현재 이미 상장되었고, 실리콘밸리가 아닌 미국 동부에 있다.

이런 사례는 부지기수다. 우리는 MIT 공대 마린 솔라시치 교수가 설립한 무선 충전 회사에 투자한 바 있는데, 이 회사를 포함해 여러 우수한 기업이 미국 동부에 위치한다. 마린 솔랴치치 교수는 맥아더 천재상을 수상한 인물이다. 맥아더 천재상은 각 영역에서 뛰어난 창의성을 보인 걸출한 인물에게 주는 상으로, 수상자는 각 전문 분야의 선도적 인물일 때가 많다.

마린 솔랴치치가 어떻게 이 상을 받았을까? 우리는 모두 전기 발명가를 에디슨과 테슬라로 알고 있다. 교류 전기를 발명한 테슬라는 무선 충전을 실현하지 못했다는 데 아쉬움이 컸다. 테슬라 사망 후 수년이 흘러도 무선 충전을 실현시킨 사람이 없었다가 2007년 마린 교수가 물리학 잡지에서 자기 공명 원리를 이용해 무선 전력 전송을 실현했다고 밝혔다. 이는 비접촉식인 데다 일정한 거리에서 전송하는 방식이다. 지금 이 기업이 어느 수준에 이르렀을까? 이 기업의 주력 분야는 전기차에 전력을 공급하는 것이다. 전기차의 충전 전류는 최대 규모인 6.6킬로와트이고, 그 효율이 케이블보다 더 높다. 다시 말해 케이블로 전기를 공급하는 효율이 무선 충전에 미치지 못한다는 것이다.

과거에는 이 수준까지 기술이 발전하면 분명 GE 같은 대기업에 즉시 팔렸을 것이다. 하지만 지금 이 기업은 독립된 기업으로, GE의 자본이 아니라 전략 투자자의 자금을 활용해 매우 빠르게 성장하고 있다. 또 차기 세계 500대 기업을 내다보며 독립 상장을 했다.

개방형 혁신을 하나의 큰 범주로 볼 때, 블록형 혁신은 개방형 혁신의 한 유형이라고 할 수 있다. 블록형 혁신의 특징은 대학의 과학기술을 활용하는 것으로, 대학은 블록의 한 조각이 된다. 기업가는 핵심 블록으로, 대학이라는 블록을 가져와 연구자와 협력해 블록을 쌓은 다음 이 블록들을 재생산해 판매한다.

알고리즘은 특허가 없다

또 다른 유형으로 무엇이 있을까? 현재 인공지능이나 가상현실 같은 최신 기술들은 상당수가 한 가지 동일한 특징을 보인다. 연구 개발자가 있기는 하지만 그들은 알고리즘을 개발했을 뿐이다. 물론 알고리즘에 기술적 기밀이 다소 있지만, 알고리즘 자체를 공개할 때가 많다. 어차피 연구자 자신이 이 알고리즘을 가장 잘 알기 때문이다. 그런데 공개 후 다른 사람이 이 알고리즘을 보고 더 잘 이해할 수도 있기 때문에 연구 개발자가 가장 잘 파악하고 있다고 말할 수도 없다.

이는 앞서 언급한 특허와 천지 차이다. 특허가 다른 사람에게 있을 때는 그와 동일한 기술을 가지고 있어도 소용이 없다. 다른 사람에게 특허가 있기에 내가 그 기술을 사용하면 특허권 침해가 된다. 하지만 알고리즘은 특허가 없어 그 알고리즘을 이해하기만 하면 사용해도 된다.

예컨대 구글의 알파고가 이세돌을 이겨 한때 세상이 떠들썩했다. 알파고의 배후에는 구글이 인수한 인공지능 개발 회사 디프마인드DeepMind가 있었다. 이 회사가 이렇게 발전한 것은 데미스 허사비스 때문이다. 인공지능과 관련된 새로운 알고리즘을 발명한 사람이 바로 그다. 이 알고리즘이 업계에 널리 보급된 까닭에 현재 인공지능의 전체 수준이 질적으로 크게 향상된 것이다.

하지만 아무도 데미스 허사비스 교수에게 그 대가를 지불하지 않았다. 일단 학술 성과가 발표되면 사회 전체가 공유하는 자원이 된다. 오픈 소스 코드가 있다는 것은 소프트웨어 프로젝트에서 공공의 협력이 이뤄진다는 뜻으로, 미국 내 학계뿐만 아니라 드론 기술 등 다른 많은 영역에서 널리 응용되고 있다. 오늘날 드론은 다양한 조종 방식이 가능하고 협력까지 이뤄지고 있으며, 드론 알고리즘은 사실상 오픈 소스 코드라고 할 수 있다.

미국의 테드TED 대표인 크리스 앤더슨은 '집단에 의해 가속화되는 혁신'이라는 이론을 제시했다. 즉, 모든 사람이 혁신을 공유하고 보완해 사용할 수 있다면 결국에는 혁신의 속도가 갈수록 더 빨라진다는 것이다. 사람마다 서로를 비교하면서 다른 사람의 혁신 기술보다 한 걸음 더 앞서 나가려 하기 때문이다.

한 가지 문제는 진입 장벽이 없다는 것이다. 당신이 아무리 빠르게 발전하더라도 나는 당신보다 더 빠를 수 있다. 오늘은 당신이 앞서는 것 같지만 내일은 내가 따라잡을 수 있다. 당신이 앞선 모든 것을 배워 따라잡을 수 있기 때문이다.

개방형 혁신

『아웃라이어』라는 베스트셀러에서 제시하는 핵심 이론은 1만 시간의 법칙이다. 다시 말해, 1만 시간을 노력하면 누구나 전문가가 될 수 있다는 것이다. 빌 게이츠나 스티브 잡스는 모두 1955년에 태어나 1970년대 컴퓨터 발전 시기에 1만 시간의 경험을 쌓은 후 가장 뛰어난 전문가가 되었고 이후 눈부신 앞날을 맞이하며 성공했다. 하지만 이제 1만 시간의 법칙은 다소 효력을 잃었다. 지금은 자격을 갖춘 사람이 너무 많아졌기 때문이다. 무슨 뜻인가? 예를 들어 우리는 해외에 나가 투자를 할 때 변호사가 필요하다. 변호사마다 각자의 전문 분야가 있어서 어떤 변호사는 기업 관련 업무만 수임하고 또 다른 변호사는 투자 관련 업무만 수임한다. 그러면 우리는 투자 전문 변호사를 찾으면 된다. 하지만 투자 관련 업무만 하는 변호사라도 투자만 알고 있는 경우는 없다. '민법'이나 '형법'도 분명 배웠을 것이다.

졸업 후 일할 때 우리는 배운 지식의 10분의 1만 활용하게 되는 경우가 허다하다. 심지어 10분의 1조차 활용하지 못하기도 한다. 그럼 나머지 것들은 쓸데없이 배운 것 아닌가? 여기서 보면 그렇지 않다. 그 나머지 것들은 9000시간을 축적해놓은 것과 같다. 새로운 길로 들어섰을 때 제로 상태에서 다시 공부를 하는 것이 아니라 남은 1000시간, 혹은 100시간만 보충하면 되는 것이다.

1000시간은 얼마나 될까? 하루에 8시간을 공부한다면 125일, 즉 4개월이면 된다. 따라서 가상 현실, 인공지능과 같은 개방형 혁신 분야에서 한 기업이 새로운 발전을 일궈내 다른 이들보다 앞서 나간다면 얼마나 앞설 수 있을까? 역시나 4개월이다. 따라서 디프마인드의 알파고가 이세돌을 몇 수 차이로 이겼는지 볼 필요가 없다. 어차피 4개월 앞선 것뿐이다.

이어 경쟁 과열이라는 문제가 불거진다. 이는 중국에서도 쉽게 볼 수 있는 현상이다. IT는 지식 집약 산업으로 알려져 있지만 다른 한편으로는 IT 종사자를 '코드 농민'이나 'IT 노동자'라고 부른다. 왜일까? 지식의 함량이 아무리 높아도 진입 장벽이 너무 낮으면 업계의 연봉도 낮아지기 마련이다. 게다가 지금은 자격이 충분하다 못해 넘치는 사람이 부지기수다. 새로운 지식이 전해지면 사람들은 순식간에 그 영역으로 몰려든다. 따라서 나는 몇 개의 개방된 영역이 이 열기로 인해 전문가 수가 폭등하게 될 것이라고 예상한다.

사실 알파고가 이세돌을 이기기 전까지 인공지능은 아주 협소한 분야였다. 전 세계적으로 전문가라고 할 만한 사람 수가 1000명이 채 되지 않았다. 하지만 이 대결이 그토록 센세이션을 일으켰으니 앞으로 3~5년 안에 이 분야 전문가가 100만 명은 증가할 것으로 보인다. 그렇게 되면 경쟁은 수천 배 치열해질 것이고 기업은 살아남기 힘들 것이다. 물론 그중 승자도 있을 것이다. 환경이 어려울수록 훈련이 잘된 사람이 승자가 될 것이다. 따라서 최후의 승자는 높은 경쟁력을 갖춘 사람일 것이다.

특히 그는 최신 소프트웨어와 오픈 소스 프로젝트를 잘 활용하는 사람일 것이다. 이 두 가지가 합쳐지면 하나는 특허 장벽이 있고 하나는 특허 장벽이 없지만, 전체 구도는 개방형이 된다. 과거에 한 회사에서 모든 것을 하던 시절과 달리 많은 외부 사람과 협력하는 방식으로, 우리는 이것을 '개방형 혁신'이라고 통칭한다.

개방형 혁신의 두 가지 특징

개방형 혁신이 단순히 속도를 가속화하는 역할만 하는 것은 아니다. 일정한 속도로 가속화되면 우리 사회는 지수적 성장기에 들어간다. 지수적 성장기는 현대에 시작된 것이 아니라 산업혁명 시대에 이미 시작되었다. 지수적 성장기의 특징은 무엇일까? 주어진 어느 지점에서 앞을 바라보면 평평한 길이 펼쳐진다. 당신이 있는 지점과 차이가 크기 때문이다. 하지만 뒤를 돌아보면 깎아지른 듯 가파르다. 이는 성장이 점점 더 빨라지기 때문이다.

찰스 디킨스는 『두 도시 이야기』 서두에서 이렇게 말했다. "지금은 가장 좋은 시대이자 가장 나쁜 시대다." 오늘날 역시 가장 좋은 시대이자 가장 나쁜 시대다. 지수적 성장 곡선에는 가장 좋은 점도, 가장 나쁜 점도 없다. 분명 현재보다 미래가 더 좋을 것이고 과거는 분명 더 좋지 않았다. 따라서 지금 우리는 중간에 있다. 이것이 바로 개방형 혁신의 첫 번째 특징이다. 앞으로 갈수록 성장이 빨라진다는 것이다.

두 번째 특징은 여러 특징이 동시에 작용해 앞으로의 성장 속도를 가속화시킨다는 것이다. 그중 하나는 협력이 점점 더 강화되고 또 점점 더 복잡해진다는 점이다.

예를 들어보자. 미국 NASA는 10여 년 전에 자국의 능력만으로는 우주선을 보낼 수 없다는 사실을 깨달았다. 처음 NASA에서는 우주선을 보잉747처럼 매일 한 대씩 이착륙시키려고 했다. 하지만 이착륙은 1년에 한 대만 가능한 데다 5년에 한 번씩 추락 사고가 발생했다. 결국 이후에는 우주선 개발을 감당하지 못하고 아예 이 사업을 개방해버렸다. 개방을 하자 민간 항공사가 참여하기 시작했다. 지금 가장 유명한 곳은 스페이스엑스Space X사이며, 주로 로켓 탑재 사업을 하고 있다. 스페이스엑스에는 약점이 하나 있는데, 바로 탑재된 로켓에 사람이 탑승하기가 불편하다는 것이다. 그래서 많은 기업이 소형 우주선처럼 하늘을 날 수 있는 유인 우주 항공기를 연구하고 있다.

NASA가 사업을 이어가지 못할 정도였으니 우주선 관련 기술이 얼마나 정밀함을 요하는지 알 수 있다. 그럼에도 우리는 올해 시험비행을 준비 중인 한 기업에 투자했다. 이 기업의 직원 수는 110명이다. 110명이 이 복잡한 기술을 어떻게 다 감당해낼 수 있을까? 원리는 간단하다. 많은 외부 사람과 협력하는 것이다.

이 기업 대표는 나에게 한 가지 예를 들어주었는데, 그 이야기를 듣고 나니 협력이 얼마나 복잡한 것인지 이해할 수 있었다. 우주선의 랜딩기어는 일반 민항기의 디자인을 활용할 수 없다. 민항기의 랜딩기어는 측면으로 접히기 때문이다. 다시 말해, 안쪽으로 접히거나 앞쪽으로 접힌다. 앞쪽으로 접힐 때 장점은 하강할 때 랜딩기어가 완전히 펴지지 않아도 마찰력 때문에 뒤로 당겨져 자연스레 완전히 펴진다는 것이다. 하지만 전투기는 속도가 너무 빨라서 앞쪽으로 접히지 않아 뒤쪽으로 접을 수밖에 없다. 우주선도 전투기와 마찬가지로 속도가 빠르기 때문에 뒤쪽으로 접을 수밖에 없다. 따라서 랜딩기어를 만들 때 전투기 랜딩기어를 설계하는 기업을 찾아야 한다. 그런 회사가 정말 있을까? 실제로 있다. 미국에 전투기 랜딩기어만 디자인하는 전문 기업이 있다. 이렇게 세세하게 협력 파트너를 찾아야 우주선을 만들 수 있다. 그렇지 않으면 스스로 모든 분야의 전문가가 되어야 하기 때문에 100년이 지나도 만들지 못할 것이다.

이는 협력이 복잡해진 현재의 추세를 확실히 말해준다. 협력이 점점 복잡해지니 하나의 제품을 만들 때 참여하는 업체의 수도 점점 늘어난다. 과거에는 홀로 혹은 한두 업체가 협력해서 제품을 만들었지만, 이제는 8개, 10개 기업이 함께 하나의 제품을 만드는 것이 자연스러워졌다.

이것이 가능하기 위해서 필요한 한 가지가 있다. 이 역시 지금 미국에서 일고 있는 창업의 '도시화'다. 다시 말해 대도시에 창업자가 많아진다는 것이다. 왜 그럴까? 협력이 복잡해진 관계로 많은 기업이 한데 모여 있어야 하기 때문이다. 실리콘밸리에 위치한다면 기업들이 서로 얼굴을 마주하기가 어렵다. 교통난도 심해 차가 막혀 일을 처리하기 어려울 정도다. 하지만 샌프란시스코나 로스앤젤레스, 뉴욕, 보스턴이라면 다르다. 인구도 밀집해 있고 협력해서 일할 수 있는 공간도 갈수록 늘고 있기 때문이다.

협력해서 업무를 볼 때 장점은 업무 비용을 절약하는 것뿐 아니라 많은 기업이 업무 장소에 딸린 회의실에서 바로 회의를 할 수 있다는 점이다. 얼굴만 마주치면 곧바로 함께 연구 개발을 할 수 있다. 이러한 점에서 볼 때 협력은 앞으로 더욱 심화될 것이다.

인류 역사를 보면 협력의 심화 정도는 문명의 수준을 가늠할 수 있는 중요한 척도다. 협력 수준이 낮을수록 문화 수준도 낮다. 오늘날 협력은 점점 더 차원이 높아지고 있다. 과거에는 기본적으로 무역을 중심으로 협력이 진행되었다. 내가 상대방에게 가격을 지불하면 상대방이 내게 물건을 주는 식으로, 장기적이지는 않았다. 앞으로 협력은 연구 개발을 중심으로 이뤄진다. 심지어 함께 몇 년을 일해야 결과를 볼 수 있을 것이다. 난도는 높아졌지만 이미 이러한 점을 극복하는 과정에 있다.

중국식 혁신 앞에 놓인 위험

중국식 혁신 앞에는 위험과 기회가 공존한다. 위험이라고 할 수 있는 것은 혁신에 대한 이해가 부족하다는 것이다. 우리는 '혁신'이라고 하면 이마를 탁 치는 모습, 스티브 잡스가 몇 명 더 늘어나는 것을 연상할 뿐이다. 왜 스티브 잡스일까? 스티브 잡스에게는 아이디어가 있었기 때문이다. 하지만 실제로는 그렇지 않다.

『사이언티픽 아메리칸Scientific American』은 2년 전에 전 세계 혁신을 전문적으로 분석한 장문의 기사를 실었다. 지금도 나는 그 기사에 나온 말을 자주 인용하곤 한다. 사람들은 혁신을 소수의 머리에서 섬광처럼 떠오르는 영감이라고 생각한다. 사실상 혁신은 여러 업체가 고도로 복잡한 협력을 한 결과다. 즉 혁신의 핵심은 협력에 있지 이마를 탁 치는 것이 아니다. 협력을 하기 위해서는 세분화된 영역마다 우수한 인재가 필요하다. 우수한 인재들이 블록을 쌓다보면 수많은 혁신이 이뤄진다. 이는 사실상 협력의 한 형태로, 그물망 구조의 협력이다. 이것이 첫 번째다.

둘째, 협력의 주체는 누구일까? 바로 혁신의 핵심 단계를 완성할 기업으로, 이 기업은 과학기술을 제품으로 현실화시킨다. 특허형 혁신이든 개방형 혁신이든 마지막 단계까지 가려면 과학 연구 성과를 고객이 사용 가능한 상품으로 전환시켜야 한다. 여기서 소프트웨어나 하드웨어냐는 문제되지 않는다.

상품화는 협력의 결과일 때가 많다. 그러면 누가 상품화를 주도할까? 미국에는 이러한 기업가가 다수 있다. 그들이 하는 일의 핵심은 과학기술 발명을 제품으로 상용화시키는 것이다. 이런 일을 하는 기업이나 기업가의 규모까지도 추산해볼 수 있다.

예전에 나는 미국의 데이터를 가지고 종합적으로 통계를 내본 적이 있다. 미국 정부는 1981년부터 기업의 연구 개발을 지원하기 시작했다. 그 전까지는 지원 규모가 크지 않아 통계에 잡히지 않았다. 한마디 덧붙이자면, 중국의 기업 연구개발비는 통계를 낼 수 없다. 중국은 과학 연구가 대학과 생산 단계가 연계되는 것으로 생각하고 매년 중국 전체의 과학 연구비를 통계 낸다. 하지만 미국은 과학 연구와 생산이 직접 연계되는 것이 아니라 중간에 상품화라는 과정이 있다고 생각한다. 상품화하기 위해서는 5~8년의 시간과 1000만 달러 이상의 자금이 투자되어야 한다. 이 과정이 없다면 실현 불가능하다. 나는 지금까지 예외를 본 적이 없다.

중국에서는 이 단계가 빠져 있다. 하지만 미국에서는 명확한 통계가 있다. 1981년 기업의 연구 개발 투자는 500억 달러였으나 2013년에 이르러서는 3000억 달러를 돌파했다. 이러한 변화를 좀 더 자세히 들여다보면 여기서 누가 주체가 되고 있는지 알 수 있다. 글 서두에서 소기업이 주도적이라고 말했는데, 통계가 바로 그 사실을 입증해준다.

1981년, 직원 수가 2만5000명이 넘는 대기업은 기업 연구개발비 총투자의 70퍼센트를 차지하면서 주도적인 위치에 서 있었다. 500명 미만의 기업은 투자 규모가 5퍼센트에 못 미칠 정도로 미미해 통계를 낼 필요가 없었다.

그러나 2013년이 되자 직원 수가 2만5000명이 넘는 대기업이 전체 산업 연구개발비 투자에서 차지하는 비중은 기존의 70퍼센트에서 35퍼센트로 절반 가까이 축소되었다. 투자율이 가장 크게 증가한 곳은 500명 이하의 작은 기업으로, 1981년 5퍼센트 미만에서 20퍼센트로 증가했다. 20퍼센트는 어떤 의미일까? 전체 연구개발 투자 자금 3000억 달러에서 20퍼센트면 600억 달러. 매년

500명 미만의 소기업에서 연구개발비로 이 정도 금액을 사용한다는 뜻이다.

500명 미만의 작은 기업이 이렇게 많은 돈을 연구 개발에 투자한다면 기본적으로 연구 개발형 기업이라 할 수 있다. 이 기업은 다른 수입 없이 그저 5~8년의 시간과 1000만 달러 이상을 투자해 과학 연구 성과를 상용화하는 한 우물만 파는 것이다. 상용화에 성공하면 기업은 성공하고 상용화에 실패하면 기업은 망한다. 이러한 기업들은 대부분 벤처 투자의 지원을 받는다.

좀더 계산해보자. 1000만 달러의 수입으로 5~8년을 버틴다면, 매년 200만 달러 정도를 사용하는 셈이다. 600억 달러를 200만 달러로 나누면 3만 개 기업이라는 계산이 나온다. 다시 말해, 3만 개 기업이 가장 앞선 과학기술, 가장 앞선 특허를 가지고 있는 것이다. 그들의 임무는 5~8년 내에 이 특허를 가장 앞선 제품으로 시장에 출시하는 것이다. 물론 실패율 또한 높아 100분의 1이나 10분의 1 정도만 살아남는다. 하지만 여기서 승리한 사람은 가장 우수한 인재임에 틀림없으니 세계 500대 기업으로 도약할 가능성이 충분하다. 차기 거대 기업들은 자신이 속한 해당 산업의 구도를 완전히 바꿔놓을 것이기 때문이다.

이는 또한 시장에 창업 기업이 3만 개만 있는 것이 아니고, 좋은 CEO, 좋은 창업자가 3만 명만 있는 것도 아니라는 것을 의미한다. 수만 명의 우수한 CEO가 충분한 신용, 충분한 경험을 바탕으로 상용화의 길을 걷고 있다.

하지만 중국에는 이 인재 풀이 없다. 중국 대학은 과학 연구 성과를 내지 못하고 기업은 과학 연구 성과를 어떻게 상품화해야 할지 모른다. 중국 정부는 대학교수의 창업을 독려하지만 상용화하는 일은 기업의 영역이기에 좋은 CEO가 필요하다. CEO와 과학자는 자질이 다르다. 교수가 직접 창업을 하려면 연구 개발 외에 기업 경영도 알아야 한다. 이론적으로는 가능하지만 현실적으로 성공률이 낮다. 이 두 가지 능력을 모두 갖춘 사람은 드물기 때문이다. 전혀 없다고 할 수는 없지만 극소수에 불과하다.

그래서 미국은 그렇게 하지 않는다. 많은 사람이 나에게 이런 농담을 한다. "스티브 잡스가 위대한 이유는 불교를 믿었기 때문이죠. 그래서 그렇게 대단한 겁니다." 그럼 나는 이렇게 대꾸한다. "그거 알아요? 스티브 잡스는 생전에 한 푼도 기부한 적이 없답니다. 불교를 믿는 사람이 한 푼도 기부하지 않았다는 얘기 들어본 적 있나요?" 스티브 잡스가 위대한 것은 결코 종교 때문이 아니라 바로 그가 과학자가 아니라는 점에 있다. 그럼에도 잡스는 가장 앞선 과학기술을 제품에 적용해 시장에 출시함으로써 과학기술이 시장에 진입하는 속도를 크게 높였고 그 혜택이 사회로 돌아가는 속도 또한 크게 높였다. 이런 의미에서 스티브 잡스는 앞서 언급한 기술 상용화를 추진하는 3만 명의 기업가를 대표하는 전형적인 인물이라고 할 수 있다. 이러한 사람들은 과학기술에 대해 잘 알지만 과학기술을 연구하는 과학자가 아니라 과학기술을 가장 잘 사용하는 사람이다.

예를 들어보자. 탱크는 제1차 세계대전 후반기에 영국인이 발명한 것이다. '베르됭 전투'에 대해 한번쯤 들어봤을 것이다. 당시 영국군은 진지전을 펼칠 때 진영의 어느 지점이 무너지려고 하면 탱크가 치고 나와 무너지는 지점을 메워 진영 전체가 붕괴되는 것을 막고자 했다. 따라서 탱크는 방어 목적으로 사용되었고 수량도 극히 적었다.

당시에는 기병이 전면에 나가는 전술을 펼쳤다. 이후에 맥심기관총이 등장하면서 기병이 직접 적과 부딪치는 전술은 막을 내렸다. 제2차 세계대전이 발발하면서 독일인은 탱크가 적의 기관총탄을 방어할 수 있다는 것을 발견하고, 탱크를 전면에 내세웠다. 때때로 과학기술은 전쟁을 통해 그 잠재력을 한껏 발휘하기도 한다.

우리는 전쟁을 바탕으로 비즈니스를 유추할 수 있다. 비즈니스는 두 가지가 결합해야 한다. 최상의 과학기술이 필요하고, 그 과학기술로 탱크도 만들 수 있어야 한다. 순수하게 과학기술만 필요한 것이 아니라 과학기술을 적용 가능한 비즈니스 모델, 상황을 조정할 수 있는 전략과 전술이 있어야 과학기술이 제 기능을 최대한 발휘할 수 있다.

과학기술은 고효율의 발명이지만 과학기술의 역량을 어떻게 극대화할 것인지는 CEO에게 달려 있다. 다시 말해, CEO는 탱크를 연구 개발하는 사람이 아니라 전격전(신속한 기동과 기습으로 일거에 적진을 돌파하는 기동 작전—옮긴이)을 연구하는 사람이다.

하지만 잊지 말아야 할 것은 우리가 오랜 시간 부추기고 선동해 좋은 업무 방식을 창출해냈을지라도 '탱크'라는 전제를 놓친다면, 전격전에서 기병이 맥심기관총 부대를 향해 돌격하는 것과 다를 바 없다. 즉 전격전에 아무리 능하더라도 과학기술을 확보해야만 진정 과학기술 발명가보다 더 우위에 선다고 할 수 있다.

중국식 혁신의 기회

다시 잡스의 예를 생각해보자. 잡스의 성공은 아이팟iPod에서 시작되었다. 당시 잡스는 한 가지 구상을 하고 있었다. 사람들이 자신의 음악 파일을 주머니에 넣어 가지고 다니면서 듣고 싶을 때 꺼내서 듣도록 하는 것이었다. 하지만 당시 방법으로는 불가능했다. 당시에는 MP3를 사면 10곡 정도만 수록할 수 있었고 나머지 음악 파일은 컴퓨터에 저장해두었다가 듣고 싶은 음악이 있으면 컴퓨터에서 옮겨야 했다. 잡스는 여기에 만족하지 않았다.

이는 전격전과 같은 아이디어였지만, 관건은 탱크가 있느냐 하는 것이었다. 그래서 잡스는 이곳저곳을 돌아다니며, 주머니에 들어갈 수 있고 1000곡 정도 수록할 수 있는 플레이어가 있는지 찾았다. 아쉽게도 미국에는 없었다. 그는 일본으로 갔다. 당시 도시바는 3.5인치 고밀도 하드디스크를 개발했다.

그러나 도시바는 연구에는 성공했지만 영국이 탱크를 만들었을 때처럼 난처한 상황에 처했다. 메모리가 MP3보다는 훨씬 컸지만 컴퓨터보다는 작아서 어느 쪽으로도 시장에 진입할 수가 없었다. 다시 말해 컴퓨터 하드디스크로 쓰기에도 적합하지 않고 MP3에도 적합하지 않았던 것이다. 하지만 이 하드디스크는 잡스의 마음에 쏙 들었다. 잡스가 그토록 원하던 물건이었다. 잡스는 이것을 전량 사들였고 도시바에 앞으로 모든 해당 제품을 애플에 공급해달라고 했다. 이후 아이팟이 개발되어 인기를 끌자 잡스는 아예 도시바에 돈을 주고 특허권을 사왔다.

생생한 예가 아닐 수 없다. 만약 당신이 좋은 기업가이고 과학기술로 전격전을 잘할 수 있다면 시장 우위를 이용해 과학기술을 제어할 수 있다. 간단히 말해 탱크의 특허권을 사들이는 것이다.

이것은 중국이 처한 위험이 가져온 또 다른 기회다. 중국의 위험은 앞서도 언급했듯이 과학기술을 상품화시킬 만한 인재가 없다는 것이다. 그렇다면 중국의 강점은 무엇인가? 중국에는 시장이 있고 돈이 있다. 알리바바가 상장하면서 전 세계에 중국을 널리, 생생하게 홍보해주었다. 과거 중국인이 해외 투자를 하면 먼저 이런 질문이 나왔다. "어디 펀드입니까? 배경이 어떻게 되는지, 자금은 얼마나 되는지 알려주십시오." 그러나 알리바바 상장 이후 중국 펀드라는 말만 해도 다들 중국인이 돈이 있다는 사실을 알고 더 이상 질문하지 않는다.

더 중요한 사실은, 중국에는 제조 능력이 있다는 것이다. 현재 많은 사람이 간과하고 있는 것이 있다. 일본의 비데가 아무리 좋다고 한들 비데를 가지고 국민 경제를 살릴 수 있을까? 독일인의 인더스트리 4.0이 그토록 좋은데 왜 독일에서 아이폰을 만들지 않고 중국을 선택했을까? 바로 중국의 제조 능력이 세계 최고이기 때문이다.

"그렇지 않아요. 중국에 위조품이 얼마나 많은데요"라고 말하는 사람도 있을 것이다. 이것은 능력의 문제가 아니라 의지의 문제다.

즉, 제품을 잘 만들 능력이 되지만, 위조품을 만드는 사람들은 진품을 만드는 데 드는 비용이 너무 커서 만들려 하지 않는 것이다. 다시 말해서 중국의 능력에는 문제가 없다. 또 중국이 세계 1위라는 것이 아니라, 복잡한 제품을 대규모로 제작할 능력을 갖춘 개방형의 유일한 국가라는 말이다. 복잡한 제품을 대규모로 제작하는 능력은 독일이나 한국, 일본도 갖추고 있다. 하지만 그들은 대외적으로 개방되어 있지 않다. 이것이 바로 아이폰 제조가 중국에서만 가능한 이유다. 중국 연해 지역에는 OEM, 즉 제3자를 위해 개방적으로 제품을 대량생산하는 공장들이 대거 들어서 있다.

사실 이는 그리 간단한 것이 아니다. 많은 다국적 기업이 내부 협력은 가능하지만 대외적으로는 하지 못한다. 복잡한 제품의 개방형 제조는 더욱 어렵다. 미국은 자신의 작업장에서는 대단히 복잡한 것도 뚝딱 만들어낼 수 있다. 하지만 대량생산은 할 수 없다.

『제로 투 원』의 저자 피터 틸은 이런 명언을 남겼다. "우리는 하늘을 나는 자동차를 원했다. 그런데 얻은 것은 140자(트위터에 올릴 수 있는 글의 1회 최대 글자 수—옮긴이)다." 이것이 지금 실리콘밸리의 문제 중 하나다. 실리콘밸리는 고정 자산 투자가 적은 방식을 좋아하고 투자 이후 적어도 1000배 이상 급격히 성장하기를 원한다. 실리콘밸리의 벤처 투자 순위를 분석해보면 이런 특징이 있다. 높은 순위에 오른 투자자는 다수의 기업에 투자해 이익을 남긴 투자자가 아니라 몇 개의 가장 큰 기업에 투자 적중한 투자자였다. 당신이 페이스북에 투자한 것이 적중하고 다른 투자는 모조리 실패했다 하더라도 실리콘밸리 벤처 투자 순위에서는 1위인 것이다.

그들은 지식 산업을 좇는 것이 아니라 페이스북 투자가 적중하기를 바란다. 이렇다보니 하드웨어보다 소프트웨어 쪽을 더 선호한다. 소프트웨어 기업은 성장 속도가 빠르고 제2의 페이스북이 될 가능성이 더 크기 때문이다. 그래서 현재 미국의 하드웨어 기업은 어려운 시기를 보내고 있다.

나는 미국에서 고객들을 만날 때 이런 말을 했다. "실제로 플라잉 카 기업에 투자하고 있지만 우리는 투자자에 불과합니다. 우리가 한 일은 하나밖에 없습니다. 지리吉利, Geely(저장浙江 지리홀딩그룹의 자동차 브랜드—옮긴이)의 리수푸李書福 회장과 두 시간쯤 이야기를 나누면서 이 기업을 소개한 것입니다." 여기서 중국의 강점이 드러난다. 첫 번째 강점은 대량생산이 중국 입장에서는 일도 아니라는 것이다. 복잡한 제품을 제조해내는 것은 미국도 할 수 있지만 대량생산은 불가능하다. 우리가 투자한 플라잉 카는 상당히 우수한 기업이다. 작업실에서 제조한 두 대의 플라잉 카로 이미 하늘을 나는 시범 운행이 무수히 이뤄졌다. 게다가 세계에서 유일하게 두 종류의 운행 허가증을 모두 보유했다. 즉, 무시로 일반 도로를 달릴 수 있고 또 비행장으로 들어갈 수도 있다. 운행 허가증이 있기 때문에 날개를 펴고 관제탑과 연결되면 바로 날아오를 수 있다. 하지만 자체적으로는 두어 대만 생산할 수 있고 2000대나 2만 대 생산은 불가능하다. 대량생산을 하려면 많은 돈과 기술적 뒷받침이 필요한데, 이러한 조건은 중국이 갖추고 있기 때문이다. 중국 입장에서는 이러한 일이 쉽고 상대에게는 선진 과학기술이 있으니 서로 손을 잡기에 안성맞춤인 것이다.

중국엔 또 하나의 강점이 있다. 바로 중국 경제가 고속 성장 중이라는 사실이다. 그동안 중국은 환경에 대한 적응력과 신속한 반응 능력을 여실히 보여주었다. 지리 측과 그 기업은 두 시간 이야기를 나눈 뒤, 일주일 만에 투자 담당 수석 부회장이 팀을 이끌고 현지로 와 기업을 시찰했다. 그리고 한 달 후 투자 계약서에 서명하고 2016년 음력 설 전후로 두 번째 투자를 진행했다.

제조는 커다란 강점이다

사람들은 제조업을 폄하할 때가 많다. 과거에 나왔던 '미소 곡선' 개념이 이를 잘 보여준다. 마치 처음 단계인 연구 개발과 이후 단계인 고객 마케팅만 가치가 있는 것처럼 높은 지점에 두고, 중간 단계인 제조업의 가치는 낮은 지점에 둔 그래프가 '미소 곡선'이다. 그 전제가 무엇인가? 나는 어떤 대상의 가치를 평가하려면 그것이 산업 사슬에서 유일무이한 지위와 컨트롤 능력을 가졌는지 봐야 한다고 생각한다. 당신이 유일하다면 당신은 가치 있는 존재다. 초기 윈도Windows를 예로 들어보자. 이 컴퓨터 운영 체제OS가 왜 그토록 가치 있었을까? 소프트웨어도, 하드웨어도 종류가 많지만 윈도는 유일하게 하나이기 때문이다. 유일성이 경제적 가치를 결정한다.

처음에 '미소 곡선'이라는 개념이 나왔던 이유는 PC가 막 대량 생산되기 시작할 무렵 타이완 내 경쟁이 치열해 사람들이 벌떼처럼 몰려들어 OEM 생산을 했기 때문이다. 외부에서 생산 업체를 찾을 때도 워낙 생산하는 업체가 많은 데다 OEM 생산은 기술 함량이 높지 않아서 자연히 가격이 하락했다. 그렇다고 해서 제조업 자체가 경제적 가치가 없다는 말은 결코 아니다. 유일성이 있는 제품의 제조업은 역시나 가치가 있다.

이러한 유일성은 어디서 발현되는 것일까? 도시바 OEM 업체처럼 전통적인 대기업 제조업체는 크게 해당 사항이 없다. 도시바가 자체적으로 공장을 설립할 수 있기 때문에 이 제조업체는 그만한 가치가 없다. 유일성은 혁신 기업의 OEM 생산 업체에서 그 진가를 발휘한다. 예를 들어 미국에서 새로운 제품이 개발되었다면 어디에서 이 제품을 생산할 수 있을까? 대기업을 찾아봐도 시원찮은 상황이라면 어느 곳을 찾아야 할까? 중국 선전深圳과 같은 도시에서 해결책을 찾을 수 있다.

예를 들어보자. 다들 알다시피 미국의 킥스타터Kickstarter(세계 최대의 크라우드 펀딩 플랫폼—옮긴이)는 가장 유행하는 제품이 소개되는 곳이다. 가장 트렌디한 제품들이 이곳에서 크라우드 펀딩 방식으로 출시된다. 이러한 킥스타터의 방식은 일종의 새로운 모델이다. 즉, 내 아이디어를 동영상으로 만들어 올린 다음 크라우드 펀딩을 하는 것이다. 그리고 이렇게 돈이 모이면 중국 선전으로 날아가 적당한 사람을 물색해 생산을 시작한다. 이것이 의미하는 바는 무엇일까? 제품의 생산, 특히 복잡한 제품의 생산에서 중국이 독보적이라는 뜻이다. 다른 예로, 테라퓨지아Terrafugia 플라잉 카는 원래 미국에 공장을 설립할 생각이었지만 가망이 없어 보여, 중국에서 기존의 자동차 공장을 개조해 생산할 수 있었다.

대량생산 능력은 우리가 생각하는 것처럼 간단하지 않다. 특히 제3자에 개방적인 대량생산은 정말 쉽지 않다. 현재 전 세계 기업이 중국으로 달려오고 있다. 선전에 온 미국 스타트업 인재 중 내가 아는 사람만 해도 한둘이 아니다. 대량생산을 하려면 선전에 올 수밖에 없다.

여기에는 드론 분야를 선도하는 3D 로보틱스도 포함된다. 얼마 전 이 기업은 파산을 선언했다. 설립자인 크리스 앤더슨은 이렇게 말했다. "내가 파산한 이유는 간단하다. DJI를 이기지 못했기 때문이다."

왜 "DJI를 이기지 못했기 때문"이라고 했을까? 이 분야는 오픈 소스 분야로, 여기서 세계 선두가 된다고 해도 2위나 다른 경쟁 기업들과 4~6개월 차이밖에 나지 않는다. 예전에 나는 화웨이(중국 최대 네트워크 및 통신 장비 공급업체―옮긴이)를 방문한 적이 있다. 그들 역시 이렇게 말했다. "우리는 전 세계 통신 연구 개발 분야에서 후발 주자다. 그래서 일단 누군가가 새로운 발견을 해내면 우리는 곧바로 인재를 보내 그곳을 점령한다. 우리와 세계 선두 그룹과의 시간적 차이는 6개월을 넘지 않는다. 6개월 내에 우리는 분명해낼 수 있다."

이 말은 앞에서 언급한 1만 시간의 법칙이 1000시간의 법칙으로 바뀌는 내용과 비슷한 맥락으로 4~6개월의 차이를 이야기한 것이다. 얼핏 보기에는 상당히 우세해 보이지만, 실질적으로 너무 짧다. 실제 제조에 들어가면 4~6개월 내에 해결될 문제가 아니라 1년 반에서 2년은 걸린다. 따라서 미국인이 오픈 소스 분야에서 중국보다 4~6개월 앞선다 해도 공장을 설립하는 단계에서 중국보다 1년 반이나 2년 늦을 수 있다. 모든 상황을 합쳐 종합적으로 보면 중국이 늦게 출발해도 먼저 도착할 수 있는 것이다. 미국은 실제로 일찍 출발했지만 늦게 도착한 셈이다.

따라서 미국이 중국과 협력하면 강자와 강자가 손을 잡는 것이다. 미국의 강점인 연구 개발과 중국의 강점인 제조가 결합되는 것이다. 협력하지 않을 경우 누가 누구를 이기게 될지 알 수 없다. 제조업이 중국의 커다란 강점임을 알았다면 다시는 제조업을 경시하지 말아야 한다.

사실 세계 경제 규칙은 매우 간단하고 이해하기 쉽다. 외부에 물건을 계속 팔면 경제가 성장한다. 과거에 미국 경제가 그토록 호황을 누렸던 이유는 무엇일까? 중국 입장에서는 중국도 미국에 많은 물건을 팔았지만, 전 세계적으로 보면 미국이 전 세계에 판매한 물건이 훨씬 많다. 미국의 소프트웨어, 영화 등이 전 세계에 팔렸고 세계의 돈이 미국으로 흘러 들어갔으니 미국 경제가 호황일 수밖에 없었다.

중국도 마찬가지다. 과거 30년 동안 중국은 제조업을 통해 전 세계에 계속 물건을 팔았다. 이것이 중국의 강점이다. 현재 중국의 많은 사람이 내수를 일으켜 보완해야 한다고 말하는데, 그것은 차선책의 하나라고 생각한다. 중국의 제조업이 뒷받침되지 않는다면 내수 역시 진작시킬 수 없다.

전형적인 예로 인도를 들 수 있다. 인도는 제조업이 발달하지 않았다. 인도 정부도 내수를 진작시키고 싶고 서민들 역시 물건을 사고 싶지만 주머니에 돈이 없다. 공장도 없고 생산도 이뤄지지 않으니 해외에서 수입해올 수밖에 없어 물가가 너무 비싸다. 인도에도 알리바바와 같은 전자 상거래 기업이 있다. 하지만 그 기업의 가치는 알리바바의 1퍼센트에도 못 미친다. 인도에는 하드웨어 제조를 핵심으로 하는 산업이 형성되지 않았기 때문이다.

중국은 지금 '쌍창雙創', 즉 창업과 혁신을 독려하고 있다. 해외파가 귀국해 창업하기를 독려하며 과학기술 인재가 창업하기를 독려하고 있다. 솔직히 말해 나는 중국의 제조업이 세계의 선진화된 과학기술과 협력해 차세대 업그레이드를 실현하도록 독려하는 것이 최우선이라고 생각한다.

중국의 제조업에 세계에서 가장 앞선 과학기술을 접목시킨다면 이 제조업은 역시 최고가 될 것이다. 또 이러한 결합은 과거와는 다른 방식이다. 과거엔 세계 500대 기업과 협상해 이곳에 공장을 세우면 괜찮으니 정부에서 공장을 설립할 것을 요구하는 식이었다. 이 경우 아웃소싱비 정도만 벌 수 있을 뿐이다.

지금은 상대 기업이 모두 소기업으로, 중국의 제조 능력뿐 아니라 중국의 시장과 중국의 투자를 필요로 한다. 이 세 가지를 하나로 하여 상대 기업과 협력할 수 있다면 적어도 그 기업의 두 번째 주주가 되거나 잘하면 최대 주주가 될 수도 있다. 이때 얻을 수 있는 이익과 산업 내 컨트롤 능력은 과거보다 훨씬 나을 것이다. 또한 이러한 방식은 완전히 시장화된 것이기에 WTO 규칙을 위배하지 않는다. 즉 정정당당하게 시장화의 방법을 통해 세계에서 가장 선진화된 생산력으로 과학기술 발전을 이뤄내도록 돕는 것이다.

중국인은 볼펜 촉을 생산하지 못한다는 식의 자질구레한 트집을 잡는 것은 아무런 의미가 없다. 내 생각에 볼펜 촉은 핵심 산업이 아니다. 세계에는 이미 산업 생태계가 형성되었고 원래부터도 서로 물건을 교환하며 살아왔다. 중국이 어떤 제품을 생산하지 못한다고 지적한다면, 다른 나라들 역시 자체 생산하지 못하는 물건이 중국보다 더 많다고 말하고 싶다. 원래 인간은 공존하며 살아가는 존재인데, 작은 부분 하나를 놓고 '나는 있는데 너는 없다'는 식으로 말하는 것은 설득력이 없다.

전체적으로 봤을 때 중국에는 장악력이 있다. 웨어러블 기기든 휴대전화든 전자 산업에 종사하는 많은 미국인이 중국 선전으로 왔다. 복잡한 전자 제품일수록 모두 중국으로 몰려왔다. 무슨 의미인가? 중국이 제조업에 능하다는 뜻이다. 아이폰 제조에 필요한 정밀도가 볼펜 촉보다 떨어진다고 생각하지 않는다. 그런데 왜 아이폰을 제조할 능력이 되면서 볼펜 촉을 만들어내지 못하는 것일까? 볼펜 촉은 중국이 제조할 가치를 느끼지 못해서라고 본다. 기술 수준이 높지 않은 경우 상대적으로 비용이 저렴한 곳으로 흘러가기 마련이고, 놓지 말아야 할 것은 사실상 기술 수준이 가장 높은 물건이다. 따라서 나무만 보고 숲을 보지 못하는 우를 범해서는 안 된다. 객관적 시각을 유지해야 한다. 숲의 각도에서 보면 중국은 상당히 막강하다.

중국인들은 줄곧 한 가지 오해를 하고 있다. 혁신의 주체가 되지 못하면 뭔가 부족한 것, 충분히 강하지 못한 것으로 여긴다. 그래서 중국인들이 가장 좋아하는 말이 '자주 혁신'이다. 쉐자오펑 교수는 "혁신은 기능이다"라고 했다. '자주 물리'나 '자주 수학'이라는 말을 들어봤는가? 혁신은 기능이기 때문에 잘 터득하면 좋은 것이다. 그러면 어디에서 터득할 수 있을까? 당연히 가장 선진화된 곳에서 배워야 한다.

중국의 제조업이 오늘날 우위를 점하게 된 까닭은 중국이 세계 500대 기업에서 배웠기 때문이다. 세계 500대 기업의 제조 기술은 말할 나위 없이 최고 수준이다. 중국은 이를 배운 뒤 여기에 개방성을 더해 세계 최고가 되었다. 세계 500대 기업은 당시 충분히 개방되지 않은 상태에서 어쩔 수 없이 기술을 중국에 양도해주었고 우리가 어떻게 개방해야 할지 마지못해 가르쳐주었다. 결과적으로 뜻하지 않게 중국이 세계 최고 수준이 된 셈이다.

그렇다면 앞으로 중국은 세계에서 가장 앞선 과학 연구 기업이나 R&D 기업에게 배워 R&D를 세계 최고 수준으로 끌어올리고 세계에서 가장 혁신적인 국가가 될 수 있을까? 내 생각에 자주 혁신이냐 아니냐는 단계적 현상에 불과하다. 세계에서 가장 선진화된 것을 배워 터득해가는 것은 좋은 일이다. 이때 결과까지 따질 필요는 없다.

모든 것을 혁신할 필요는 없다

혁신의 산업 사슬은 전체 구조가 복잡하다. 그렇다고 모든 것을 혁신할 필요는 없다. 예를 들어 좋은 차인지 아닌지는 엔진의 회전 속도나 출력 파워를 보면 알 수 있다. 핸들을 보고 회전 속도나 출력 파워를 가늠할 수 없고, 백미러로 속도를 가늠할 수 없다. 그렇지 않은가? 각각이 나타내는 지표가 다르고 또 대부분은 주로 보조 역할을 하기 때문에 모든 것이 늘 새로워야 할 필요는 없다.

즉 혁신적인 산업 사슬에서 대부분은 굳이 새로워질 필요가 없다는 말이다. 일부는 혁신을 맡고, 일부는 협력을 맡고, 일부는 광고를 맡고, 일부는 루트를 맡고, 일부는 생산을 맡는다. 모든 부문에서 혁신이 필요한 것은 아니다. 모든 부문을 혁신하면 반대로 더 좋지 않을 수 있다. 전체 시스템이 다 구축되지 않은 상태에서 전체를 혁신하면 모든 것이 혼란스러워질 수 있다.

예컨대 1차 산업혁명 이후 과학기술이 발전해 유럽과 미국뿐 아니라 중동도 부유해졌다. 중동이 혁신을 해서가 아니다. 그들에게는 석유가 있었다. 석유는 전체 과학기술 산업혁명에서 중요한 에너지원이었다. 이것을 봐도 알 수 있듯이 유일성이 가장 중요하다. 당신에게만 있고 다른 사람에게는 없는 것이 경제적 가치를 지닌다. 현재는 중동의 지위가 다소 흔들리고 있다. 러시아에도 석유가 있고, 많은 아프리카 국가도 석유를 대량 수출하고 있기 때문이다. 유일성이 떨어지면서 중동의 입지 역시 약해졌다.

나는 현시대의 과학기술 혁명 역시 비슷한 특징을 보인다고 생각한다. 어느 산업 사슬의 어느 단계에서 강력한 컨트롤 능력을 발휘할 수 있을지 고민해야 한다. 컨트롤할 수 있다면 스스로 혁신하지 않고 오히려 혁신이 이뤄진 부분을 통제할 수 있다.

과학기술 혁명 시대에 석유는 대규모 생산 능력을 의미했다. 현시대에는 더 이상 에너지가 중요한 문제가 아니다. 지금은 복잡한 제품을 대량생산하는 것이 어려워진 시대다. 한 나라가 이 능력에 독보적일 수 있다면 석유 수출국과 마찬가지로 초과 이윤을 누릴 수 있다. 결과적으로 보면 이러한 때에는 자주 혁신을 논하는 것보다 혁신적인 산업 사슬을 컨트롤하는 일에 중점을 두는 게 더 나을 것이다.

제4장

비즈니스적 사고 기르기

1.
종의 전쟁,
비즈니스 사회 다시 이해하기

인류, 자연계 최악의 킬러

나는 환경보호에 힘쓰는 친구와 함께 인류 역사라는 주제를 놓고 이야기할 기회가 종종 있었다. 많은 사람이 인류 역사를 다음과 같이 둘로 나누어 생각한다. 하나는 산업혁명 이전으로, 대자연과 하나 되어 조화롭게 공존하던 시절이다. 다른 하나는 산업혁명 이후이다. 현대사회가 시작되자 사람은 대자연을 괴롭히는 재앙과 같은 존재가 되었고 생물의 다양성이 파괴되었다. 인간의 활동이 번성하면서 이산화탄소 배출량이 갈수록 늘어났기 때문이다.

그러나 사실 인류는 인류로서 아직 그럴듯한 문명사회를 구축하지 못했을 때부터 이미 대자연, 특히 생물 다양성을 위협하는 최악의 킬러였다. 수많은 동물이 멸종된 것은 사실상 현대사회가 도래하기 전부터 일어났다.

기록에 따르면, 아프리카에서 시작된 인류가 아시아 대륙에 온

후 베링 해협에 빙하기가 찾아오자 북쪽에서 우회해 아메리카 대륙에 도착했다. 당시 인류의 걷는 속도를 감안하면 인류의 이동은 상당히 빠른 편이었다. 1만6000년 전에 아메리카 대륙에 도착했고 2000년 뒤 중앙아메리카에 도착했으며 다시 2000년이 흐른 후 남아메리카 남단에 도착했다.

인류가 아메리카에 출현하자 아메리카 생태계에 재난이 시작되었다. 북아메리카에는 본래 47종의 대형 동물이 있었는데 인류가 오자 그중 34종이 멸종했다. 남아메리카의 상황은 더 심각했다. 인류가 등장하자 본래 60종이었던 대형 동물이 무려 50종이나 멸종했다. 매머드나 검치호랑이 같은 동물은 이제 고생물 박물관에서 화석이나 복원한 모형으로만 볼 수 있다. 인류는 이러한 종의 전쟁을 두려워해본 적이 없다. 역사적으로 인간은 무적의 승리자였다.

바이러스식 마케팅

그렇다면 사람은 무엇을 두려워할까? 차이가 가장 많이 나는 종과의 전쟁을 두려워한다. 즉, 아주 강력해 보이는 인류와 아주 미미해 보이는 바이러스 및 세균과의 전쟁이다. 사실 오늘날 인류 의학이 이렇게 발달했는데도 이러한 종과의 전쟁은 여태껏 승리로 이끌지 못하고 있다.

서구의 많은 SF 영화가 새로운 바이러스 변종이 나타나 전체 인류가 멸종 위기에 처한다는 스토리다. 이는 다모클레스의 검(고대 그리스의 이야기에 등장하는, 머리 위 천장에 말총으로 매단 칼로, 권력의 무상함과 절박한 위험을 상징한다―옮긴이)이 계속 인류의 머리 위에 걸려 있어도 어쩔 줄 모르는 상황이다.

마오쩌둥이 남긴 시 중에 이러한 구절이 있다. "녹수청산이 소용없고 화타도 작은 벌레 앞에 속수무책이구나! 마을마다 사람들은 목련나무 아래 변을 보고 집집마다 처량하니 귀신 울음소리만 들리는구나綠水青山枉自多, 華佗無奈小蟲何. 千村薜荔人遺矢, 萬戶蕭疏鬼唱歌." 화타 같은 명의도 작은 벌레 앞에서 어찌할 바를 모르는 것이다.

나는 원래 환경 분야에 대해 전혀 아는 바가 없었다. 하지만 최근 몇 년 동안 이 시대의 비즈니스 문제를 고민하다보니 비즈니스 상황도 이와 좀 유사하다는 생각이 들었다. 거대한 대기업이 무슨 영문인지 하나씩 도산하는데 그 모습이 마치 전염병에 걸린 듯했다. 그리고 신기한 것은 미생물이나 바퀴벌레 같이 미미하던 소규모 창업 기업이 자기 시대를 맞이한 것 같다는 점이다. 몇 년 지나지 않아 '대기업 흑사병'이라는 말로 지금 우리의 경제를 설명하는 사람이 등장할지도 모른다.

현재, 시장에서도 '바이러스식 마케팅viral marketing' 같은 말이 많이 쓰이고 있다. 세균이나 바이러스 관련 지식을 좀 익혀도 오늘날의 비즈니스 환경을 이해하는 데 큰 도움이 될 것 같다. 이 분야를 이해하는 데 있어 나에겐 『하느님의 벼룩上帝的跳蚤』이란 책이 큰 도움이 되었다.

이 책의 저자는 '징후쯔京虎子(베이징 호랑이라는 뜻―옮긴이)'라는 필명을 쓰는 왕저王哲다. 그는 의사 출신이면서 이후 과학기술 보급

도서 전문 작가로 활동했다. 내 친구가 이 책을 추천하면서 왕저는 중국의 과학 작가 중 필력이 가장 좋다고 칭찬했는데 과연 정말 잘 쓴 글이었다.

유럽에 창궐한 흑사병의 전말

다시 세균, 바이러스, 전염병 이야기로 돌아오면, 인류 역사상 가장 유명한 전염병은 14세기 유럽을 휩쓴 흑사병이다. 사실 쥐의 벼룩에서 옮겨지는 페스트였지만, 그 당시 사람들은 전염병과 쥐가 무슨 관련이 있는지 전혀 몰랐다. 더 정확히 말하면 쥐의 몸에 있는 세균과 무슨 관련이 있는지 몰랐다. 당시 사람들은 세균이나 미생물의 존재를 알지 못했는데 어떻게 '페스트'라고 명명할 수 있었겠는가.

그러면 왜 '흑사병'이라고 불렀을까? 이 병에 걸린 사람은 곧 정신이 희미해지고 의식이 혼탁해지며 호흡 곤란이 왔다. 이는 온몸의 산소 결핍을 야기해, 피부색이 흑자색으로 변했다. 죽기 전 환자의 겨드랑이며 사타구니에 림프 부종이 일어나며 흑자색으로 바뀌었다. 죽는 모습이 너무나 공포스러워 당시 사람들은 이 병을 흑사병이라고 불렀던 것이다.

지금 우리는 유럽사에서 흑사병이 돌았던 시기를 기나긴 암흑기라고 생각하는데, 실제로는 그리 긴 시간이 아니었다. 너무나 엄청나고 무서운 재난이었기에 그 시대 역사를 기록한 사람이 많은 것뿐이다. 실제로 흑사병은 갑자기 발병해 불과 5, 6년 만에 유럽 전역을 휩쓸었고 2500만 명에서 3000만 명이 이 병으로 죽었다. 이 규모는 당시 전체 유럽 인구의 3분의 1에 상당하는 것으로, 정말 생지옥이나 다름없었다.

이 병은 어디서 왔을까? 유래를 좇다보면 몽골인으로 거슬러간다. 당시 유라시아 대륙은 서쪽의 작은 일부만 유럽에 속했고 나머지는 모두 몽골인 세상이었다. 당시 유럽인은 몽골인을 타타르인이라고 불렀다. 다들 알다시피, 칭기즈칸은 자손을 이끌고 서쪽으로 진격, 다뉴브강까지 영토를 넓혀 인류 역사상 가장 광대한 몽골 대제국을 설립했다. 하지만 이렇게 넓은 국토를 어떻게 관리할 수 있었을까? 당시에는 통치 제도가 잘 확립되지 않았기에 기존의 방법대로 자손들에게 분봉해줄 수밖에 없었다.

중국의 원나라 외에 차가타이칸국, 오고타이칸국, 일칸국, 킵차크칸국의 몽골 4대 칸국汗國이 세워졌다. 금장칸국金帳汗國이라고 불리기도 하는 킵차크칸국은 영토가 지금의 진둥晉東에서 중앙아시아 일대까지였다. 중국인은 몽골인들이 말을 타고 전쟁을 하며 칼을 휘둘러 사람을 죽이는 것 말고는 아무것도 못 한다고 오해하고 있는데, 사실 몽골인은 200년 가까운 부흥기 동안 인류 역사에 커다란 공헌을 했다. 몽골은 통상에 아주 정통했고 또 통상을 장려하던 민족이었다. 특히 4대 칸국과 원나라가 설립된 후 칸과 황제는 모두 형제관계, 숙질관계였기에 서로 간에 무역 장벽이 전혀 없었다. 그 당시는 유라시아 대륙에서 무역이 가장 번창했던 시기로, 킵차크칸국 역시 예외가 아니었다.

장사 이야기가 나왔으니 하는 말인데, 유럽에서 장사를 가장 잘하는 사람은 어느 나라 사람일까? 이탈리아인이다. 그중에서도 제노바인이 가장 유명하다. 제노바인들은 지중해에서 배를 타고 흑해까지 와서 동방의 자기나 실크를 싣고 유럽으로 돌아가 그것을 팔아 큰돈을 벌었다. 재산을 모으자 그들은 이런 생각이 들었다. '동방에 우리 무역 기지를 세우면 어떨까?' 왔다 갔다 하다보니 크림반도에 있는 카파가 마음에 들었다. 하지만 카파는 킵차크칸국의 영토로, 몽골 칸국에 속했다. 그래서 그들은 칸과 거래를 했다. "우리가 당신께 돈을 드릴 테니 이 지역을 우리에게 식민지로 주실 수 있겠습니까?"

　지금으로 말하면 이것은 주권을 건드리는 문제다. 어떻게 토지를 할양해달라고 할 수 있는가? 1840년 아편 전쟁 후 홍콩과 다를 게 뭔가? 하지만 당시 몽골 칸국에서는 은화를 준다고 하니 바로 허락했다. 그래서 카파는 유라시아 대륙에서 매우 번성한 무역 중개지가 되었다.

　하지만 온갖 민족, 온갖 종교를 믿는 사람이 모두 카파에 와서 장사를 하다보니 충돌이 안날 수가 없었다. 1343년 첫 번째 대충돌이 일어났다. 제노바인과 무슬림이 싸워 무슬림 한 명이 칼에 찔려 사망했다. 어떻게 해야 할까? 무슬림들이 생각해보니 이 땅은 이탈리아인 지역이라 고소할 곳도, 투서를 보낼 곳도 없었다. 그래서 결국 몽골 칸국으로 가서 이 상황을 알렸다.

　몽골인은 원래 종교가 없는 민족으로, 어느 지역을 정복하든 관용적이고 개방적으로 그곳의 종교를 받아들였다. 당시 킵차크칸국은 이슬람교를 막 받아들일 때였다. 무슬림이 달려와 상황을 알리자 칸은 바로 그들 편에 서서 군대를 이끌고 위세당당하게 카파를 포위했다.

그러나 당시 몽골은 전성기를 지난 지 벌써 100년이 지나 군사력이 예전 같지 못했다. 이 때문에 카파를 함락시키지 못하고 시간을 끌며 서로 힘겨루기를 하게 되었다. 몽골은 군대를 철수하지 않았고 제노바인도 투항하지 않았다. 이렇게 4년을 대치하다가 1347년 승산이 없다고 생각한 몽골은 그제야 군대를 철수했다.

몽골군이 카파에서 철수하자 많은 제노바인이 배를 타고 집으로 돌아가면서 사건이 발생했다. 배 안에서 흑사병이 생겼는데 그 상태로 첫 배가 시칠리아섬에 도착했다. 배가 도착한 지 얼마 안 되어 절반 가까이 되는 사람이 죽었다. 흑사병의 특징 중 하나는 발병에서 사망까지 빠른 경우 반나절도 걸리지 않는다는 점이다. 그러니 사람들이 얼마나 공포를 느꼈을지 가히 짐작할 만하다. 많은 사람이 길을 걷다 갑자기 쓰러져 죽는다. 제노바인들도 그랬다. 인구 절반이 흑사병으로 죽고 남은 사람들은 혼비백산해 여기저기로 흩어졌다. 흑사병이 유럽에 상륙한 첫 지점이었다. 때는 1347년 10월이었다.

이어 흑사병은 두 경로로 나뉘어 행군을 계속했다. 첫 번째 경로는 1348년 스페인 남부로, 수많은 사망자가 발생했다. 이후 프랑스로 옮겨가, 프랑스 동남부에 위치한 아비뇽은 거의 전멸하다시피 했다. 이어 신성 로마 제국, 즉 오늘날의 독일과 오스트리아 일대에서 역시 대규모 사망자가 나왔다.

영국 국왕은 이미 유럽 대륙에서 일어난 참상을 알고 있었다. 세균의 존재를 알지는 못했지만 만반의 준비를 해야겠다고 생각한 영국은 아예 영국 해협 봉쇄령을 내려 어업조차 중단시켰다. 하지만 아무 소용이 없었다. 1349년 흑사병이 영국을 침공했고 영국의 사망자 비율은 유럽 전역보다 높아, 영국 전체 인구의 40퍼센트가 사망했다. 당시 런던에 5만 명이 거주했는데 순식간에 3만 명으로 감소했다. 영국 인구는 17세기가 되어서야 원래 수치로 돌아왔으니 영국의 피해가 가장 컸다고 할 수 있다. 2년 후 흑사병은 발트해를 건너 북유럽으로 전해졌고 스웨덴에서 일대 파란이 일었다.

두 번째 루트는 신성 로마 제국에서 동쪽의 러시아까지 이어졌다. 러시아는 넓은 영토에 비해 인구가 적어 세균 전파가 용이한 환경이 아니었지만, 그럼에도 이 마수를 피할 수 없었다. 1352년, 흑사병이 러시아를 휩쓸었다. 하지만 이상하게도 1352년 이후로 전염병의 기세가 눈에 띄게 꺾이더니 곧 흑사병은 유럽에서 자취를 감추었다. 전후 5~6년 동안 무려 유럽 인구의 30퍼센트가 사망했다.

한편 유럽인들은 이 병에 어떻게 대처했을까? 당시 사람들은 구토 요법이든 사혈법이든 모든 의료 수단을 동원해도 미생물의 존재를 알지 못했다. 일부 사람은 하느님의 징벌이라며 쇠 채찍으로 스스로를 때렸다. 또 림프샘이 붓자 시뻘건 석탄으로 림프샘을 지지는 사람도 있었다. 지금 시각에서 보면 모두 아무런 효과가 없는 치료법이었다. 하지만 이상하게도 어느 순간 흑사병은 유럽에서 종적을 감췄다.

물론 이 과정에서 흑사병이 어디서 처음 발병했는지를 놓고 논쟁은 계속되었다. 모리스라는 제노바인의 말에 의하면, 카파성이 포위되었을 때 몽골인이 4년을 싸워도 카파성을 함락시키지 못하자 흑사병에 걸려 죽은 사람의 시체를 투석기로 성안에 던져넣는 보복을 해 흑사병이 대유행하게 되었다는 것이다.

그래서 후대 사람들은 몽골이 세균전의 선조라고 말하기도 한다. 그러나 『하느님의 벼룩』 저자는 이를 황당무계한 소리라고 주장한다. 세균전은 아무나 할 수 있는 것이 아니다. 이는 몽골인들 스스로 예방 조치를 취할 수 있을 때나 가능한 것이며, 그렇지 않으면 몽골인들이 먼저 일찌감치 다 죽었을 것이라고 분석한다. 사실 몽골군도 진영에 흑사병이 이미 유행하기 시작해서 철군한 것이었다. 이후 제노바인들이 성에서 나와 보니 몽골인 몇몇이 죽어 있었고 함부로 시체를 만지다 세균에 감염된 것이다. 또 당시 제노바인이 성을 수비할 때 대포가 있었다는 증거가 나왔다. 대포의 사정거리는 1킬로미터였으니 몽골이 성을 포위할 때 아마 성벽 1킬로미터 떨어진 곳에 주둔했을 것이다. 당시 투석기가 얼마나 강력했기에 1킬로미터 밖에서 시체를 성 안으로 던질 수 있었을까? 불가능한 일이다.

물론 다음과 같이 이해할 수는 있다. 아마 당시 유럽인들은 '우리가 이렇게 하느님을 섬기는데 왜 전염병으로 우리를 징벌하시는 걸까?'라고 생각했던 것 같다. 분명 나쁜 사람이 암암리에 악을 꾀하고 그 나쁜 사람이 바로 몽골인일 것이다. 이렇게 각색되어 나온 이야기가 사람들에게 그럴듯하게 들려 널리 퍼진 것뿐이다.

문제는 아직 해결되지 않았다. 흑사병 바이러스는 도대체 어디서 왔을까? 이 수수께끼는 수백 년이 지난 후에야 중국인에 의해 간신히 풀렸다.

인류 역사를 보면 크게 세 차례의 전염병이 있었다. 첫 번째는 7세기에 발생했던 심각한 전염병으로, 전 세계 인구 중 1억 명가량이 사망했다. 두 번째는 앞서 말한 흑사병으로, 첫 번째만큼 사망자가 많지는 않았지만 문명의 중심지에서 발생했기에 많은 사람을 공포에 떨게 했다. 또 많은 사람이 이 시기의 역사를 기록해 널리 알려졌다.

세 번째 전염병은 언제일까? 바로 19세기 말 동아시아, 정확하게는 중국에서 발생했다. 1894년, 중국 윈난에서 시작된 이 전염병은 광둥으로 급속히 확산되어 나중에 홍콩까지 전파되었다. 홍콩은 인구 밀도가 높은 편이라 순식간에 2000명이 사망했고 홍콩 시민의 3분의 1이 사방으로 뿔뿔이 흩어졌다.

당시 홍콩은 지금만큼 번영하지는 않았지만 그래도 영국의 최대 극동 식민지였으며 국제적으로 주목받던 지역이었다. 당시 홍콩을 관리하던 영국인 총독이 국제사회에 원조를 요청해 많은 의료 팀이 홍콩으로 왔다. 그중 가장 유명한 두 팀이 유럽 스위스 팀과 아시아의 일본 팀이었다.

일본 의료팀에는 기타사토 시바사부로北里柴三郎라는, 국제적으로 명성이 높은 세균학 전문가가 있었다. 그는 처음으로 쥐의 사체에서 페스트균을 발견했다. 이는 인류 역사상 처음으로 쥐와 전염병을, 전염병의 발병 원인과 세균을 연결한 사례로, 이로써 페스트 발병의 베일이 벗겨졌다.

물론 홍콩에서 발생한 전염병도 신속히 지나갔다. 그리고 16년 후, 1910년 중국 동북부에서 다시 페스트가 크게 유행했다. 같은 전염병이었을까? 시기적으로는 같은 전염병이었다. 페스트 같은 대전염병은 100년을 기준으로 발병과 지속 기간을 계산하기 때문이다. 국제 전문가들에 따르면 우리는 아직도 제3차 페스트 시기를 살아가고 있는 것이다.

신해혁명 바로 이전 연도인 1910년에 페스트가 무서운 기세로 랴오닝에서 헤이룽장까지 창궐하자 순식간에 6만 명이 사망했다. 16년 전에 사람들은 이미 쥐와 페스트의 연관성을 알아냈기 때문에 당시 관아에서는 페스트 관련 상식이 좀 있었다. 그래서 관아에서는 쥐 한 마리에 동전 7개를 주겠다고 발표하고 사람들을 대대적으로 동원해 일대 쥐 소탕 작전을 벌였다.

결과는 효과적이었다. 현재 자료에 따르면 선양에서만 2만 5000마리의 쥐를 소탕했고 전체 랴오닝성에서 10만 마리의 쥐가 소각되었다. 하지만 전염병을 잡는 데는 아무런 소용이 없었다. 앞서 언급한 기타사토 시바사부로가 이끄는 일본 의료진이 다시 중국으로 들어와 가장 위험한 지역까지 방문했다. 일본 의사들은 쥐 1만 마리를 해부했다. 엄청난 작업량이었다. 이러한 대규모 작업을 해낸 후 그들은 한 가지 사실을 증명했는데, 바로 이번 사건은 쥐와 아무런 관련이 없다는 것이었다. 쥐 1만 마리에서 페스트균이 전혀 발견되지 않은 것이다.

그러니 의료진 역시 속수무책이었다. 결국 이 전염병 문제를 해결한 사람은 우롄더伍連德라는 중국인이었다. 우롄더는 화교 출신으로, 당시 영국의 식민지였던 말레이시아 페낭에서 출생했다. 그의 부모는 금은방을 운영했고 부유한 가정환경 덕분에 우롄더는 어릴 적부터 최상의 교육을 받을 수 있었다. 우롄더 역시 열심히 공부한 끝에 영국 옥스퍼드 대학에 입학해 중국인 최초로 의학 박사가 되었다. 나중에 그는 프랑스, 미국 등 세계 여러 나라를 두루 다니며 의학을 공부해 젊은 나이에 이미 명의가 되었다. 이후 우롄더는 위안스카이袁世凱의 초청을 받고 중국으로 와 북양 정부에서 설립한 톈진 육군 군의학당의 부감독(부총장)을 맡았다. 그러다 둥베이 지역의 전염병 문제가 심각해지자 위안스카이는 우롄더를 둥베이 전권 총의관으로 파견해 전염병 퇴치에 총력을 기울이도록 했다.

둥베이에 도착한 우롄더는 이번 전염병이 정말 쥐와 아무 관련이 없고 10여 년 전 홍콩에 창궐했던 림프샘이 붓는 페스트와도 다르다는 사실을 발견했다. 그래서 그는 전혀 새로운 학설인 폐페스트를 주장했다. 즉, 폐, 호흡기, 비말을 통해 전염되는 전혀 다른 유형의 페스트라는 것이다. 이후 그는 많은 연구 끝에 이 전염병은 우리에게 익숙한 쥐와 관련이 없고 야생에 사는 마멋(타르바간이라고도 함) 때문임을 밝혀냈다.

나는 이것을 보고 국제정치 분야의 개념 중 하나인 '지정학적 망치'가 떠올랐다. 즉, 전 유라시아 대륙의 중심에 놓인 중앙아시아, 시베리아, 몽골, 중국 북부 지역 일대는 역사적으로 초원 민족이 흥성했던 곳이다. 흉노, 돌궐, 몽골 등은 바람처럼 오가며 망치를 휘두르듯 유라시아 변방을 공격하고 약탈했다. 유라시아라는 무대에서 이 같은 역사가 계속 반복되었다.

페스트 역시 이러한 지정학적 망치와 유사해 보인다. 몸에 페스트균이 잠복하고 있는 마멋들이 중앙아시아와 시베리아, 몽골에서 몇백 년에 한 번씩 망치를 휘둘렀다.

그렇다면 그 전에는 왜 마멋으로 인한 소란이 일지 않았던 것일까? 왜 이때만 갑자기 전염병이 창궐한 것일까? 나중에 사람들이 연구해보니 이는 당시의 마멋 모피 장사와 관련이 있었다. 마멋 모피 값이 갑자기 치솟자 많은 중국인이 모피를 얻기 위해 마멋을 포획하러 나선 것이다.

마멋은 병에 걸리면 굴 안에 있던 다른 마멋들이 병에 걸린 마멋을 내쫓았다. 병에 걸린 마멋은 눈이 침침해지고 행동도 점점 느려졌다. 경험 많은 사냥꾼들은 이런 마멋을 보면 일절 접촉하지 않았다. 하지만 중국인 사냥꾼들은 그저 돈에 눈이 멀어 이런 마멋도 모두 잡아 모피를 벗기고 심지어 고기까지 먹었다. 페스트가 창궐한 것은 바로 중국인 사냥꾼이 작업장에서 병든 마멋의 고기를 먹었기 때문이다.

마멋에서 시작된 전염병은 비말 감염으로 폐에 들어가 인체에 감염되었다. 전염 경로 역시 명확하게 밝혀진 것이다. 그래서 우렌더는 두꺼운 마스크를 발명하는 등 신속히 일련의 방역 조치를 취했다. 이 마스크는 나중에 '우렌더 마스크'라고 불렸다.

가장 효과적인 방법은 격리 조치였다. 병든 이들을 모두 한곳에 수용하고 다른 사람들과 멀리 격리시켰다. 이 방법으로 반년 만에 전염병을 완전히 제압했다. 그래서 우렌더는 1935년 노벨 의학상 후보에 올랐다.

페스트 이야기는 거의 이렇게 마무리 지을 수 있을 것 같다. 페스트는 어떻게 이렇게 쉽게 정복될 수 있었을까? 발병한 지 반나절 만에 사망할 수 있다고 해서 페스트를 지나치게 두려워할 필요는 없다. 페스트균은 쥐의 친척인 야생 설치목 동물에 기생해 산다. 전 세계 포유류의 40퍼센트가 여기에 속한다. 이론적으로는 인류가 쥐를 박멸하지 못한다면 페스트균은 언제고 해를 끼칠 잠재적 위협이 될 수 있다.

그럼에도 페스트는 어떻게 결국 인류에 의해 사라졌을까? 이유는 단 하나다. 페스트균엔 원천적 결함이 있는데, 바로 안정성이 매우 높다는 것이다. 즉, 지금의 페스트균과 과거의 페스트균이 완전히 동일하다. 변하지 않는 고정 표적과도 같았으니, 과거에는 인류의 기술 수준이 낮아 페스트균을 어떻게 할 수 없었지만 기술이 발전한 뒤부터는 쉽게 물리칠 수 있었던 것이다.

20세기 전반부터는 젠타마이신이니 클로람페니콜이니 하는 항생제를 만들어 페스트균을 박멸할 수 있었다. 이제 페스트는 더이상 인류에게 위협이 될 수 없다.

세균과 바이러스는 어떻게 다를까

미생물계에는 우리가 방금 이야기했던 세균 외에 더 무서운 대상이 있다. 바로 바이러스다.

세균은 어쨌든 세포의 일종으로, 하나의 생명체다. 하지만 바이러스는 세포 구조로 되어 있지 않고, 유전 물질로만 이뤄져 있으며 단백질 덩어리가 바깥을 감싸고 있다. 크기로 보면 세균과 바이러스는 비교 대상이 아니다. 둘 다 크기가 작지만 세균은 세포 단위이고 바이러스는 분자 단위다. 세균은 현미경으로 관찰할 수 있지만 바이러스는 고배율 전자 현미경으로만 관찰할 수 있다.

미생물로서 둘의 유전 방식과 번식 방식은 완전히 다르다. 세균은 분열하고 바이러스는 복제한다. 둘의 차이점은 무엇일까? 예를 들어 내가 세균이라고 가정해보자. 내가 번식하는 방식은 하나인 나를 쪼개 둘이 되게 하는 것이다. 그러나 만약 내가 바이러스라면 먼저 내가 사는 환경에서 또 다른 나를 구성하는 데 필요한 재료를 찾는다. 그다음 나의 유전자 구조에 따라 새로운 나를 복제한다. 따라서 어떤 경우에는 세균이 바이러스를 무서워하기도 한다. 바이러스가 세균 안으로 침범해 들어가 세균에 있는 단백질을 가지고 무수한 바이러스를 복제해 결국 세균 전체를 죽이기 때문이다.

인류는 이러한 종과의 전쟁을 치를 때도 대처하는 방법이 다르다. 세균과 바이러스의 또 다른 차이점이다. 우리는 흔히 살균이라는 말을 쓴다. 항생제를 투입해 세균의 세포벽을 무너뜨려 세균을 죽이는 것이다. 페스트균을 죽일 때도 이 방법을 쓴다.

하지만 이런 방법은 바이러스에는 아무 소용이 없다. 인류는 바이러스를 죽이기 어렵기 때문에 사실 문외한이 아닌 이상 '살바이러스'라는 말은 쓰지 않는다. 우리는 그저 간접적으로, 인체 면역력을 키워 바이러스의 번식과 복제를 교란시키고 억제시킬 수밖에 없다. 따라서 정확히 말하자면 '항바이러스'지 '살바이러스'가 아니다.

그러므로 감기에 걸렸을 때 항생제를 잔뜩 먹는 것은 아무 소용이 없다. 항생제는 그저 세균을 죽일 뿐이고 바이러스에는 아무런 효과가 없다. 사실 인류는 지금까지 감기의 특효약을 개발해내지 못했다. 현재 최고의 감기약은 감기 증상을 완화시켜 감기에 걸렸을 때 좀더 편안하게 견딜 수 있도록 해줄 뿐이다.

천연두 바이러스가 무서운 이유는 무엇일까

바이러스를 그저 감기 수준의 질병만 일으키는 요인이라고 생각해서는 안 된다. 천연두 역시 페스트와 동급의 살인마다. 물론 천연두의 치사율은 페스트만큼 높지 않다. 림프샘이 붓는 가래톳 페스트의 치사율은 약 70퍼센트, 폐페스트는 90퍼센트, 패혈증형 페스트는 100퍼센트다. 하지만 천연두는 표면적으로는 치사율이 30퍼센트에 불과하다. 그렇다면 천연두 바이러스가 무서운 이유는 무엇일까?

첫째, 페스트처럼 한 차례 왔다가 중간에 몇백 년 휴지기를 가진 뒤 다시 한 차례 오는 식이 아니라 지속적으로 많은 사람의 목숨을 앗아갔다.

둘째, 천연두는 전염성이 페스트보다 훨씬 더 높다. 페스트는 비말 감염이기 때문에 공기뿐 아니라 비말이라는 조건이 필요하다. 그렇지만 천연두는 분자 단위로 존재하기 때문에 무게가 훨씬 가볍고 크기도 훨씬 작아 호흡하는 사이에 공기를 통해 전염될 수 있다. 따라서 전염성이 훨씬 높은 것이다.

셋째, 천연두에 걸리면 살아남을 확률은 70퍼센트이고, 구사일생으로 살아남았다 하더라도 평생 얼굴에 곰보 자국이 남는다. 곰보 자국은 여드름과는 다른 천연두 후유증으로, 얼굴에 얽은 흔적을 남긴다.

천연두는 인류 문명에 매우 심각한 결과를 초래했다. 현대사회로 들어서기 전, 모든 사람이 일생에 한 번은 꼭 앓는 병이 바로 천연두였다. 청대 황위 계승을 할 때조차 후계자가 천연두를 앓았는지를 꼭 염두에 두었다. 당시 순치順治 황제에게는 두 아들이 있었다. 한 명은 현엽玄燁으로, 나중에 강희대제가 되었고, 다른 한 명은 복전福全이었다. 사실 순치 황제가 보기에 두 아들 모두 별 차이가 없어 후계자를 선택할 때 다소 망설였다. 게다가 순치 황제와 태후의 의견이 엇갈렸다. 결국 어떻게 했을까? 황제는 유럽에서 온 선교사 아담 샬에게 조언을 구했다.

샬은 예수회 소속 선교사였는데, 그의 말 한마디가 순치 황제가 결심을 굳히는 계기가 되었다. "두 황자 모두 훌륭합니다. 하지만 현엽은 천연두를 앓았고 그 고비를 잘 넘겼습니다. 반면 복전은 아직 천연두를 앓지 않았으니 무사히 성인이 될 수 있을지 아무도 장담할 수 없습니다." 이 한마디에 천하의 주인이 결정되었다. 이 점을 보더라도 현대사회가 도래하기 전, 인류가 얼마나 천연두를 두려워했는지 잘 알 수 있다.

중국은 1961년 천연두가 근절되었음을 선언했고, 1980년 WHO 역시 지구상에서 천연두가 완전히 사라졌다고 선언했다. 인류와 미생물 간 종의 전쟁에서 유일하게 전승을 거둔 사례다.

엄밀히 말해 천연두가 정말 완전히 사라졌을까? 미국과 러시아 실험실에는 아직도 마지막 천연두 바이러스가 보관되어 있다. 또 어떤 국가가 사악한 의도를 품고 천연두 바이러스 일부를 보관하고 있다가 큰 전쟁이 났을 때 생화학 무기로 쓸지 모른다. 1차 걸프 전쟁 발발 당시 사담 후세인에게 천연두 바이러스가 있다고 말한 사람도 있었다. 당시 부시 미 대통령은 만약 후세인이 감히 이것을 사용한다면 핵무기로 대응하겠다고 말했다.

천연두 바이러스가 당분간 완전히 사라졌다는 가설을 세워보자. 그런데 바이러스는 죽이기 어렵다고 하지 않았던가? 그런데 어떻게 사라질 수 있을까?

천연두 바이러스에는 세 가지 결함이 있다.

첫째, 인간의 몸에서만 살 수 있기 때문에 사람들 무리에서 천연두 환자가 나오지 않으면 기본적으로 사라졌다고 간주할 수 있다. 천연두와 달리 페스트는 설치목 동물에 기생하기 때문에 결코 이 균이 완전히 멸종했다고 말할 수 없다.

둘째, 일단 천연두에 걸렸다가 나으면 평생 체내에 천연두에 대한 항체가 존재한다. 천연두 바이러스와 페스트균의 공통적인 결함은 바로 안정성이 대단히 높다는 것이다. 일단 인체 내 면역 체계가 생기면 평생 효력을 발휘한다.

셋째, 세 번째 결함은 매우 흥미롭다. 돼지도 여러 품종이 있듯이 인체에 사는 천연두 역시 '소 천연두'라는 친척이 있다. 소는 소 천연두에 걸려도 몸에 작은 수포들이 생길 뿐 그리 치명적이지 않다. 또 사람의 몸에 전염될 수 있지만, 사람 역시 작은 수포가 생길 뿐 생명에 위협이 될 정도는 아니다.

영국의 의사 에드워드 제너는 이 점을 이용해 2년 전에 발견한 내용을 1798년 논문으로 발표했다. 소젖을 짜던 여자가 소 천연두에 걸린 후에는 인체에만 발병하는 천연두에 교차 면역이 생겼다는 내용이었다. 다시 말해, 소 천연두에 걸려 나으면 사람의 천연두에 다시 걸리지 않는다는 것이다.

사람들은 이 원리를 이용하기 시작했고, 전 세계적으로 소 천연두, 즉 우두 접종이 널리 퍼져나갔다.

그 이후로 과연 지구상에 천연두가 사라졌다. 하지만 이 일로 인류가 바이러스와의 종의 전쟁에서 확실히 승기를 잡았다고 여겨서는 절대 안 된다. 승리의 희망이 보이는가? 사실 아직 멀었다. 천연두 바이러스처럼 결함이 뚜렷한 바이러스는 극소수에 불과하다. 오랜 시간이 지나도 변이가 없고, 여러 품종의 돼지처럼 소 천연두라는 비슷한 종류가 있었다. 인류가 이 싸움에서 승리한 것은 순전히 극도로 운이 좋아서였다.

인플루엔자 바이러스와 같은 다른 바이러스들은 변이성이 매우 높다. 유행성 감기와 우리가 평상시 걸리는 감기는 다른 것이다. 유행성 감기는 전염성이 매우 강하다. 수많은 사람이 유행성 감기로 인해 목숨을 잃었다. 가장 유명한 사례가 제1차 세계대전 말기인 1918년의 일이다. 역사 속에서는 당시 유행성 감기를 '스페인 독감'이라고 하는데, 사실 스페인인들은 누명을 쓴 것이나 다름없다. 당시 유행성 감기는 유럽 전역에 창궐했다. 하지만 전쟁 중이었기 때문에 각국은 군사 정보가 새어 나갈까봐 두려워 언론 보도를 통제했다. 그런데 중립국인 스페인만 보도 전 검열을 거치지 않고 신문마다 유행성 감기가 얼마나 기승을 부렸는지, 사망자 수가 몇 명인지 등을 매일같이 실었다. 나중에 사람들은 유행성 감기가 스페인에서만 유독 심각했다고 느꼈지만 실상 어디나 비슷한 상황이었다.

사실 이 유행성 감기는 미국에서 시작되었다. 캔자스주의 한 군영에서 먼저 발생해 38명이 사망했고 이어 급속도로 유럽까지 전파되었다. 결국 몇 명이나 사망했을까? 무려 5000만 명이었다. 이는 중세 때의 흑사병보다 더 심각한 결과다. 당시 세계 인구는 18억에 불과했기 때문이다. 뿐만 아니라 전염병으로 죽은 사람이 양차 세계대전으로 죽은 사람보다 더 많았다.

더 심각한 사실은 유행성 감기 바이러스가 계속 변이된다는 것이다. 우리가 아는 조류 인플루엔자나 돼지 인플루엔자 바이러스가 대규모 살상력이 있는 것도 아닌데 왜 그렇게 사람들이 긴장하는 것일까? 다음에 어떤 식으로 변이가 일어나 사람을 공격할지 알 수 없기 때문이다.

미리 접종하면 독감을 예방할 수 있다는 '독감 백신'이란 단어를 들어봤을 것이다. 하지만 이러한 백신 역시 올해만 예방할 수 있고 또 올해 독감이라도 변이가 일어나 과학자들의 연구나 예상을 벗어났을 때는 예방을 100퍼센트 장담할 수 없다. 설사 연구나 예상한 바가 맞더라도 올해 독감만 예방할 수 있을 뿐 내년 독감에 대해서는 다시 속수무책이다.

이 때문에 바이러스라는 기묘한 미지의 세계 앞에서 인류는 몹시도 작은 존재가 된다. '세기의 흑사병'이라 불리는 에이즈가 무서운 이유는 두 가지다. 첫째, 직접적으로 사람의 면역 체계를 파괴한다. 둘째, 계속해서 변이가 일어난다. 따라서 에이즈 치료 분야에서 우리 인류의 진보는 아직도 크게 제한적이다.

바이러스의 교훈 1: 작은 종이 번성하는 것을 간과하지 마라

앞서 이야기했듯이 하나의 바이러스가 변이만 일어나지 않는다면 아무리 강하고 무섭더라도 결국 해결책을 찾게 마련이다. 하지만 변이가 계속된다면 인류는 속수무책이다. 미생물의 이러한 특징을 보고 다시 우리가 직면한 오늘날의 비즈니스 환경으로 돌아가보면 어떤 점을 깨달을 수 있을까? 바이러스와의 전쟁에서 어떤 깨달음을 얻고 지금의 비즈니스 환경을 잘 이해할 수 있을까?

나는 여기서 세 가지 교훈을 얻었다.

첫째, 작은 종이 번성하면 표면적으로 볼 때도 큰 종에게 재난이 되고 전염병처럼 대규모 사망을 야기한다. 게다가 단순히 큰 종이 일부 죽는 수준에서 끝나지 않고 큰 종의 미래 생태 환경에 예측 불가능한 질적 영향을 미친다.

『하느님의 벼룩』은 바로 이 부분을 가장 잘 다루었다. 이 책은 일반적인 과학인문서가 아니라 질병과 전염병의 각도에서 인류 역사를 재편집하고 해석했는데 결론의 상당 부분이 매우 정확하다.

흑사병을 예로 들면, 흑사병으로 인해 당시 유럽 인구의 3분의 1이 사망했지만 시야를 넓혀보면 흑사병은 또 다른 영향을 많이 끼쳤다. 예컨대 유럽인과 자연 자원과의 긴장관계가 완화될 수 있었다. 이는 흑사병이 창궐한 후 많은 재산과 토지가 남겨져 유럽의 경제 구조에서 심층적인 변화가 나타났기 때문이다.

또 다른 예를 들어보면, 유럽 내 유대인 배척이 절정을 이루었던 때가 바로 흑사병이 창궐했던 때다. 현재의 자료에 따르면, 독일의 2개 도시, 즉 라인강 왼쪽에 위치한 마인츠에서만 1만2000명의 유대인이 학살되었고 독일과 프랑스 접경지대에 위치한 스트라스부르에서는 1만6000명의 유대인이 학살되었다. 유럽인은 유대인들이 늘 이곳저곳을 다니며 장사를 하니 질병도 분명 그들이 다른 곳에서 옮겨왔을 것이라 여긴 것이다. 흑사병 때문에 유대인에 대한 핍박이 심해졌고 그 결과 민족의 독립이 이뤄졌으니 오늘날의 국제 정치까지도 그 영향이 미친 셈이다.

더 중요한 점은 흑사병이 유럽인의 정신세계에 영향을 주었다는 사실이다. 어두컴컴했던 중세 시대에는 하느님과 하느님이 마지막 날에 구속해주실 것을 믿는 신앙이 주를 이루었다. 하지만 흑사병이 휩쓴 상황에서 하느님은 모든 사람을 살려주지는 않았고 온 길가에 시체가 즐비했다. 이 모습을 본 사람들은 생명의 의미를 다시 고민했으며 그 결과 르네상스가 시작되었다.

르네상스를 대표하는 것 중 하나는 바로 이탈리아 작가 보카치오가 쓴 『데카메론』이다. 『데카메론』은 흑사병을 배경으로 한다. 흑사병을 피해 시골로 간 몇몇 젊은이가 무료한 시간 중에 매일 함께 나눈 이야기를 묶은 것이 바로 『데카메론』이다.

르네상스나 그 이후 유럽에서 있었던 근대화 운동 모두 흑사병이 시발점이 되었다. 『하느님의 벼룩』에는 "인류를 멸종시킬 뻔했던 극약에 관한 기록"이란 제목의 장이 있다. 저자는 흑사병이 인류 문명의 단방약 역할을 했으며, 흑사병이라는 엄청난 자극이 없었다면 근대화가 시작되지 못했을 것이라 말하고 있다.

오늘날의 비즈니스 생태계 역시 그렇다. 작은 창업 기업이 두드러지게 발전하기 시작해도 사람들은 대수롭지 않다는 반응을 보인다. 하지만 그들이 번성했을 때 비즈니스계에 어떤 결과를 가져올지 우리는 예측할 수 없다.

디디다처滴滴打車(중국 콜택시 애플리케이션—옮긴이)가 유행하기 시작하자 타격을 입은 것은 택시 회사가 아니라 방송국이었다. 택시 기사들이 시간만 나면 택시 예약 앱을 들여다보면서 승객이 있는 곳으로 이동할 생각에 교통 방송을 잘 듣지 않았기 때문이다.

위챗이 유행했을 때는 어느 곳이 타격을 입었을까? 위챗이 막 출시되었을 때 사람들은 차이나모바일이 피해를 입을 것이라고 생각했다. 하지만 결과적으로 타격을 입은 곳은 시나 웨이보였다. 시간이 좀더 흐르면 전자 상거래 환경 전체가 변화를 맞이할 것이다.

즉, 우리는 작은 생물이 번성하는 것을 경시해서는 안 된다. 생태 환경이 바뀔 뿐 아니라 생태 구조가 재편될 수 있기 때문이다. 마찬가지로 이 시대의 혁신을 절대로 가볍게 여기거나 경시해서는 안 된다.

바이러스의 교훈 2: 비즈니스 경쟁의 본질을 다시 이해하라

둘째, 비즈니스 경쟁의 본질을 다시 이해하는 계기가 되었다. 미생물과의 종의 전쟁을 돌아보니 경쟁의 세 가지 차원이 분명히 보였다. 가장 낮은 차원은 힘의 경쟁이고 중간은 수적 경쟁, 가장 높은 차원은 다양화의 경쟁이다. 이러한 세 가지 차원을 통해 오늘날의 비즈니스 현상을 투영해볼 수 있다.

만약 종의 전쟁을 가장 낮은 차원인 힘의 경쟁으로 이해한다면 아무것도 해석할 수 없다. 예를 들어 인간과 사자가 싸운다면 누가 이길까? 겉으로 보면 사자의 힘이 인간보다 더 세다. 하지만 지금 사자는 멸종 위기의 동물인 반면 인간은 지구상에서 가장 성공한 종이다. 이것은 어떻게 해석할 수 있을까?

비즈니스 역시 마찬가지다. 비즈니스 경쟁을 단순히 두 기업이 자본이나 기술 같은 실력 차원에서 경쟁하는 것으로만 여긴다면 현재의 비즈니스를 조금도 이해하지 못한 것이다. 더 깊은 차원에서 바라본다면 오늘날 비즈니스 시장에서 드러나고 있는 새로운 차원의 '수적 경쟁' 논리가 보일 것이다.

미생물이 어떻게 인간을 살리고 죽일 수 있을까? 바로 수적으로 우세하기 때문이다. 인간은 현재 그 수가 수십억에 달할 정도로 규모가 상당한 종이지만 미생물과 비교하면 지극히 미미한 수준이다. 오늘날의 비즈니스 경쟁도 마찬가지다. 수많은 거대 기업이 스스로는 대단히 강한 존재, 창업자들은 보잘것없는 존재로 생각한다. 하지만 중과부적이라는 말을 잊지 말아야 한다. 누가 승자가 될지는 알 수 없다. 창업자들이 수적 우위를 점하게 되면 역전도 가능하기 때문이다.

예를 들어보자. 샤오미小米(중국의 통신 기기 및 소프트웨어 업체—옮긴이)가 막 시장에 모습을 드러냈을 때, 많은 사람이 샤오미 휴대전화에 대해 저가인 만큼 품질도 좋지 않다면서 조소했다. 하지만 샤오미는 홍수같이 쏟아지는 자본 속에서 살아남았고 자본의 도움을 받아 재빨리 가격대를 어느 수준까지 낮추었다. 그다음 가격 경쟁력을 무기로 신속히 시장을 점유해갔다. 돌아보면 당시의 콧대 높던 기업들은 높은 가격으로 인해 수적으로 밀려 현재는 이미 시장에서 퇴출되었다.

샤오미는 생태 사슬 속에서 인테리어 기업인 아이쿵젠愛空間에 투자했다. 아이쿵젠은 새집 인테리어 시장에서 제곱미터당 2000위안의 가격을 699위안까지 떨어뜨렸다. 이 가격으로 수익을 낼 수 있을까? 물론 그럴 수 없다. 하지만 가격 경쟁력을 바탕으로 순식간에 시장을 점유했다. 아이쿵젠 상품이 온라인에서 판매되자 순식간에 베이징 최대 인테리어 기업으로 부상할 수 있었다.

수적 우위를 확보한 다음에는 무엇을 해야 할까? 이 우위를 바탕으로 업스트림 공급 업체와 협상을 해야 한다. '우리가 귀사의 바닥재나 페인트, 변기를 이만큼 구입할 테니 가격을 낮춰줄 수 있겠습니까?' 이렇게 하다보면 이윤을 확보할 여지가 생긴다.

따라서 수적 경쟁은 하나의 획기적인 방법이다. 수적 규모를 확보하지 못한 기존 업체는 아무리 머리를 써도 이 논리를 잘 이해하지 못할 것이다. 물론 수적 경쟁이 전부가 아니라 이어서 언급할 다양성 경쟁이 등장한다.

앞서 미생물과의 종의 전쟁에서 봤듯이 바이러스가 빠른 속도로 변이를 하면 인류 의학이 현 단계까지 발전했다 하더라도 여전히 속수무책이다. 하지만 이 문제를 반대로 생각해보면 훨씬 재미있다.

인도주의에 다소 어긋나는 말을 한마디 해보자면, 인류에 현대 의학이 없다면 어떻게 될지 가정해보는 건 어떨까? 미생물, 바이러스, 세균이 정말 인류를 멸망시킬 수 있을까? 불가능하다. 흑사병은 유럽 인구 3분의 1의 생명을 앗아갔지만, 역시나 비율로 보면 더 많은 사람이 살아남았다. 중국은 역사적으로 어느 시기 어느 왕조를 봐도 천연두로 고통받는 사람이 있었다. 그렇다 해도 중국은 지금 세계 1위의 인구 대국이지 않은가? 미생물은 인류와 싸워 이길 수 없다. 숫자로도 어떻게 할 수 없다. 인류는 다양성을 지녔기 때문이다.

생물의 발달 역사를 되돌아보면, 미생물의 번식 방법은 매우 간단하다. 하나가 둘, 둘이 넷, 넷이 여덟이 되는 식으로 분열 또는 복제한다. 따라서 수적 효율성이 매우 높다. 그렇다면 왜 고등한 종일수록 이렇듯 수적으로 우위를 점할 수 있는 번식 방법을 취하지 않는 걸까? 이들은 양성 생식을 하는데, 양성 생식은 수적으로 효율성이 떨어진다. 먼저 번식 상대가 있어야 한다. 상대를 만나 수컷과 암컷이 서로 마음에 들어도 간신히 알 하나 혹은 새끼 한 마리를 낳고 오랜 기간 키워야 한다.

다큐멘터리「펭귄: 위대한 모험」을 본 사람이라면 잘 알 것이다. 남극의 황제펭귄은 어렵사리 알 하나를 낳아 발등 위에 올려두고 그 위를 배로 덮은 다음 남극의 칼바람 속에서 오들오들 떨며 얼마나 오랜 시간을 견뎌야 하는지 모른다. 그렇게 해야 새끼 황제펭귄 한 마리가 겨우 부화한다. 수적 우위라고는 찾아볼 수 없지만 다양성이라는 점에서는 우위에 있다. 아비와 어미가 한 마리의 새끼를 낳는다. 그 새끼가 자라 다른 아비와 어미 사이에서 태어난 새끼 한 마리와 결합하게 되고 또 다음 세대를 낳는다. 세대마다 자신과 크게 다른 개체와 결합해 새로운 개체를 형성한다. 모든 개체가 서로 다른 것이다.

왜 페스트가 인간을 멸종시키지 못하는 것일까? 인간은 저마다 다르기 때문이다. 3분의 1의 인구가 페스트로 죽었지만 남아 있는 사람은 페스트에 대한 면역력을 온전히 갖췄다. 이것이 바로 인류가 지금까지 살아남을 수 있는 근본적인 비결이다.

비즈니스 세계도 마찬가지다. 많은 기업이 인터넷 시대의 거센 파도를 맞고 변혁을 이뤄야 한다고 말한다. 이렇게 변혁을 시도하는 기업들은 과거와 전혀 다른 새로운 모습으로 탈바꿈하기를 꿈꾼다. 그것이 가능할까? 어려운 일이다. 왜일까? 여전히 다양성이 아닌 단일성을 추구하기 때문이다.

중국에 '쑤닝蘇寧(중국 최대 가전 유통 업체─옮긴이)'이라는 매우 존경받는 기업이 있다. 쑤닝은 찬란한 역사를 지닌 기업이다. 그러나 지금 쑤닝은 인터넷 시대에 발맞춰 전자 상거래 기업으로 변모하기 위해 노력하지만 성공하지 못하고 있다. 왜일까? 한 친구가 내게 쑤닝은 변혁에 성공하기 힘들 것 같다고 말했다. 전자 상거래 업무가 이뤄지는 기업 내에서 여전히 직원들의 복장을 엄격히 따지고 있다는 것이다. 즉, 쑤닝의 직원들은 반드시 회사에서 디자인한 유니폼을 일관되게 갖춰 입어야 했다. 회사에서는 감사인까지 파견해 옷을 잘 갖춰 입지 않은 직원들을 대상으로 점수나 인센티브를 깎고 회사 전체에 통보해 비난의 대상이 되도록 했다. 내 친구가 쑤닝이 변혁에 성공하지 못할 것이라고 한 이유는 지금까지도 단일성을 추구하고 있기 때문이다.

실리콘밸리 회사들은 말할 것도 없고, 중관춘中關村(1988년 5월 중국 최초로 지정된 첨단 기술 개발구─옮긴이)에 소재한 인터넷 관련 기업들만 봐도 다들 복장이 기상천외하다. 심지어 슬리퍼를 신고 출근하는 사람도 있다. 지나치게 느슨하다는 생각이 드는가? 그렇지 않다. 새로운 유형의 기업 조직은 각 사람의 생각, 각 사람의 취향, 성격, 취미까지 그 다양성을 모두 용납한다. 이런 곳이야말로 진정한 인터넷 기업이다.

류촨즈柳傳志(중국 최대의 민영 기업 레노버 창업자이자 레노버의 모기업인 레전드 홀딩스 회장─옮긴이)에게 이렇게 물었던 것이 기억난다. "레노버 같은 대기업은 인터넷 시대에 어떤 방식으로 살아남을 거라고 확신합니까?" 류 회장은 이렇게 대답했다. "내가 지금 투자를 하고 있지 않습니까? 새로운 것들이 많은데 내가 잘 알지 못합니다. 그럼 어떻게 해야 할까요? 투자 회사를 운영해서 원하는 회사를 인수하거나 투자를 한 다음 그들에게 배우는 것입니다."

레노버 산하에는 여러 투자 회사가 있다. 류 회장의 이러한 방식은 종의 전쟁에서 양성 생식을 하는 것과 꽤나 비슷하다. 딸을 시집보내든 며느리를 들이든, 결론적으로 각양각색의 믹스 매치나 초월, 잡교 방식을 통해 자신만의 다양성을 만들어가는 것이다. 이러한 회사는 분명 살아남을 수 있을 것이다. 이상 세 가지가 바로 비즈니스 경쟁의 세 가지 차원이다. 사실상 온 힘을 다해 최종적으로 겨루게 되는 것은 다양화 능력이다.

바이러스의 교훈 3:
가장 경계해야 할 것은 새로운 종의 출현이다

미생물과의 종의 전쟁에서 얻은 세 번째 교훈은 지금 비즈니스 시대에 가장 기쁘고 가장 기대되며 또 무엇보다 경계해야 할 것이 새로운 종의 출현이라는 점이다.

2015년, 중국 영화 시장에 새로운 종이 출현했다. 그러나 당시에는 많은 사람이 작품을 이해하지 못하고 졸작이라고 평했다. 드라마 「마이 선샤인何以笙簫默」, 영화 「우리만이 알고 있는 그곳有一個地方只有我們知道」 「소시대小時代」 등이다. 많은 관람객이 영화관을 나오면서 비난을 퍼부었다. 하지만 이상하게도 박스오피스 성적은 대단히 좋왔다.

진지하고 나이 지긋한 감독들은 이런 '허접한 영화'가 배급이 잘 되고 자신들이 연출한 고품격 영화는 배급이 안 되는 것에 무슨 숨겨진 내막이 있는 것은 아닐까 의심했다.

숨겨진 내막 같은 것은 없다. 그저 시장의 결과일 뿐이다. 그렇다면 어떠한 논리로 그렇게 된 것일까? 새로운 종이 출현하자 기존의 종은 새로운 종을 이해하지 못했다. 기존의 영화감독들은 먼저 좋은 스토리를 찾아낸 후 믿을 만한 배우를 섭외해 비공개로 촬영을 한 다음 정교하게 편집해 하나의 작품을 만들어낸다. 그리고 영화관에 배급을 하고 흥행 여부는 운에 맡긴다.

하지만 지금은, 소위 말하는 '허접한 영화'는 어떻게 제작될까? 몇 가지 논리가 있다.

첫째, 먼저 빅데이터 조사 결과에 따라 어떤 스토리가 사람들에게 인기 있을지 알아본다. 스토리가 좋고 나쁘고는 중요하지 않다. 폭발적인 인기를 끌 수 있는지가 중요하다.

둘째, 영화 촬영 과정에서 광고주를 많이 끌어들인다. 심지어 PPL(간접 광고)을 위한 스토리를 만들기도 한다. 이렇게 되면 비용 면에서 우위를 점하게 된다.

셋째, 캐스팅한 배우들의 연기력은 중요하지 않다. 하지만 그들은 '베이글남'이거나 '아이돌'로 팬층이 형성되어 있어야 한다.

넷째, 촬영 과정이 상대적으로 개방되어 있다. 일부 팬이 계속 촬영 현장에 와서 탐방하고 웨이보에서 화젯거리를 양산해내도록 한다.

더 나아가 영화가 졸작일 수 있지만, 사람들이 영화관을 나오면서 비난을 하는 것만으로 이 영화는 이미 사회적 이슈가 된다. 많은 사람이 이 영화가 안 좋다고 하는데 나만 보지 않았다는 것은 커뮤니티에서 다른 사람과 소통할 수 없다는 뜻이 된다. 그러니 시간을 내서 영화를 보는 것이다. 따라서 흥행 성적은 점점 더 좋아진다.

이 두 부류의 영화가 같은 종이라고 할 수 있을까? 두 영화 모두 영화관에서 상영하지만, 후자는 사실 인터넷상에서 창출된 것, 더 넓은 범주의 생태 환경에서 나온 새로운 종이다. 기존의 영화감독이 연출한 영화와 비교해 동일한 기준으로 등급을 매길 수 없다. 이러한 영화들은 산업 시대의 산물이자 인터넷 시대의 산물인데 어떻게 동일하게 경쟁할 수 있겠는가? 따라서 이 영화들의 박스오피스 성적이나 비즈니스상의 성공은 확정되어 있다. 기존의 방법으로는 이 영화들을 평가할 수 없는 것이다.

새로운 종이 출현했을 때 그 위력이 어느 정도인지, 결점이 있는지 여부는 중요하지 않다. 관건은 사람들이 그들의 논리를 본 적이 있는지 여부다. 전혀 새로운 방식이라면 생태계의 상, 하위 집단에서 천적 없이 훌쩍 자랄 수 있다. 쥐는 이렇게 번식한 케이스로, 지구상에서 매우 성공한 종이다.

한번은 샤오미를 창업한 레이쥔雷軍 회장과 이야기를 나눌 기회가 있었다. 그는 여러 싸구려 휴대전화를 만지작거리고 있었다. "왜 그런 휴대전화에 관심을 가지십니까? 샤오미가 얼마나 대단한 기업인데요!" 그러자 레이쥔 회장은 그 휴대전화들에 눈을 떼지 않은 채 이렇게 대답했다. "1세대 제품은 확실히 그리 좋지 않지만 이 브랜드들의 차세대 휴대전화로 어떤 모델이 나올지 모르는 것입니다. 사실 가장 무서운 것은 현재 좋은지 나쁜지가 아니라 차세대에 어떤 능력을 탑재한 제품이 출시될 것인가 하는 것입니다." 이것은 이 시대 기업가라면 반드시 해야 할 말이다. 레이쿤은 현재를 보지 않고 새로운 종의 출현에 관심을 쏟고 있는 것이다.

케빈 켈리도 최근에 이런 말을 했다. "20년 전 나는 지금 일어나고 있는 모든 일을 상상조차 할 수 없었다. 20년 후도 어떤 정경이 펼쳐질지 상상할 수 없을 것이다. 우리는 불가능한 것을 가능한 것으로 믿어야 한다. 앞으로 20년, 가장 위대한 제품은 아직 나오지 않았다." 새로운 종은 지평선 너머 저 멀리서 아직 오지 않았다. 이는 이 시대 창업자들에게 주어진 기회이자 현존하는 모든 기업에 실질적인 위협이다. 이 세계 비즈니스 경쟁이 있는 곳이라면 어디든지 종의 경쟁이 펼쳐지는 새로운 세계가 될 것이다.

2.
파트너십을
맺는 방법

회사를 집으로 여기지 말라

많은 사람이 회사를 하나의 가정에 비유하곤 하지만, 이는 잘못된 것이다. 회사를 가정에 비유하면 당신과 당신 팀과의 관계는 분명 더 이상해진다. 왜일까? 집이라면 자식이 눈 밖에 나는 짓을 한다고 해서 내쫓지 않는다. 부모가 자식에게 이런 식으로 말하지 않을 것이다. "아가, 넌 참 좋은 아이지만 우리 집과는 맞지 않으니 다른 집으로 가는 게 어떻겠니?" 불가능한 이야기다. 자식에게 어떤 문제가 있더라도 당신은 그 아이를 품을 것이다.

사실 회사가 집이 되어서도 안 된다. 당신이 회사를 집으로 여기면 직원과 사장은 더 많은 스트레스를 받게 된다. 그렇다면 회사를 무엇에 비유해야 옳을까? 스포츠 팀이 적절할 것이다. 마이클 조던이 시카고 불스에 입단했을 때 결코 이런 말을 하지는 않았을 것이다. "종신 계약을 할 테니 나를 평생 퇴출시키지 않을 수 있겠습니까?"

회사는 농구의 로스앤젤레스 레이커스 팀이나 축구의 유벤투스 팀이 되어야 한다. 당신의 회사가 농구 팀으로 시합에 나섰다고 생각해보자. 경기에 참여한 다섯 명 중에는 이번 경기가 끝나면 은퇴하는 선수도 있고 막 계약한 신인도 있다. 하지만 어떤 상황과 관계없이 이들은 최선을 다해 경기에 임할 것이다. 이들은 한 팀이기 때문이다.

직장에서 흔히 하는 거짓말

기업을 경영하다보면, 어떻게 해야 직원들이 정말 스스로 좋아서 열심히 일하게 만들 수 있을까 하는 것이 최대 고민이 된다. 『얼라이언스The Alliance』란 책이 이 고민을 해결하는 데 도움이 된다. 사실 이 고민은 정말 해결하기 어려운 것이다.

어떻게 하면 이 문제를 해결할 수 있을까? 먼저 직장에서 흔히 하는 거짓말 두 가지를 생각해보자. 첫 번째 거짓말은 사장이 직원에게 이렇게 말하는 것이다. "걱정하지 말게. 내가 자네를 박대할 리 없지." 두 번째 거짓말은 직원이 사장에게 하는 말이다. "사장님, 걱정하지 마십시오. 열심히 일하겠습니다. 저는 살아서도 사장님 사람, 죽어서도 사장님 사람입니다."

그러나 회사가 시스템을 전환하고 업무가 하향 길을 걷게 되어 사장의 수중에 자금이 떨어지면, 사장은 가장 먼저 감원을 선택한다. 감원만 해도 비용이 곧바로 줄어들고 배가 가벼워지면 방향을 돌리기 쉽듯이 회사 규모가 작아지면 새로운 방향을 모색할 수 있기 때문이다. 직원도 마찬가지다. 자신에게 새로운 기회가 생기거나 창업할 가능성이 보이면 가장 먼저 이직을 선택한다. 그래서 상당수 회사가 이전에 일했던 직원들과의 사이가 다소 어색하다.

회사를 나와 창업을 해봤거나 이직 경험이 있다면 분명히 그런 어색한 기분을 느껴봤을 것이다. 많은 사장이 자기 회사에서 일했던 전前 직원을 만나기 꺼려하거나 남들에게 안 좋은 평을 하며 상대하지 말라고 이야기한다.

내가 베이징 대학에서 강의할 때의 일이다. 어느 날 연수반의 한 교수가 점심때 일부러 나를 찾아와서는 심각한 얼굴로 말했다. "나랑 식사 좀 합시다."

"무슨 일 있으십니까? 왜 이렇게 심각하세요?"

"○○○ 아십니까?" ○○○는 내 강의를 듣는 학생이자 그 교수 아래서 일하던 한 여직원의 이름이었다.

내가 고개를 끄덕이자 교수는 말을 이었다. "이 아가씨가 일을 아주 잘합니다. 그런데 지금은 창업을 해서 우리 근처에 있는 학교에 강좌를 개설했어요. 게다가 커리큘럼이 우리랑 별 차이가 없습니다."

"그럼 저를 찾아오신 이유는……?"

"그 친구가 수업을 못 듣게 하면 어떨까 상의를 하고 싶어서요."

그 교수가 나를 찾아와 식사를 청한 것은 자신의 전 직원이 내 수업을 듣지 못하게 해달라고 부탁하러 온 것이다.

많은 기업과 전 직원의 관계가 이처럼 매우 난처하다. 상당수 사람이 인재를 키우는 것을 가장 손해 보는 일이라고 생각한다. 기껏 키워놓으면 이직하거나 창업을 해서 최대 경쟁 상대가 되기 때문이다. 이 문제는 중국 기업의 발전을 저해하는 이상한 상황을 만들어냈다. 중국 기업 대부분은 인재 양성을 하려기보다 좋은 인재를 스카우트하길 원한다. 인재를 키우는 데 큰 에너지가 소모되고, 다 키우고 나면 이직하거나 동종업계로 창업을 하기 때문이다. 하지만 인재를 키우려 하지 않는 이러한 양상 탓에 중국 기업은 성장하지 못하고 있다.

나에게 그런 부탁을 한 교수 역시 자신의 입지를 지키는 데만 관심이 있으니 성장할 가능성이 보이지 않았다. 나중에 나는 그 교수에게 더 큰 시장을 바라보라고 설득했다. 한참 설득한 결과 그 교수는 '파트너십'의 개념을 조금씩 배우게 되었다.

채용 면접 때 반드시 질문해야 할 두 가지

이런 난처한 상황을 어떻게 해결할 수 있을까? 먼저 채용에서부터 시작해야 한다. 채용 면접을 보러 온 한 청년이 이렇게 말한다. "이 회사에서 일하고 싶습니다." 면접관도 이 청년을 채용할 생각이 있다면 이런 질문을 던져본다. "우리 회사에서 몇 년 정도 일할 생각인가요?"

어쩌면 그는 좀 당황할 수 있다. "저…… 저는 평생 일할 생각입니다." 평생 일할 생각이라는 대답에 당신이라면 어떻게 반응할 것인가?

"우리는 평생 일할 사람을 뽑지 않습니다." 평생 일하려는 사람이 여기서 원하는 것은 무엇일까? 바로 노후 보장이다. 그러니 평생 일하겠다는 사람을 뽑는 것은 그리 좋지 못한 생각이다.

당신은 그 청년에게 이렇게 말해야 한다. "인생은 깁니다. 우리는 서로 잘 알지 못합니다. 당신은 이제 막 채용 면접에 온 사람이니 우리 회사가 어떤 상황인지 잘 알지 못할 것입니다. 나는 당신이 자기 인생에 대해 어느 정도 계획이 있길 바랍니다. 이미 인생 계획을 세웠다면, 우리 회사에서 적어도 몇 년 정도 일할 수 있을 것 같습니까?" 그런 다음 그에게 생각할 시간을 준다.

그가 생각이 있는 사람이라면 아마 이렇게 대답할 것이다. "4년 정도입니다. 상황이 어떻든, 무슨 일이 생기든 적어도 4년은 일할 수 있을 것 같습니다."

두 번째 질문이 더 중요하다. 곧이어 이렇게 질문해본다. "4년 후 우리 회사를 떠날 때 당신은 어떤 사람이 되어 있길 바랍니까?"

한 직원이 한 회사에서 3, 4년 일했을 때 얻을 수 있는 최대 수확이 무엇일까? 분명 월급이나 인센티브는 아닐 것이다. 받은 월급이나 인센티브는 이미 다 지출해야 할 곳에 지출했을 것이다. 그 돈으로 식구들을 먹여 살리느라 바빴을 테니 그 자신에게 최대 수확이라고 할 수는 없을 것이다. 그에게 있어 최대 수확은 무엇보다 자기 자신의 성장이라고 할 수 있다. 전과는 다른 사람, 더 많은 사회자원을 보유하고 더 많은 경험과 기술, 능력을 쌓고 더 높은 가치관을 지닌 사람이 되어 있는 것이다.

하지만 왜 우리 직원들은 업무를 맡으면 늘 이런 질문부터 하는 것일까? "이 일이 돈이 되나요? 야근 수당이나 인센티브가 지급되나요?" 우리 같은 베테랑들은 개인의 성장에 있어 그 돈이 크게 중요하지 않다는 사실을 잘 알고 있다. 하지만 우리 직원들은 돈에 목을 맨다. 왜 그럴까? 이유는 간단하다. 아무도 더 큰 목표를 세우고 나아가라고 말해주지 않기 때문이다.

내 후배 중 매킨지사와 협력 파트너로 일하는 사람이 있다. 그가 알려준 바에 따르면, 매킨지 인사부에서는 직원을 채용할 때 지원자에게 꼭 이런 질문을 한다고 한다. "매킨지를 떠난다면 어느 회사로 갈 생각입니까?" 목표가 있고 꿈이 있어야 지금 하고 있는 일을 소중히 여기고 열심히 일할 수 있다.

"4년 후 우리 회사를 떠날 때 당신은 어떤 사람이 되어 있길 바랍니까?" 이 질문은 직원들의 열정에 불을 붙일 수 있다.

당신의 가치는 무엇으로 결정되는가

직원들의 열정에 불을 붙인다는 것이 무슨 말일까? 나는 '판덩 독서회樊登讀書會(중국 온라인 학습 기업—옮긴이)'에서 『간법幹法』이라는 책을 언급한 적이 있다. 이나모리 가즈오稻盛和夫가 쓴 책으로, 고전 중의 고전이다. 교세라, 일본항공JAL, KDDI 등을 창립한 이나모리 가즈오는 일본에서 유일하게 살아 있는 '경영의 성자'로 불린다. 이

기업들은 모두 세계 500대 기업 순위에 들었다. 그는 70대에 위암에 걸린 상태에서, 파산한 일본항공을 재정비해 세계 500대 기업에 들게 했을 정도로 대단한 인물이다.

이나모리 가즈오는 『간법』에서 직원을 세 가지 부류로 나누었다. 첫 번째 부류는 '자체 연소형'으로, 스스로 장작을 준비해 자신을 불태우는 사람이다. 자체 연소형 인간은 누군가가 관리하지 않아도 스스로 죽기 살기로 일한다.

두 번째 부류는 '점화형'으로, 적절한 말과 함께 마음을 나눈 뒤 불을 붙이면 타오르는 유형이다.

세 번째 부류는 '연소 저지형'이다. 화염 방사기를 쏘아도 그는 도자기처럼 그대로다. 우리 일상 속에서 흔히 보는 부류가 바로 세 번째다.

잡지사에서 편집 일을 하는 친구가 있는데 종종 나에게 이런 하소연을 한다.

"너 그거 알아? 나 요즘 도전하고 있는 게 있어."

"뭔데?"

"Ctrl+V, Ctrl+A, Ctrl+X, 이 세 개로 어떤 글이든 다 편집하는 거야. 다른 단축키는 다 필요 없어."

"왜 그런 도전을 하는 건데?"

"회사에서 준 돈만큼만 일하려고. 사장이 월급을 쥐꼬리만큼 주니 나도 Ctrl+V, Ctrl+A, Ctrl+X로만 일하려고."

"그렇게 해도 편집이 괜찮게 나와?"

당연히 좋지는 않지만 그럭저럭 무난한 정도라고 그는 대답했다.

나는 다시 물었다. "그럼 요 몇 년 동안 네 실력이 늘었어, 아니면 떨어졌어?"

"완전히 떨어졌지. 지금 나가면 다른 데서 일도 못 구할 정도야."

"그럼 왜 그 고생을 하는 건데? 스스로 실력을 계속 떨어뜨리면서 사장 수준에 맞춰 하루 종일 Ctrl+V, Ctrl+A, Ctrl+X만 눌러대고……. 왜 자기 몸값을 떨어뜨리는 건데?"

그 친구가 뭐라고 대답했을까? "나라고 별수 있냐? 누가 나한테 돈을 그것밖에 안 주래?"

이 무한 반복을 이해하겠는가? 사장이 돈을 조금밖에 안 주니 일을 대충 할 수밖에 없고, 그가 대충 일하니 사장은 그가 마음에 들지 않아 돈을 더 조금 주고…… 그의 상황은 점점 더 나빠질 뿐이다.

살면서 이런 일을 겪은 적 있는가? 솔직히 말하면 이런 일은 숱하다. 많은 사람이 '프로'라는 미명하에 이렇게 말한다. "나라는 사람은 프로여서 대우를 받는 만큼 일한다." 이것이 무슨 프로인가? 이것은 살인 청부업자 세계에서나 어울릴 법한 프로다. '누구의 다리가 필요하면 내게 8000위안을 달라' '누군가의 목숨을 원하면 2만 위안을 달라' 하는 식이다. 일을 맡은 사람으로서 사장이 8000위안만 줘도 2만 위안어치 일을 하면 안 되는 걸까? 사장이 2만 위안을 줘도 10만 위안어치 일을 하면 안 되는 걸까?

당신의 가치는 사장이 얼마를 주느냐에 따라 결정되는 것이 아니라 얼마의 가치를 창출해내는지, 당신의 능력이 얼마나 향상되었는지에 따라 결정된다. 이것은 매우 중요한 이치다. 하지만 왜 살다

보면 내 친구와 같은 사람을 많이 만나게 되는 걸까? 내 친구는 본래 굉장한 인재이며, 학생 때도 성적이 뛰어나 좋은 대학에 들어갔다. 그런데 왜 지금 이런 마음으로 살아가고 있을까?

근본적으로 보면 교육의 문제다. 세계 교육 프로그램을 보면 몬테소리든 사티어Satir든 핵심은 단 하나다. 한 사람에게 독립적이고 완전한 자존감 체계를 심어주는 것이다. 한 사람의 자존감은 내재적인 것으로, 다른 사람이 자신을 어떻게 생각하는지 혹은 다른 사람이 자신을 어떻게 대하는지에 따라 결정되지 않는다. 바로 내가 해야 하는 일을 하는 것이다.

공자가 바로 이런 사람이었다. 공자의 말을 빌리자면, 바로 '행소당행行所當行'이다. 다시 말해, 당신이 나에게 잘해줘도 나는 당신에게 잘하고, 당신이 나에게 잘못해도 나는 여전히 당신에게 잘해준다. 왜냐하면 나 스스로 당신에게 잘해주고 싶기 때문이다.

한 사람이 독립적이고 완전한 자존감 체계를 가질 때 비로소 스스로 해야 할 일을 할 수 있게 된다. 다른 사람이 자신을 어떻게 대하느냐에 따라 일부러 그에 대응해 내 행동이 달라지지 않는다. 우리 교육은 유치원에서부터 독립적이고 완전한 자존감 체계 형성을 무너뜨린다. 우리가 해오고 있는 방식은 순위를 매기고 다른 사람과 비교하는 것이다. 누구네 집은 어떻고, 누가 공부를 얼마나 잘한다느니, 누구는 좋은 대학에 들어갔는데 너는 그것밖에 못 갔다느니 하는 식으로 언제나 비교 대상을 찾는다. 우리의 독립적이고 완전한 자존감 체계는 흔적조차 없이 사라진다.

고등학교를 졸업할 때 많은 학생이 교과서나 문제집, 시험지를 모조리 태워버린다. 공부가 너무 싫었고 공부하는 데서 얻어야 할 아무런 즐거움도 얻지 못했기 때문이다. 사장이 나를 어떻게 대하느냐에 따라 직원들의 행동이 달라지는 것 역시 같은 맥락이다.

당신은 어떤 사람이 되고 싶은가

"4년 후 우리 회사를 떠날 때 당신은 어떤 사람이 되어 있길 바랍니까?" 나는 판덩 독서회의 직원 모두에게 이 질문을 해봤다. 뤄전위 역시 이런 질문을 해봤을 것이다. 그는 우리 회원이고 『얼라이언스』란 책이 그의 경영 방식에 큰 영향을 주었기 때문이다.

면접 지원자는 생각을 마친 뒤 이렇게 대답할 수 있다. "4년 후 떠날 때 지점장이 되고 싶습니다. 가능할까요?" "좋습니다. 그러면 당신이 지점장이 될 수 있도록 4년 동안 내가 열심히 당신을 이끌고 지도하겠습니다. 그 과정에서 훈련을 시킬 수도 있고 출장이나 연수를 보낼 수도 있습니다. 간혹 야근을 해야 할 때도 있습니다. 쉬운 일은 아닐 겁니다."

많은 기업이 채용할 때 가장 많이 범하는 우가 자기 회사를 지나치게 좋게 홍보하는 것이다. '우리 회사는 일이 그렇게 힘들지 않고, 재직자는 의무 보험에 가입해줍니다. 우리 회사는 점심 식대를 회사에서 정산하고, 무료로 제공하는 뷔페식도 훌륭합니다. 우리 회사는 남녀 비율이 적당해 배우자를 찾기에 좋습니다.' 이런 식으로 직원을 채용하면 어떤 사람이 들어올 것 같은가? 그들은 분명

일을 하기 위해서라기보다는 다른 목적을 우선시할 수 있다.

마윈馬雲(중국 최대 전자 상거래 업체인 알리바바의 창업자—옮긴이)은 직원을 채용할 때 회사를 안 좋게 소개해야 한다고 언급한 적이 있는데 나는 이 말에 공감한다. 즉, 이 회사가 얼마나 일하기 힘들고 부딪히는 상황이 얼마나 어려운지, 때로 모욕을 당하기도 하고 남들에게 오해를 사기도 하며 야근도 흔하다는 점을 알려주는 것이다. "그래도 우리와 함께 세상을 바꾸는 데 동참할 의향이 있는가?" 이 이야기를 다 듣고도 회사에 들어온 사람은 당신과 함께 세상을 바꾸고 싶은 사람이지 다른 목적을 우선시하지 않는 사람이다.

마찬가지로 이 직원이 나중에 지점장이 되고 싶다고 할 때, "문제없네. 반드시 지점장이 되게 해주겠어"와 같은 말을 너무 쉽게 꺼내서는 안 된다. 그보다는 다음과 같이 말하는 것이 좋다. "녹록지 않은 과정이네. 이 과정에서 나는 자네를 훈련시키고 자네에게 기회를 줄 거야. 출장도 보내고 야근도 시키고 연수에 참여시킬 수도 있네. 하지만 자네가 지점장이 되는 데 필요한 지식을 모두 갖추도록 최선을 다해 돕겠네." 이는 당신이 채용할 직원에게 하는 약속이다.

"그렇다면 자네는 나에게 무엇을 해줄 수 있는가? 지금 우리 매장에 들어온다면 실적을 올리는 데 도움을 주어야 하고 이 매장의 고객 서비스 만족도를 높여줘야 하네."

쌍방이 동의하면 합의가 체결된다. 이 합의서에는 직원이 회사에 약속한 내용과 회사가 직원에게 약속한 내용이 기재된다. 그런데 이 합의서는 법적 효력이 없어야 한다는 사실에 주목하라.

왜 법적 효력이 없는 합의를 체결해야 하는 걸까? 처음에는 이 직원이 젖 먹던 힘까지 다해서 일하다가 나중에는 갑자기 풀어질 수도 있을까? 충분히 그럴 수 있다. 대부분의 청년이 그렇게 된다. 처음에는 열정에 불타 일에 매진하다가 점점 의욕이 꺾이고 느슨해지는 것이다. 이것은 지극히 정상적이다.

이때 합의서를 꺼내 그에게 보여주면서 "보게나, 처음에 나에게 이렇게 약속하지 않았는가. 지금 잘 지키고 있는가?"라고 하며 상대를 위협하면, 그를 능동적 인간에서 다시 수동적 인간으로 바꿔 놓는 셈이다. 이 합의서는 단 한 가지 역할만 할 뿐이다. 서로 약속한 내용을 둘 다 잊지 않고 기억하면서 열심히 일하자는 것이다.

4년 동안 그 직원에게 야근을 시키고 출장을 보내며 스트레스가 큰 일들을 주면 당신이 그를 괴롭히고 있다고 생각하지 않을까? 원망하지 않을까? 그는 사장이 그를 훈련시키고 있다는 것, 지점장이라는 목표가 실현되도록 돕고 있다는 것을 알고 있다.

직원이 느슨해졌을 때는 이렇게 한번 일깨워줄 수 있다. "우리 목표를 기억하는가? 우리 목표는 지점장이라네. 힘내게!" 이것으로 충분하다. 그런 다음 그가 더 열심히 노력해 그 일을 잘해내도록 하면 된다.

이것이 바로 파트너십의 첫걸음이다. 우리는 직원을 채용할 때 먼저 이 점을 분명히 해서 직원들이 4년 동안 목표를 가지고 일하도록 해야 한다.

여기서 또 다른 책 『잭 웰치의 마지막 강의』를 소개하고 싶다.

이 책은 유용한 내용이 정말 많은데, 그중에서도 잭 웰치(제너럴 일렉트릭GE의 최연소 최고 경영자가 되어 GE를 세계 최고 기업으로 성장시킨 굴지의 인물—옮긴이)의 다음 말이 매우 인상 깊었다. "직원에게 반드시 엄격하게 요구해야 한다." 이는 회사가 직원에 대해 책임을 져야 하기 때문이다. 사람은 하루 24시간 중에서 열 몇 시간을 식사를 하고 잠을 자는 데 쓴다. 그러면 무언가에 투자할 수 있는 시간은 하루 중 여덟아홉 시간밖에 되지 않는다. 직원들은 이 여덟아홉 시간을 사장인 당신에게 투자하고 있다. 그들이 회사에 오는 것은 일종의 투자이지 월급을 타러 오는 것이 아니다. 직원이 매일 인생의 여덟아홉 시간을 회사에 투자했으니 회사는 그 투자자에 대해 책임을 져야 한다는 것이다. 당신은 직원이 마땅히 보상을 받도록 책임을 져야 한다.

이는 『얼라이언스』와 연결선상에 있는 관점이 아닐까? 4년 동안 매일 여덟아홉 시간을 회사에 투자했으니 직원에게는 보상이 있어야 하고 이를 위해서 직원은 목표를 명확히 해야 한다는 점을 직원이 깨닫도록 해야 한다. 직원이 목표를 찾고 그 목표가 지점장이 되는 것이라고 말했다면, 야근을 해도 시간을 낭비한다는 생각이 들지 않을 것이다.

조던과 그의 구단주에게는 어떤 목표가 있었을까? 조던이 말했다. "내 목표는 역사상 가장 위대한 선수가 되는 것입니다." 구단주가 답했다. "좋네. 그러면 날 위해 우리 팀을 프로 농구 챔피언 자리에 두 번 올려주게. 나는 자네를 역사상 가장 위대한 선수로 길러주겠네." 이후 조던은 정말 온 힘을 다해 농구를 했고 구단주는 기쁜 마음으로 그를 뒷받침해주었다. 그리고 결국에는 둘 다 '윈윈' 할 수 있었다.

이상이 파트너십의 첫걸음이다.

첫 번째 상황: 직원이 계속 남고 싶어한다면 어떻게 할까

리더십 커리큘럼에는 '경영자란 어떤 사람인가?'라는 매우 기본적인 내용이 들어 있다. 많은 이가 몇 해 동안 경영자로 일해도 경영자가 어떤 일을 하는 사람인지 잘 모른다.

경영자는 '다른 사람을 통해 일을 완수하는 사람'이라고 정의내릴 수 있다. 많은 경영자가 이 정의를 몰라서 무슨 일이 생기면 이렇게 말한다. "내가 할게!" 남성 경영자들이 특히 이렇게 하기를 좋아한다. 남자들은 자신이 필요한 존재가 되기를 가장 갈망하기 때문이다. 특히 다른 사람에게서 '당신이 정말 필요해요'라는 말을 듣기 좋아한다.

이러한 성향이 있는 남자는 스스로도 대단히 피곤할 것이다. 하루 종일 다른 사람을 대신해 이 일 저 일을 하고 때로 야단도 쳐야 하기 때문이다. 그러다보면, 직원을 대신해 많은 일을 하는 사장은 일반적으로 직원들과의 관계가 그다지 좋지 않다는 것을 발견하게될 것이다. 직원들은 사장이 자신을 신임하지 않거나 마음에 들어 하지 않는다고 생각해 사장에게 고마워하지 않는다. 심지어 사장이 직원의 앞길을 막고 있다고 생각할 것이다.

경영자 자리에 있다면 언제까지고 짊어져야 할 가장 중요한 책임이 있다. 그것은 바로 다른 사람이 성장하도록 이끌어주는 것이다. 직원이 회사에 머무르는 4년 동안 당신의 임무는 직원을 성장시켜 그가 원하는 목표, 즉 지점장이 되도록 열심히 돕는 일이다.

3년 반쯤 되었을 때 당신은 그와 다시 한번 이야기를 해야 한다. 그를 찾아가 이렇게 묻는다. "시간 참 빠르군. 어느새 3년 반이 흘렀네. 어떤가? 다음 회사를 찾았는가?"

직원이 대답한다. "아닙니다. 다음 회사를 찾지 못했습니다. 우리 회사가 좋아서 떠나지 않고 계속 일하고 싶습니다."

이때 당신은 다음과 같은 말로 그를 한번 긴장시켜도 좋다. "세상이 이렇게 넓은데 다른 곳에 가보지 않아도 되겠나?"

직원이 대답한다. "안 갑니다. 정말 안 갈 겁니다."

이때 당신은 어떤 말을 해야 할까? "그러면 이번에는 몇 년 정도 생각하나? 이번 목표는 무엇인가?"

이것을 임기제라고 한다. 임기가 한 차례 끝난 후 다음 임기를 놓고 이야기하는 것이다.

두 번째 상황: 직원이 이직을 원한다면 어떻게 할까

또 다른 상황은 순조롭지 않게도 직원이 이렇게 말하는 경우다. "사장님, 다른 회사를 찾았습니다. 맞은편에 있는 회사로, 예전에 우리 회사 거래처였던 곳입니다." 직원이 거래처 회사로 옮기려고 한다면 어떻게 해야 할까?

이때 당신은 대범해져야 한다. 속 좁게 직원의 보험이나 깎으려 들어서는 안 된다. "옮긴다니 정말 아쉽네. 하지만 우리가 지난 4년 동안 노력한 게 효과가 있었다는 뜻이니 그것으로 됐네. 적어도 지점장 대우를 해줄 것 아닌가? 잘됐네. 축하하네! 내 직접 자네 장점을 모두 적어 우리 회사 사람이 얼마나 우수한지 알도록 추천서를 한 통 써주겠네. 우리 얼굴을 봐서라도 가서 일 잘하게나. 무슨 일이 생기면 언제든지 찾아와 이야기 나누세. 우리 회사가 자네 본가 아닌가. 우리는 언제나 친구라네. 다만 남은 반년 동안 후임자를 잘 세워주고 가길 부탁하네."

후임자를 세우는 데 반년이면 충분하다고 생각한다. 후임자를 잘 세워달라는 부탁을 그가 들어줄까? 당연히 그럴 것이다. 그리고 이때 또 하나 대단히 중요한 것이 있다. "추천서 외에 한 가지 더 말해줄 게 있네. 우리 회사 전前 직원 클럽에 가입하면 혜택을 누릴 수 있다네."

전前 직원을 위한 혜택에는 어떤 것이 있을까? 예를 들어 전 직원이 우리 회사에 새로운 인재를 소개하면, 소개만으로 헤드헌팅 비를 지급한다. 전 직원은 회사 업무를 잘 알고 있기 때문에 손님으로 가장해 회사의 효율을 높일 수 있다. 전 직원도 직원 할인 혜택을 받을 수 있도록 한다. 만약 회사에서 큰 파티가 열리면 전 직원들도 참석할 수 있다. 회사에서 직원들의 자녀를 위한 유치원이나 초등학교를 세운다면 전 직원 역시 이 복지를 누릴 수 있다. 이 모든 것은 한계 비용이 낮으면서도 전 직원이 참여할 수 있고 그들에게 아직 이 회사를 떠나지 않은 느낌을 줌으로써 전 직원들이 응집력 있게 연합하게 한다.

이 일을 가장 잘하는 회사가 바로 P&G다. P&G 전 직원 클럽 이름은 'P&G 비즈니스 스쿨'이다. 내 후배 중에서도 P&G에서 일하는 사람이 많고 나 역시 그들의 활동에 참여한 적이 있다. P&G 사람들이 만나면 먼저 뭐라고 묻는지 아는가? "몇 학번이세요?" 그들은 P&G를 일종의 학교처럼 생각한다.

P&G 복지가 크게 좋다고 할 수는 없고 이직률도 상당하다. 하지만 P&G는 사람을 잘 키워낸다. 그래서 P&G 출신은 퇴사 후에도 좋은 직장을 찾곤 한다. 내가 아는 바로는 P&G에서 이직한 사람들 중 P&G에 대해 안 좋은 이야기나 원망 섞인 말을 하는 사람이 거의 없었다. 오히려 모든 사람이 이렇게 말했다. "P&G 제품 써봐. 샴푸가 아주 좋아." 이런 식으로 나에게 영업을 했다.

P&G 전(前) 직원 클럽에는 25만 명이 가입되어 있다. 다시 말해 P&G는 직원 외에도 25만 명을 관리하고 있는 셈이다. 링크드인 Linked In(전 세계 4억 명 이상의 이용자가 사용하는 세계 최대의 글로벌 비즈니스 인맥 사이트—옮긴이) 역시 전 직원군이 15만 명이며, 이들은 세계 500대 기업에 속하는 미국 기업들에 두루 속해 있다. 링크드인이 어느 회사에서 지인을 찾으려고 할 때 얼마나 손쉽게 찾을지 이를 보면 충분히 알 수 있다. 모두 자사의 온라인상에 있기 때문이다.

중국에도 괜찮은 기업이 꽤 많다. 대표적인 예가 알리바바다. 마윈은 이런 명언을 남겼다. "한번 알리바바 사람이면 평생 알리바바 사람이다." 내가 참 좋아하는 말이다. 내 동기 중 한 명이 마윈과 창업해 성공했는데, 그의 알리바바 직원 번호는 70번대다. 알리바바가 상장하자 그는 곧바로 억만대의 부자가 되었다.

알리바바 건물 내에는 1만 명가량을 수용할 수 있는 대단히 큰 규모의 홀이 하나 있다. 마윈은 매년 이곳에서 전前 직원 모임을 갖는다. 알리바바 본부에서 열리는 전 직원 모임에 참석 요청을 받았다는 것은 그들에게 큰 영광이다. 마윈이 직접 연설을 한 후 다 같이 식사를 하고 담소를 나누기 때문이다. 그들은 이 모임을 '알리계'라고 부르며 서로의 회사에 투자도 한다. 서로의 가치관이 같고 서로가 얼마나 열심히 일하는지 잘 알기 때문이다. 모임은 자연스레 커다란 자원의 보고가 된다.

언젠가 포럼에서 위의 이야기를 한 적이 있다. 그러자 앉아 있던 텐센트 직원이 볼멘소리를 했다. 그의 말에 따르면 텐센트에도 이러한 모임이 있다는 것이다. 사실 화웨이에도 이런 문화가 있다. 이들은 모두 퇴사한 직원들의 모임을 만들고 관리하는 데 열성적인 기업들이다. 전 직원을 이처럼 대우할 수 있는 기업이라면 나는 한 가지 묻고 싶다. 이것이 현 직원들에게도 영향을 미칠까? 현 직원들에게 좋은 영향을 줄까, 아니면 나쁜 영향을 줄까?

직원 입장에서 생각해보자. 사장이 퇴사한 직원에게 잘해주는 것을 보면 그 사장이 어떻게 보이는가? 분명 도량이 넓고 진정 직원들을 아끼는 사람이라고 생각할 것이다. 따라서 사장이 이전에 한 말도 더 신뢰가 가고, 열심히 일하면 앞으로 자신도 사장과 저런 친밀한 관계를 맺을 수 있으며 퇴사한 후에도 전 직원 클럽의 일원이 될 수 있을 거라 기대할 것이다.

하지만 모든 사람이 전 직원 클럽에 들어갈 수 있는 것은 아니다. 사장을 완전히 실망시켰거나 전에 정한 목표를 전혀 달성하지 못했으며 사장과 한 약속을 조금도 신경 쓰지 않았다면 추천서 같은 것을 바랄 수 없을 것이다. 해외 기업의 경우 추천서가 없다는 것은 매우 심각한 문제다. 게다가 이는 중국에서도 점점 심각한 문제가 되고 있다. 왜 그럴까? 중국에 창업자가 갈수록 늘어남에 따라 중국의 기업 관리 수준도 점차 개선될 것이라 확신한다.

중국 기업의 직원 채용은 왜 늘 이 모양일까? 아무도 채용의 중요성을 깨닫지 못했기 때문이다. 나 역시 회사를 몇 개 운영해보고 난 후에야 채용이 가장 중요한 단계임을 깨달았다.

외국에서는 기업에 추천서와 이력서를 제출하면 인사팀에서 추천서를 써준 사람에게 전화로 진위 여부를 확인할 뿐 아니라 지원자의 이전 직장에 연락해 무작위로 지원자의 근무 태도가 어땠는지 물어보기도 한다. 철저히 확인 조사를 하는 것이다.

얼마 전 일본에 갔는데, 한 일본인이 내게 중국에서는 왜 사람을 속이는지 이해할 수 없다고 말했다. 그들의 관념에서 보면 일본에서 속이는 행위는 매우 심각한 일이다. 일단 회사에서 사장을 속이고 일을 대충대충 하다가 해고를 당하면 인생이 끝난 것이나 다름없다. 회사마다 직원을 채용할 때 이전 회사 사장에게 지원자의 근무 태도를 물어보기 때문이다. 직원들은 따라서 앞으로 고용주에게 좋은 평을 얻는 것을 중요시하게 될 것이다.

그러니 당신은 이렇게 말해야 한다. "모든 사람이 전 직원 클럽에 들어갈 수 있는 것이 아니라, 성실히 일한 사람만 이 클럽에 들어갈 수 있습니다." 그러면 현재의 직원들도 성심껏 일할 것이다.

같은 맥락에서 또 하나 묻고 싶다. 이렇게 퇴사한 직원은 당신을 어떻게 생각할까? 안 좋은 말을 할까? 당신이 전 직원 클럽이라든지 그 밖의 여러 혜택을 제공한다고 했을 때 그 직원은 어느 곳을 가든 당신의 회사가 괜찮은 곳이라고 이야기하지 않을까?

회사 평판에 영향력이 가장 큰 사람은 고객이 아니다. 설령 고객 중 한 사람이 당신 회사에 대해 안 좋은 평을 한다 해도 사람들이 다 그 말을 믿는 것은 아니다. 하지만 만일 그 회사 직원이 자신의 회사가 몹시 안 좋고 고객들에게 바가지를 씌우고 있다고 말하면 사람들은 훨씬 더 신뢰감을 갖고 그 말을 믿을 것이다. 어떻게 해야 이직한 직원이 당신에 대해 좋은 말을 하도록 할 수 있을까? 이것은 대단히 중요한 문제다. 이것이야말로 당신의 평판을 관리하는 일이다.

어쩌면 이직한 직원은 당신에게 계속 수익이 될 만한 일감을 가져다줄 수도 있다. 그는 당신 회사 내 업무에 대해 아주 잘 알고 또 회사를 나간 후에는 더 많은 사람을 알게 될 것이기 때문이다. 따라서 당신에게 가장 좋은 업무 파트너가 될 수 있다.

직원 모두가 창업자 마인드를 가져야 한다

내가 리더십 강의를 마칠 때마다 많은 사람이 이런 질문을 한다.

"판 교수님, 이 사례를 한번 봐주십시오. 이 사람은 왜 노력을 안 할까요? 이것 좀 보세요. 내가 이 사람한테 이런 일을 하라고 요구했는데 왜 해내지 못할까요?" 그들은 직원들에게 지나치게 많은 요구를 하고 그 일을 다 해내길 바란다. 나는 그 가운데서 근본적인 문제를 하나 발견했다. 당신은 그 일이 직원 입장에서 어떤 유익이 있는지 고민해봤는가? 당신의 회사에서 일하는 동안 그 직원의 발전 여부를 생각해봤는가? 당신은 그저 그 직원을 성실한 도구로만 생각하는 것이 아닌가?

대부분의 기업은 직원이 떠나지 않고 꾸준히 있어주길 바란다. 그러면 인건비도 줄고 회사도 안정적으로 운영된다. 하지만 여기서 그친다면 당신은 그저 평범한 사장에 불과하다.

실리콘밸리에는 우수한 기업이 수두룩하다. 하지만 실리콘밸리 직원들의 이직률은 매우 높다. 한 사람이 2, 3년에 한 번꼴로 회사를 나온다. 하지만 『얼라이언스』에서 리드 호프먼(링크드인의 설립자—옮긴이)은 이렇게 말한다. "실리콘밸리의 성공 비결은 대체 무엇일까? 바로 직원 한 명 한 명이 모두 창업자 마인드를 가졌다는 것이다."

직원이라면 창업을 하든 안 하든 창업자의 마인드가 있어야 한다. 내가 하는 이 일이 위대한 창조 행위이지, 그저 집안 식구들을 먹여 살리려고 허비하는 시간이 아님을 깨달아야 한다. 따라서 기업이 전 직원 클럽을 조직하는 것은 현 직원이나 이직한 직원 모두에게 매우 중요한 일이다. 사장이 진심이라는 사실을 알게 되면 직원들의 사기를 크게 진작시킬 수 있다.

재미있는 사례를 하나 들어보겠다. 내가 어느 대형 국유 기업에서 강의를 할 때 이런 생각을 얘기했더니 맨 첫 줄에 앉아 있던 사장이 연신 무릎을 '탁탁' 쳤다. "왜 그리 격한 반응을 보이십니까? 무슨 문제라도 있습니까?" 하고 묻자 그가 대답했다. "아이고, 내가 이 강의를 너무 늦게 들었습니다. 전에 있던 직원 한 명을 잘 관리하지 못해서 지금 이 지경이 되었습니다." 그래서 다시 물었다. "어떤 사람이기에 그러십니까?"

그 사람의 이름은 런정페이任正非(화웨이의 회장―옮긴이)였다. 런정페이가 그 회사를 나올 때 회사에서는 온갖 방법을 동원해 그를 저지했다. 결국 런정페이는 크게 마음이 상해버렸다. 지금까지도 런정페이는 이 일을 언급한 적이 없고 자신이 그 회사와 어떤 관계에 있었는지 말한 적이 없다. 그만큼 사이가 어색해진 것이다.

사장이 말했다. "당시 우리에게는 자금이 있었습니다. 만약 그가 나갈 때 그에게 200만 위안을 투자했다면 화웨이 주식을 10퍼센트 점유했을 것이고 그러면 지금쯤 빌딩을 하나 세우지 않았겠습니까? 황금 같은 기회를 놓쳤네요."

그의 말에 옆에 있던 부사장이 덧붙였다. "한 명 더 있잖아요. 잊으셨어요?" 두 번째 인물은 비구이위안碧桂園(컨트리 가든, 중국 부동산 개발 업체―옮긴이)의 사장 양궈창楊國強이었다. 이 국유 기업은 이전 직원들과 좋은 파트너십을 맺지 못하고 오히려 물과 기름처럼 겉도는 관계가 되었다. 나중에 그들이 직접 원인을 찾은 바로는 바로 회사에서 전 직원과 파트너십을 맺기는커녕 여러 차례 소송을 걸었기 때문이다.

이 방면에서 항공우주산업 분야의 771소所라는 기업은 매우 현명했다. 마이크로 전자 회사인 이곳은 이름 있는 3선 기업三線企業(3선 도시의 기업—옮긴이)이며 군수품과 민간 용품을 모두 취급한다.

이 기업은 과연 이 방면에서 어떻게 했을까? 회사 내 50대 직원 한 명이 퇴사해 창업을 하려던 차였다. 사장은 그 직원에게 직장을 완전히 그만두라고 권하지 않았다. "이렇게 합시다. 우리가 투자를 할 테니 창업을 하세요. 만약 성공하면 우리가 지분을 좀 갖는 것으로 하죠." 이 직원은 당시 자금이 없었기 때문에 사장의 말에 동의했다. 그는 회사에서 투자한 돈으로 선전에 자신의 회사를 차렸다. 이 중년의 남자가 바로 중싱中興, ZTE(중국의 통신 장비 및 네트워크 솔루션 공급 전문 업체—옮긴이)의 허우웨이구이侯爲貴다.

그로 인해 771소는 매년 배당금을 받는다. 중싱에서 배당금을 지급하면 771소 직원 모두 인센티브를 받게 되니 얼마나 기분이 좋겠는가. 그 당시의 투자가 성공하기만 하면, 당신의 전 직원과 파트너십만 잘 맺으면 되는 일이다.

세 번째 상황: 직원이 창업하려 한다면 어떻게 할까

세 번째 상황은 직원이 이렇게 말하는 경우다. "사장님, 새로운 직장을 찾지 못했고 찾을 생각도 없습니다. 저는 창업할 생각입니다."

직원이 창업한다는데 어떻게 할까? 이때는 도움이 필요한지 물어봐야 한다. 물론 그 직원이 괜찮은 사람이라는 전제 아래서다. 그에게 도움이 필요한지, 투자를 해도 되는지 묻고 지분 투자를 하게 되면 창업에 도움을 줄 수 있을 거라고 말한다.

이로써 창업 플랫폼을 구축할 수 있다. 링크드인의 리드 호프먼 사장은 왜 『얼라이언스』와 같은 책을 썼을까? 여기서 또 한 사람을 언급해야 할 것 같다. 미국의 페이팔 창립자 피터 틸이다. 그는 1999년에 페이팔을 시작했다.

피터 틸은 '실리콘밸리 창업의 대부'로 불린다. 페이팔이 실리콘밸리에서 가장 큰 회사도 아니고 이후에 이베이에 인수되었는데도 왜 피터 틸은 '실리콘밸리 창업의 대부'라 불리는 걸까? 이는 확실히 그가 탁월한 사람이기 때문이다. 직원이 회사를 나가 창업한다고 하면 그는 이렇게 말한다. "좋습니다. 그러세요. 내가 투자하죠." 그 직원이 창업해 세운 회사가 바로 링크드인이다.

또 다른 직원이 창업을 하겠다고 하자 피터 틸은 역시 투자했다. 그 회사는 페이스북이다. 그는 페이스북에 50만 달러를 투자했고 나중에 70억 달러를 돌려받았다.

시간이 흘러 또 한 직원이 말했다. "사장님, 창업을 하려고 합니다." 이번에도 마찬가지로 투자가 이뤄졌다. 그 직원은 유튜브 창업자인 스티브 천으로, 화교 출신이다. 뿐만 아니라 유인 우주선을 화성으로 보낸 스페이스엑스 역시 페이팔 출신이 창업했다.

테슬라도 빼놓을 수 없다. 피터 틸은 테슬라의 주주이기도 하다. 미국의 지역 기반 리뷰 사이트인 옐프YELP 역시 피터 틸이 투자한 기업 중 하나다. 그는 직원 중 누구든 회사를 나가 창업을 한다고 하면 말리지 않았다. 오히려 투자를 하고 그 회사가 정상 궤도에 올라서도록 도왔다.

사장이 진정 직원이 성공하기를 바랄 때 직원들은 끊임없이 모험에 나선다.

많은 사람이 투자할 곳을 찾고 1급 시장을 만들고 싶어하며 지분 투자라는 것도 해보고 싶어한다. 나 역시 많은 회사에 투자해봤고 대체로 크게 손해 보지 않고 대부분 100배 이상의 이윤을 남겼다. 어떤 사람에게 투자해야 가장 믿음직스러울까?

지인에게 투자하는 것이 가장 믿을 만하다고 말하는 사람이 많다. 둘째 외삼촌이 창업을 하는데 거기에 투자하면 될까? 사촌 형이 창업을 하는데 투자해도 될까? 투자하지 않는 것이 좋다. 아는 사람이라고 다 투자해서 좋은 것이 아니다.

그러면 어떤 사람에게 투자해야 가장 믿을 만할까? 회사 동료가 가장 믿을 만하다. 그 사람이 어떻게 일하고 얼마나 잘하는지, 어떤 사고방식을 가지고 있는지 알기 때문이다. 그 사람과 회의를 해봤으니 그가 이 일을 잘해낼지에 대한 신뢰감이 있을 것이다. 따라서 직원의 창업을 육성하는 것이 가장 믿을 만한 방법이다. 이것은 쉬샤오핑徐小平(중국 학생들의 미국 유학을 지원하는 교육 기관인 신둥팡新東方 교육 그룹의 창업자로, 2006년부터 에인절 투자자로 활동했다—옮긴이)이 취하는 파종하는 식의 에인절 투자 방식과는 전혀 다르다. 그들이 따지는 것은 성공률이다.

피터 틸의 투자 원칙은 절대로 아무 곳에나 씨를 뿌리지 않고, 한 회사에 투자하면 자신의 모든 자원을 동원해 그 회사를 성공시키는 것이다. 『제로 투 원』은 이에 대해 자세히 소개하고 있다. 이 책은 『얼라이언스』와 같은 계열의 책으로, 2015년 가장 각광받았던 경영 서적이다. 이 책을 읽고 나면 피터 틸의 생각과 그가 세상을 바라보는 관점에 대해 잘 이해할 수 있다.

이상의 내용을 요약해보면, 4년이 지났을 때 그 직원은 네 가지 상황 중 하나에 처하게 된다. 계속 일하든지, 이직을 하든지, 창업을 하든지 아니면 근무 태도가 너무 안 좋아 해고당하든지……. 만일 해고당하고 재계약을 하지 않는다면, 전 직원 클럽에서 받는 혜택 또한 누릴 수 없다. 『얼라이언스』에서 말하고자 하는 핵심 내용은 우리가 이런 방식으로 직원과 파트너십을 구축해야 한다는 것이다.

모든 직원을 똑같이 대해야 할까

누군가는 이렇게 물을 수 있다. "모든 사람을 이렇게 대해야 하나요? 내 아래에 이렇게나 많은 사람이 있는데, 한 명 한 명을 그렇게 대하다보면 하루 종일 몸이 열 개라도 모자랄 겁니다." 모든 사람을 이렇게 대하라는 것이 아니다.

『얼라이언스』는 직원을 세 범주로 나누었다. 첫 번째 범주는 창업자, 협력 파트너, 주주로, 이 사람들은 관리할 필요가 없다. 그들은 자본을 가지고 들어온 사람들이기에 열심히 일하는 것으로 충분하다.

두 번째 범주는 초급 단계의 일반 직원이다. 맥도널드를 예로 들면 캐셔나 주방에서 닭 날개를 손질하는 이들이다. 이들에겐 교육을 제공하고 인사고과를 평가하는 것으로 충분하다. 이들은 단순한 작업이 주 업무라 그렇게 긴요한 인력이 아니기 때문이다.

파트너십 구축 등을 통해 중점적으로 관리해야 할 주요 대상은 누구일까? 바로 중추적 역할을 하는 핵심 인물, 회사에서 중간 위치에 있는 사람이다. 중간 관리직을 잘 관리하면 회사가 꾸준히 발전하고 번창할 것이다.

나와 뤄전위의 친구인 쭝이宗毅(중국 히트펌프 제조업체 PHNIX의 CEO—옮긴이)는 분열식 창업이라는 방법을 고안해 회사 내에서 10여 개의 우수한 기업을 부화시켰다.

이것이 바로 우리가 지금 이야기하는 '파트너십' 개념이다. 따라서 우리는 텐센트나 알리바바, 화웨이와 같은 기업을 본보기로 삼아 파트너십을 열심히 세워나갈 필요가 있다. 회사의 발전을 고민할 때 직원의 발전을 잊어서는 안 된다. 직원이 자신의 목표와 사장인 당신의 목표가 다르지 않고 동일하다는 것을 알게 해야 한다. 당신이 챔피언 자리에 오르려면 직원들이 가장 위대한 선수가 되어야 한다. 직원이 당신 회사에서 얻을 최대 수확은 월급이나 인센티브가 아니다. 그가 회사에서 얻을 가장 큰 수확은 바로 성장이다. 믿을 만한 사람이 되어 창업할 정도로 성장하는 것이다. 그때 당신은 그의 엔젤 투자자가 될 수도 있다.

나와 내 주변 사람들은 『얼라이언스』로부터 크게 감명받았다. 나는 우리 판덩 독서회 직원들에게 이러한 이야기를 자주 한다.

"여러분이 그저 돈을 빨리 벌고 싶다면 우버(승객과 운송 차량을 연결해주는 모바일 애플리케이션 서비스—옮긴이) 택시를 모는 게 더 나을지도 모릅니다. 죽을 등 살 등 일하면 꽤 많은 돈을 벌 수 있겠지요. 우리 회사는 고작 8000에서 1만 위안 정도 주니까요. 택시를 몰고 안 몰고는 여러분 자신의 선택입니다. 하지만 나는 여러분이 여기서 4년 동안 일한 뒤 이 회사를 함께 설립해나가는 일원이 되어 있길 바랍니다. 독서라는 방식을 통해 함께 이 세상을 바꿔가지 않겠습니까?"

바로 이러한 때에 직원들의 일에 대한 열망이 마음속에서 불타오르는 것이 보인다. 내가 나서서 야근을 시킬 필요도 없다. 그들 스스로 야근을 해서라도 이 일을 마치는 것이 즐거워서 야근을 하는 것이다.

현재 사회에서 가장 부족한 것은 사람들이 자신의 일을 즐기는 것이다. 돈을 벌어 여행이나 갈 생각으로 마지못해 힘들게 일하고 있다. 이는 위험한 생각이 아닐 수 없다. 이러한 생각으로만 일을 하면 우리는 평생 괴로움에서 헤어나지 못한다. 우리는 누구나 자기 일에 푹 빠져 즐겁게 일하는 법을 배워야 한다. 물론 이를 위해서는 파트너십이 세워져야 한다. 회사의 목표와 개인의 목표가 일치할 수 있다는 것을 먼저 깨달아야 하기 때문이다.

제5장

이 세상은 좋아질까?

철학서를 통해 보는 경제학 마인드

왕둥웨王東嶽(의학 석사 출신이지만 의학계를 떠나 어느 학술 기관에 소속되지 않은 채 자유롭게 학문 연구를 하고 있다—옮긴이)의 저서『물연통론物演通論』과『지어지락知魚之樂』을 소개하고자 한다.『물연통론』은 순수한 철학서라 꽤 어려운 편이다.『지어지락』이 훨씬 쉬우며, 철학적 이론을 담은 산문집으로 생각하면 좋을 듯하다. 그래서『지어지락』을 먼저 읽고 흥미가 생기면『물연통론』을 시도해보기를 추천한다. 그러지 않으면 분명 이런 말이 나올 것이다. "『물연통론』에 나온 글자 하나하나는 알겠는데 문장과 단락, 장이 되는 순간 무슨 말인지 전혀 모르겠어."

확실히 철학서는 이렇게 문턱이 높다. 이 책들을 읽을 때 나 역시 읽었다기보다 한 글자 한 글자씩 곱씹었다고 하는 편이 맞을 것이다. 무려 2년 가까이를 곱씹었다. 이것으로도 모자라 왕둥웨의 강의를 듣고 녹음까지 해서 열댓 번을 반복해 들었다. 지금도 간신히 대략적인 내용만 이해했다고 말할 수 있다. 이제 여러분에게 이 책을 간략히 소개해보고자 한다. 먼저 양해를 구하고 싶은 것은 책 내용을 소개하면서 왕둥웨의 본래 의도에 어긋난 부분이 있다면 이는 전적으로 내 책임이다. 이 책에는 방대한 철학 세계가 담겨 있기 때문이다.

솔직히 말하면, 지난 3년 동안 「뤄지쓰웨이」라는 프로그램을 진행해왔지만 이번 내용을 준비하는 것이 가장 힘들었다. 이유는 두 가지다.

첫째, 왕둥웨의 지식세계는 무척 방대하다. 그는 철학에서 역사, 문화, 자연과학, 그것도 최신 자연과학에 이르기까지, 축적된 인류 지식의 모든 영역을 두루 섭렵했다. 더 중요한 것은 사물을 바라보는 관점에 있어 그는 138억 년 우주 진화사의 관점에서 모든 것을 관찰한다는 점이다. 그러니 내가 진행하는 「뤄지쓰웨이」와는 수준 차이가 엄청날 수밖에 없다.

1년 전쯤 나는 왕둥웨 선생과 그의 제자인 리산유李善友 교수를 모시고 그의 철학세계에 대해 이야기를 나눈 적이 있다. 그때 나는 이렇게 말했다. "제 바람을 한 가지만 말해도 될까요? 왕둥웨 선생님의 세계를 일반인 버전으로 풀어내고 싶습니다." 리산유 교수가 말했다. "너무 어려울 것 같은데, 가능하겠습니까?" 나는 한번 해보겠다고 대답했다. 그리고 이번 시도에서 준비 과정만 1년 넘게 걸렸다.

둘째, 왕둥웨의 철학세계를 간단하게 결론만 말해버리면 의미가 완전히 전도된다. 거의 헛소리로 들릴 정도로 말이다.

더욱이 현재로서는 왕둥웨의 여러 결론이 단순히 철학적 사고로만 받아들여지고, 아주 협소한 범위 내에서만 전달되어 세월의 검증을 받지 못했다. 지금 내가 그 내용을 섣불리 전달해 거센 비난이 쇄도하거나 황당하다는 반응이 나온다 해도 예상했던 바다. 나 개인의 영광이나 수모는 아무 상관없다. 다만 여러분이 이러한 사상 체계를 접하는 데 오히려 방해가 되어 그저 스쳐 지나가게만 만든다면 내 죄가 너무 크다.

이제 왕둥웨의 결론을 차근차근 전개해나갈 텐데, 그 전에 할 일이 있다. 바로 지식의 공감대를 형성하는 것이다. 아무리 대단한 사상일지라도 지식의 공감대 위에 세워져야지, 그렇지 않으면 언쟁에 불과하다.

공감대 1: 지식 영역의 경계를 깨뜨리다

우리에게 필요한 첫 번째 공감대는 바로 각 지식 영역의 경계를 무너뜨리는 것이다. 이는 200년 동안 각 지식 영역의 진전 과정에서 보이지 않게 존재했던 흐름이다.

중국어에서 '과학科學'이라는 단어가 처음 생겼을 때 그 첫 함의는 무엇이었을까? 바로 과를 분류한分科 학문이라는 것이다. 아편전쟁 전후로 중국인들은 서양 학문을 갑자기 접하게 되었고 이것이 영역별로 나뉘어 있음을 발견했다. 그동안 성현들이 추구하던 학문은 모든 것이 복합된 종합적인 이론이었으며, 분과 개념은 드물었다. 지식인이나 사대부 역시 모든 분야를 아우르는 통재通才가 되고자 노력했다.

하지만 서양의 현대 과학은 물리, 화학, 생물, 사회인문과학 등으로 과科를 나누어 연구했다. 각각의 연구 대상을 완전히 다르게 구분해놓은 것이다. 하지만 200년 동안 인류의 각 지식 영역에서 보이지 않게 존재했던 흐름은 바로 과별로 나누었던 학문의 장벽과 경계가 점차 무너지고 모호해진다는 것이다.

간단히 정리해보자. 먼저 인류사회와 자연의 경계를 무너뜨리는 것이 가장 어렵다. 인류는 미개한 상태를 벗어난 이후부터 스스로를 아주 대단한 존재로 여기게 되었다. 그래서 동물, 식물, 자연 현상과 인간은 완전히 별개의 차원으로 구분했다. 인류 문명의 발전은 대자연과의 투쟁을 통해 이뤄지는 것이며, 인간과 자연은 서로 대립되는 것, 사회 현상은 자연 현상과 다른 것으로 간주했다.

이 사고가 언제 깨졌을까? 19세기 초로 거슬러 올라가면 오귀스트 콩트라는 학자를 만날 수 있다. 그는, 우리에게 '공상적 사회주의자'로 잘 알려진 생시몽의 비서였다. 콩트는 여러 권의 책을 썼으며 그 논리가 대단히 복잡했다.

그의 논리가 얼마나 복잡하든 중요한 것은 그가 새로운 사상을 제시했다는 것이다. 이를테면 다음과 같다. 사회 현상과 개인을 하나로 묶어서 봐서는 안 된다. 사람과 사람 사이의 상호 작용을 곧 사회라 여겨서는 안 된다. 사회는 사실상 하나의 자연적인 존재다. 사회와 각 사람 간에는 밀접한 상관관계가 없다. 사회는 총체적인 현상이기에 하나의 학문 분야로서 연구해야 한다고 주장했다. 그래서 오늘날 사회학자들은 콩트를 사회학의 조상으로 인정한다.

콩트의 업적은 사회를 하나의 자연 현상으로 보고 연구한 것이다. 콩트 입장에서 사회는 생물학에서의 사회 개념과 동일하다. 둘 다 자연 현상인 것이다. 나중에는 인류도 자연 현상으로 간주하는 생물사회학이 출현했다. 이것이 인류사회와 자연의 경계가 무너진 첫 사례다. 이어 다윈이 등장해 생물 종 간의 모든 경계를 무너뜨리고 모든 종은 하나의 조상에서 진화한 결과라고 주장했다.

생물과 화학, 물리의 경계는 언제 무너졌을까? 20세기에 이르러서야 이른바 분자생물학이라는 것이 출현했다. 이를 통해 사람들은 생물 현상이 유전 정보를 담은 분자 지도에 불과하다는 사실을 알게 되었다. 1953년 미국의 화학자 스탠리 밀러는 분자생물학에서 가장 유명한 실험인 '밀러 실험'을 진행했다.

밀러 실험에서는 한 가지 문제를 탐구했다. 대자연에 존재하는 온갖 생물, 동물과 식물, 미생물의 근원은 도대체 무엇일까? 알다시피 모든 생물의 기본은 결국 세포이고, 세포는 유기물로 구성되어 있다. 그렇다면 유기물은 어떻게 생겨난 것일까? 지구가 막 형성되었을 때는 무기물만 있었는데, 혹 무기물이 모여 유기물이 된 것일까? 추측해본들 증거가 없었기에 밀러는 실험을 통해 그 증거를 찾고자 했다.

이 실험은 퍽 간단했다. 밀러는 커다란 유리병을 준비했다. 지구가 막 형성되었을 당시의 대기 구조대로 유리병 안 환경을 조성한 다음 메탄, 수소, 암모니아, 수증기 등을 집어넣었다. 그다음 지구가 막 형성되었을 당시 대기의 물리적 상태대로 천둥 번개를 조성했다. 유리병 안에 전기를 흘려보내 안에 있는 기체에 전기 충격을 가한 것이다. 얼마 후, 주황색 연무가 생성되었다. 그 안을 분석해보니 과연 유기물이 발견되었다. 이렇게 해서 밀러의 실험은 화학과 생물의 경계를 무너뜨리는 계기가 되었다.

또 다른 경계는 화학과 물리의 경계다. 뉴턴은 말년에 연금술에 심취했다. 지금 우리 관점으로는 사이비 과학이나 다름없다. 하나의 원소가 어떻게 다른 원소로 바뀌고 어떻게 황금으로 변할 수 있겠는가? 우리 모두 중고등학교 때 원소 주기율표를 배운 적이 있다. 수소, 헬륨, 리튬, 베릴륨, 붕소 등 92개 원소 간의 경계가 분명하며, 하나의 원소를 다른 원소로 바꾸는 것은 불가능하다. 고전화학에서는 이렇게 주장한다.

하지만 20세기에 물리화학이 출현했다. 과학자들은 원소를 이루는 기본 요소가 같고, 하나의 원소와 다른 원소는 원자와 그 주변을 둘러싸고 있는 전자구름의 분포만 다르다는 사실을 발견했다. 즉, 미시세계에서는 모든 원소가 서로 통한다는 것이다. 따라서 적어도 이론적으로는 뉴턴이 지금까지 살아 있었다면 연금술도 불가능한 것이 아니다. 물리화학은 결국 이 경계까지 무너뜨렸다.

20세기에 가장 중요한 과학적 발견은 빅뱅설이다. 이 가설이 성립한다면, 우리는 138억 년 우주 진화의 역사, 46억 년 지구 형성의 역사, 38억 년 생물 발달의 역사, 1만 년 인류 문명의 발달 역사가 모두 한 계통으로 일맥상통하다는 것을 발견하게 될 것이다. 여기에는 우리가 영역을 나누어 연구할 때 결코 나뉠 것 같지 않은 경계가 전혀 없다.

만약 이 전제를 받아들인다면 한 가지 문제가 제기된다. 과거 다윈은 생물의 단계적 현상을 관찰하고 진화론을 제시했다. 진화론은 이미 진보도 퇴보도 없는, 학설로만 남았다. 그러나 138억 년 우주 진화의 역사 전체를 놓고 볼 때 다윈이 제시한 진화론을 생물의 생성 전과 생성 후에 적용할 수 있을까? 다시 말해, 소립자와 분자가 진화하는 과정과 인류사회의 발달 과정을 생물학에서 말하는 진화론과 연관시킬 수 있을까?

『물연통론』에는 표어같이 자주 나오는 말이 있다. '인성人性은 물성物性이 꽃핀 것이고 인도人道는 천도天道를 잇는 것이다.'

『물연통론』의 첫 번째 기초는 138억 년 우주 진화의 역사, 38억 년 생물의 발달 역사 그리고 1만 년 인류 문명의 발달 역사가 일맥상통하다는 것이다. 이것이 우리가 세워야 할 지식의 첫 번째 공감대다.

공감대 2: 인류의 모든 사상적 결과물은 필연적인 것

두 번째 공감대는 비교적 간단하다. 인류의 모든 사상적 결과물은 어느 천재의 머릿속에서 갑자기 떠오른 아이디어가 아니라 이 세계를 다른 각도에서 관찰해 얻어낸 필연적 결과라는 것이다.

무슨 말일까? 우리가 이제 막 미개한 상태를 벗어난 부족민이라고 가정해보자. 마을 가장자리에서 천지만물을 바라보고 우리는 개천설蓋天說이라는 결론을 얻었다. 즉, 하늘은 마치 커다란 솥뚜껑이 땅을 덮고 있는 것처럼 둥글고 땅은 평평한, 이른바 '천원지방天圓地方(하늘은 둥글고 땅은 네모나다는 뜻―옮긴이)'이라고 여긴 것이다.

그런데 시야를 확대해 태양계라는 관점에서 다시 하늘과 땅을 바라보고는 결론이 달라졌다. 고대 그리스의 유명한 철학자 아리스토텔레스는 월식을 관찰하다 태양으로 인해 지구의 그림자가 달을 가린다는 사실을 발견했다. 이로써 그는 지구가 평평하지 않고 둥글다는 것을 알았다. 이렇게 시야를 확대하면 결론이 크게 달라진다.

코페르니쿠스 시대가 오자 코페르니쿠스는 지구가 우주의 중심이 아니라 태양이 중심임을 발견했다. 이 역시 시야를 확대한 결과 얻은 결론이다. 하지만 코페르니쿠스학파 역시 금세 붕괴되었다. 은하계라는 관점에서 보니 태양도 중심이 아니었기 때문이다. 즉 사상의 변화라는 것은 본질적으로 인류 정보의 관점이 변함에 따라 얻어지는 필연적 결과라고 할 수 있다.

공감대 3: 인간의 처지는 갈수록 비참해지고 있다

세 번째 공감대는 다소 비참하다. 수백 년 동안 현대 지식이 발전해온 과정은 사실상 인간의 지위가 하락해온 역사라고 할 수 있다. 높고 높은 곳에서 바닥까지 떨어졌다. 원래 인류가 어느 위치에 있었는지 생각해보라. 신이 첫째이고 우리는 그다음가는 존재였다.

우리는 이 지구를 관리하도록 신께 선택받은 존재이자 만물의 영장이었다.

코페르니쿠스가 위대한 까닭이 무엇일까? 그는 한순간에 인간의 지위를 전복시켰다. "사람이 살아가는 지구란 곳이 우주의 중심이 아니고 우주의 중심은 태양이다." 당시 왜 화형이 있고 종교재판소가 있었을까? 바로 코페르니쿠스의 사상이 지나치게 파격적이었기 때문이다. 만물의 영장인 사람이 어떻게 우주의 가장자리에 거한단 말인가? 이런 생각을 가진 사람들이 당시 얼마나 큰 충격을 받았을지 가히 짐작이 간다. 이어서 다윈이 등장했다. 사람들은 역시나 비난을 쏟아부었다. "너희나 원숭이 후손이지 우리는 아니야. 우리는 하느님이 창조하셨어." 인간이 원숭이의 후손이라는 설은 인류의 지위를 또 한 번 하락시켰다.

20세기에 들어서는 프로이트라는 사람이 등장했다. 그가 밝혀낸 것들은 지금까지도 많은 사람이 공감하고 있다. 그에 따르면, 원래 인류가 자랑으로 여기던 이성의 힘은 사실 매우 취약하며 인간의 행동 방식은 이성 아래 존재하는 잠재의식에 의해 결정되는 것으로, 이성은 큰 가치가 없다. 이러니 인간의 지위가 또 내려가지 않겠는가?

사실상 20세기 철학과 물리학에는 절망적인 분위기가 팽배했다. 무엇에 대한 절망일까? 바로 인간의 이성과 인지 능력에 대한 절망이었다.

누군가가 다음과 같은 예를 든 바 있다. 우주 전체를 하나의 시계라고 한다면, 그 시계 케이스는 절대로 열지 못한다. 인류가 아무리 자신의 이성을 동원하고 과학의 발전을 촉진시킨다고 해도 우리는 그저 이 시계 주변을 돌고 있을 뿐, 케이스 안에 어떤 것이 있는지는 그저 추측만 하는 것이다. 우리가 알고 있는 세계의 법칙은 사실 이 세계가 우리에게 허락한 인지 수준이다. 시계에는 눈금이 있어 몇 시 몇 분인지 알려준다. 하지만 몇 시 몇 분인지를 가리키는 내재적 운영 메커니즘에 대해서는 영원히 알 수 없다. 인류의 이성으로는 궁극적인 진리가 무엇인지 결코 알 수 없는 것이다.

20세기 철학자들은 '언어학적 전환'이라는 개념을 제시했다. 그 핵심 내용은 인류의 이성과 사상을 알아감에 있어 궁극적인 한계는 바로 우리 자신의 언어이며, 인류는 언어 밖에 있는 것에 대해서는 아는 바가 없다는 것이다.

당신이 이 결론에 동의하는지와 무관하게 수백 년 동안 과학 발전의 전체 흐름은 달라지지 않았다. 바로 대자연에서 인간의 지위가 계속 하락하고 있다는 것이다. 이것이 바로 내가 여기서 세우고자 하는 세 번째 공감대다.

간단히 정리해보면, 총 세 가지 공감대를 제시했다. 셋 모두 과학자들이 인지한 바에 따른 것이다. 첫째, 138억 년 우주 진화의 역사는 만물이 하나의 계통이고, 만물이 함께 관리해온 것이다. 우리는 반드시 이 관점에서 세계를 다시 인식해야 한다. 둘째, 세계를 인식하는 관점이 바뀌면 이 세계에 대한 우리 결론도 전복될 수 있다. 셋째, 그 결과 대자연 속에서 인간의 지위는 계속 하락해왔고 인간의 처지는 갈수록 비참해지고 있다.

인류도 공룡처럼 멸종될 수 있을까

이제 우리는 신의 특별한 사랑을 받는 존재도 아니고 우주의 중심도 아닌 데다 원숭이의 변종일지도 모르고 우리 이성은 형편없이 취약하다. 인간은 어디까지 비참해질 것인가? 『물연통론』은 이 질문에 대해 참신한 답을 제시해준다.

먼저 한 가지 사실을 살펴보자. 다윈은 진화론을 주장할 당시 '자연선택과 적자생존'이라는 개념을 만들어냈다. 생물 진화에서 가장 중요한 원동력은 바로 적응력이다. 생물 각 개체의 관점에서 보자면, 환경에 가장 잘 적응한 개체만이 살아남아 유전자를 전달할 수 있다. 만약 환경에 적응하지 못한다면 잔혹한 진화의 칼날에 제거될 것이다.

이 가설이 성립한다면, 나중에 진화되어 나온 종일수록 환경에 더 잘 적응해야 맞다. 하지만 38억 년 생물의 발달 역사를 보면 그렇지 않다는 것을 알 수 있다. 예를 들어 최초의 단세포 생물은 세균이다. 세균은 현재까지도 잘 살아남아 있고 존재도나 적응도 면에서 대단히 우수한 수준을 보여준다. 극도로 높은 온도의 화산구에서도 세균이 발견되고 심해와 빙하층 내에서도 세균이 발견된다. 심지어 핵폭발이 일어나는 실험실에서도 세균을 볼 수 있다. 높은 방사선 속에서도 세균은 잘 살아남는 것이다. 따라서 세균의 적응도나 존재도는 지상 최고라고 할 수 있다.

하지만 이후에 진화되어 나온 종, 예컨대 파충류인 공룡은 1억 6000만 년 동안 생존했다가 결국 멸종되었다. 게다가 이후에 진화되어 나온 종일수록 적응력이 더 떨어진다. 더 이후에 나온 포유류를 보면, 포유류의 역사는 지금까지 7000만~9000만 년에 불과한데, 인류가 탄생하기 전에 이미 포유류의 99퍼센트가 멸종했다.

인류는 가장 나중에 나온 생물 종으로, 그 역사는 약 300만 년으로 알려졌다. 300만 년 전 인류인 네안데르탈인이나 호모 에렉투스는 모두 멸종했다. 지금 우리는 20만 년 전 아프리카에서 출현한 호모 사피엔스에 속한다.

38억 년이라는 각도에서 바라봤을 때 우리가 언제 멸종될지를 말하기란 사실 어려운 문제다. 위의 패턴대로라면 분명 아주 빠른 기간 안에 멸종될 것이다. 하지만 우리 세대에서 논할 수 있는 문제가 아니기에 우리는 그저 넓은 관점에서, 나중에 진화되어 나온 종일수록 더 잘 적응한다던 다윈과 다른 결론을 내릴 수 있을 뿐이다.

그렇다면 이 모순을 어떻게 풀어갈 수 있을까?

왕둥웨는 『물연통론』에서 '체약대상遞弱代償'이라는 핵심 결론을 내렸다. 이는 두 가지 뜻을 내포한다. '체약'은 갈수록 약화된다는 것이고 '대상'은 대체한다는 뜻이다.

'체약'이란 무엇일까

먼저 '체약'에 대해 이야기해보자.

138억 년 우주 진화의 역사를 보면, 모든 생물 시스템이 갈수록 약화되고 있다. 오늘날 인류는 발전을 거듭하여 가장 뛰어난 능력을 보이고 있는데 왜 지금이 가장 약하다고 하는 것일까? 아마 이런 의문이 들 수 있을 것이다. 여기서 약하다는 것은 능력이 아니라 존재도를 의미한다. 존재도는 크게 두 가지 지표로 평가한다. 첫 번째 지표는 우주에서의 총질량이고 두 번째는 안정도다.

먼저 총질량을 살펴보자. 우리는 우주가 우리 눈에 보이는 모든 항성계에 행성을 더한 것으로 알고 있다. 하지만 현대 과학자들은 그렇게 생각하지 않는다. 우주의 95퍼센트가 소립자 상태의 암흑물질, 암흑 에너지로, 우리 눈에 보이지 않는 것들이다. 우리 눈에 보이는 부분 역시 소립자가 발달한 것이다.

모두가 알다시피 최초의 원소는 수소다. 수소는 가장 간단한 구조다. 원자핵 하나에 전자 하나로 구성되어 있다. 즉, 가장 초기에 나타난 물질 계통이라 할 수 있다. 우주에서 수소는 어떤 위치일까? 원자의 전체 수량에서 수소는 다른 모든 원소를 합쳐 놓은 것보다 100배 많다. 질량으로 보자면 수소는 우주에 존재하는 모든 원소의 75퍼센트를 차지한다.

좀더 구체적으로 태양을 예로 들어보면, 태양은 크게 두 가지 원소로 구성되어 있다. 하나는 78퍼센트를 차지하는 수소이고, 다른 하나는 20퍼센트를 차지하는 헬륨이다. 나머지 원소는 모두 합쳐도 2퍼센트가 채 되지 않는다. 그렇다면 수소와 헬륨은 어떤 관계일까? 헬륨은 수소 핵이 융합한 것으로, 전자 2개가 되어 구성이 조금 더 복잡하다. 여기서 한 가지 법칙이 발견된다. 나중에 출현한 원소일수록 구조는 더 복잡하지만 총질량은 급격히 감소한다는 것이다. 지금 지구상에 자연적으로 존재하는 원소는 모두 92종이며, 1번이 수소이고 92번이 핵폭탄을 제조하는 데 쓰이는 우라늄이다. 우라늄은 존재도가 대단히 낮다.

원자가 이러하다면 분자는 더 그렇다. 분자로 이뤄진 단세포 생물은 전체 태양계 중 지구 지각의 얇은 층에서만 존재하며, 이 때문에 우주 전체에서 차지하는 총질량이 빠르게 줄고 있다. 단세포 생물로 이뤄진 다세포 생물의 질량은 더 말할 것도 없다.

인간은 어떠한가? 인간은 현재 인구가 폭발적으로 늘고 있어 지구상에 70억 명 이상이 존재한다. 단독으로 존재하는 생물과 비교해본다면 개미만이 인간에 비할 수 있을 정도로 개체 수가 많다. 하지만 모든 생물의 총질량을 놓고 본다면 인간의 질량은 사실 극히 미미한 수준이다.

그렇다면 다음과 같은 총체적 규칙이 나타난다. 나중에 나온 종일수록 총질량은 더 작아진다. 하지만 가장 중요한 것은 이게 아니다. 더 중요한 것은 안정도가 더 떨어진다는 것이다. 예컨대 암흑 물질이나 암흑 에너지는 전체 우주의 95퍼센트를 차지하고 지금까지 아무런 변화 없이 그 비중을 계속 유지하고 있다. 반면 92번 원소 우라늄은 안정도 때문에 핵폭탄 제조에 사용된다. 어떤 원리일까? 안정도가 극도로 낮아 계속 붕괴하기 때문이다. 일정한 임계질량의 우라늄을 한데 놓으면 금세 폭발하고 만다. 이것이 핵폭탄의 원리다.

현재 인류는 인공적으로 108호, 109호 원소를 만들어냈다. 이 원소들은 자연에 존재하지 않고 실험실에서만 생성되며 한 번에 겨우 몇 개의 원자만 얻을 수 있다. 이 원자들은 생성 후 몇 밀리초 만에 바로 붕괴할 정도로 안정도가 매우 낮다.

물리학에는 소립자 구조를 연구 대상으로 하는 고에너지 물리학 분야가 있다. 왜 고에너지 물리학이라고 부르는 것일까? 입자의 구조를 알기 위해서는 수십억 전자볼트의 엄청난 에너지가 필요하기 때문이다. 물리학에는 중에너지 물리나 저에너지 물리 분야도 있다. 저에너지 물리학은 상대적으로 거시적 구조를 연구 대상으로 한다. 예를 들어 원자핵 구조와 같은 것은 수백만 전자볼트, 때로는 수십 전자볼트만 있어도 충분하다.

분자 구조의 안정도는 훨씬 더 낮다. 대표적인 예로 우리가 식용으로 쓰는 소금, 즉 염화나트륨을 들 수 있다. 염화나트륨은 물속에 넣으면 바로 이온화된다. 분자로 이뤄진 생물의 안정도는 삶과 죽음을 예측할 수 없는 수준이다. 탄생했을 때부터 반드시 외부에서 에너지가 공급되어야 생명을 유지할 수 있고, 또 존재하는 기간도 극히 짧다.

모든 생물은 신진대사를 하기 때문에 외부에서 에너지를 들여와야 한다. 고등생물일수록 다량의 음식물을 섭취해야 한다. 즉 고등생물인 인간의 안정도는 갈수록 떨어지는 것이다. 이것이 바로 138억 년 우주의 생물 계통으로, 소립자, 원자, 분자, 단세포 생물, 다세포 생물에서 인간과 같은 고등생물로 이어지는 전체 흐름이다. 왕둥웨는 이 흐름을 가리켜 '체약'이라고 칭했다.

'대상'이란 무엇일까

앞서 서술한 체약은 이해하기 어렵지 않을 것이다. 다시 말해 인류는 존재도가 매우 낮은 종이라는 것이다. 사실 이러한 결론은 쉽게 내릴 수 있다. 관련 지식을 알고 그 지식을 한데 이어보면 분명히 드러나는 현상이다. 문제는 체약의 과정을 어떻게 해석하느냐 하는 것과 그 과정의 진행 메커니즘이 도대체 무엇이냐는 점이다. 이것이 바로 '대상'의 문제다.

표면적으로 보면 '대상'은 대신해 상환한다는 의미다. 부모의 빚을 자식이 갚는 것이다. 생물학에서 대상은 하나의 전문 용어다. 생물의 어느 기관이 기능을 상실하거나 손상되어 그 기관 자체가 회복되는 것이 사실상 불가능할 때, 신기하게도 다른 기관이 손상된 기관의 기능을 보충하거나 대신하는 일이 일어난다. 이것이 바로 대상이다.

예컨대 알다시피 사람에게는 두 개의 신장이 있다. 신장 하나를 제거해도 남은 다른 신장이 있기에 계속 살아갈 수 있다. 남은 신장이 좀더 커져서 저장 기능을 조정해 제거된 신장을 대신하기 때문이다. 이것이 바로 전형적인 대상 작용이다.

고원 지대에서 오랫동안 생활한 사람은 더 많은 산소와 피를 공급받기 위해 심장이 더 비대해진다. 이 역시 대상 작용이다.

시각을 잃어버린 시각 장애인은 청력이 원래보다 더 민감해진다. 청각으로 시각을 보완하는 이러한 현상 역시 전형적인 대상 작용이다.

하지만 대상과 복원은 전혀 다른 현상이다. 복원은 원래 상태로 돌아가는 것이다. 예를 들어 간의 일부가 제거되었을 때 재빨리 원래 크기로 자라나는 것은 복원이라고 한다. 대상은 원래 기능을 대체할 수는 있을지라도 기존 상태(기존의 존재도)로 복원될 수는 없다. 신장이 제거되면 신체는 그 상해를 입을 수밖에 없다. 고원 지대에 살다보니 심장이 비대해질 수밖에 없었지만 시간이 흐르면 심장 기능의 손상이 심해질 것이다. 즉 대상은 신체가 부득이하게 취하는 조치인 것이다.

대상 효과로는 기존 기관의 기능 손실을 완전히 보완할 수 없다는 것이 의학상의 고정된 개념이다. 왕둥웨는 의학에서 이 개념을 차용해 138억 년간 우주 만물이 하나의 계통으로 발달해온 과정을 해석했고 정교한 이론 체계를 구축했다. 우리는 이 복잡한 체계를 그대로 재현할 방법이 없어 그저 전달하는 식으로 가장 간단히 소개해보고자 한다.

만물의 체약대상은 다음 네 가지 결론을 통해 관찰할 수 있다.

결론 1: 대외 의존도가 갈수록 높아진다

첫 번째 결론은 만물의 존재도가 감소하고 대외 의존도는 갈수록 높아진다는 것이다. 예를 들어보자. 만물의 발달은 어디서 시작되었을까? 빅뱅설에 따르면 시작점이라고 해야 할지 기준점이라고 해야 할지 여전히 용어상의 논란이 있기에, 여기서는 일단 '시작점'이라고 하겠다.

시작점은 어떠한 상태인가? 다른 외재적 조건에 의존하지 않고 아무 형상도 없으며 공간도, 시간도 존재하지 않는다. 에너지인지 질량인지조차 구분하기 어려운 상태다. 따라서 시작점의 존재에 대해 우리는 묘사할 수 있는 말이 없다. 형상이 전혀 없다는 불교의 '공空' 개념과도 얼핏 흡사해 보인다.

하지만 빅뱅이 일어나면서부터 갖가지 소립자가 탄생한다. 이 소립자들은 점점 더 다양해지고 생성 조건 역시 뒤로 갈수록 복잡해진다. 예를 들어 초기에 출현한 수소 원자는 생성되는 데 있어 하나의 전자만 있으면 될 만큼 생성 조건이 간단하다. 하지만 뒤이어 92종의 자연 원소가 나오면서 생성에 필요한 조건 역시 점점 복잡해졌다. 분자 단계가 되면 더 복잡해지고, 생물 단계에 이르면 훨씬 더 복잡해진다. 앞서 언급했듯이 생물은 신진대사를 해야 하기 때문에 외부에서 에너지가 공급되어야만 존재할 수 있다. 따라서 생존에 필요한 조건이 더욱 많아진다.

우리 일상에서 접할 수 있는 상황을 예로 들어보겠다. 전업 주부인 아내와 남편, 아이들로 이뤄진 어느 가정에서 남편이 갑자기 집을 나갔다고 가정해보자. 아내의 존재도는 분명 크게 낮아질 것이다. 그녀는 어떻게 해야 생존할 수 있을까? 물론 일정 조건이 필요하다. 한순간에 자신의 존재도를 개선할 수는 없기 때문이다. 예컨대 당장 직장을 구해야 하지만 그러기 위해서는 그녀를 채용해 급여를 지급할 회사가 있어야 한다. 또 직장을 구해 출근하게 되면 아이는 어떻게 할 것인가? 어린이집이라도 보내야 한다. 즉, 그녀를 채용해줄 회사와 아이가 들어갈 어린이집이 그녀의 두 가지 의존 조건이 된다. 이는 신장 한쪽이 제거되었을 때 하나 남은 신장이 제거된 신장의 기능을 대체하는 원리와도 유사하다. 여자는 부득이하게 외재적 조건에 의존함으로써 자신의 존재도가 하락하는 것을 대체적으로 보완하게 된다.

더 이해하기 쉬운 예를 들어보겠다. 중국의 많은 도시 사람이 시골 사람들을 무시하는 경향이 있다. 그들 생각에 도시 사람들은 능력 있고 교육 수준도 높으며 교양과 지식을 갖췄고 대로에서 수십 종의 자동차 브랜드를 구별할 수 있다. 그런데 시골 사람들은 어떤가? 위생 수준은 말할 것도 없고 지식수준도 낮아 도시에 오면 가스레인지 사용법도 모르고 지하철도 탈 줄 모르는 사람들이다. 사무실에 던져놓으면 회사 동료들과 사귀는 법조차 모를 것이다. 이러한 생각으로 도시 사람들은 종종 시골 사람들을 무시하곤 한다.

하지만 반대로 생각해본 적 있는가? 도시 사람들이 이런 면에서 시골 사람들보다 앞선 것은 도시라는 환경 속에서 존재도가 극렬히 낮아져 부득이하게 이러한 능력을 갖춰야만 했기 때문이다. 다시 말해, 도시 사람들은 더 많은 외부 조건에 의존해야 도시에서 살아갈 수 있기 때문이다. 도시 사람이라면 물, 전기, 가스와 같은 기본 설비가 반드시 필요하고, 인터넷이 반드시 있어야 하지 않는가? 아마 인터넷이 없다면 수많은 도시 사람은 생활을 유지하는 것조차 힘들 것이다.

경제적인 측면에서 봐도, 농사를 지어 수확물을 얻는 시골 사람들은 도시 사람들에 비해 화폐 의존도가 훨씬 낮다. 베이징 같이 대도시에 거주하는 중산층 한 가구의 월 소득은 약 2만 위안으로, 대단히 많아 보이지만 실제로 따져보면 결코 많은 돈이 아니다. 도시에서 살아가는 데 필요한 것이 너무 많기 때문이다. 높은 연봉을 받으며 직장에 다니는 사람이라도 택배 기사, 배달원, 다른 동료와의 협력 등 많은 사람에게 의존해야 살아갈 수 있다. 그렇지 않으면 어떻게 일을 하고 돈을 벌 수 있겠는가? 따라서 의존하는 조건이 많아질수록 능력은 더 뛰어나 보인다. 하지만 그 본질은 무엇인가? 존재도가 점점 더 낮아진다는 것이다.

이 예만으로 충분하지 않다면 또 다른 예를 들어보자. 도시에 거주하는 많은 부모가 자녀를 낮에는 학교에 보내고 저녁에는 온갖 학원에 보낸다. 또 주말이면 피아노나 바이올린 등 각종 예능 수업까지 받게 한다. 예전에 몇몇 학부모에게 이런 질문을 한 적이 있다. "아이를 왜 그렇게 힘들게 하십니까? 그런 걸 배워서 뭐 하게요?" 그러자 학부모들은 눈을 부릅뜨고 대답했다. "당신이 어렸을 때는 안 배워도 되었죠. 다른 아이들도 안 배웠으니까요. 당시에는 모두가 가난해서 공부만 잘하면 그만이지 피아노 같은 걸 배울 필요가 없었죠. 하지만 요즘 아이들은 부모가 능력이 있으면 가르쳐야지, 그러지 않으면 자식에게 무책임한 거예요. 나름 괜찮다고 하는 중고등학교나 대학에 가서 한번 물어보세요. 악기 한 가지 못하는 애가 누가 있는지, 수학 올림피아드 학원에 안 다니는 애가 누가 있는지?" 이 새로운 환경에서 아이의 존재도를 유지시키기 위해 부모는 별 소용없다는 것을 알면서도 어쩔 수 없이 아이를 더 많은 생존 조건, 더 많은 재능을 갖추도록 내모는 것이다. 겉으로 보면 아이는 점점 더 능력이 출중해지고 있다. 하지만 실제로는 어떠한가? 아이의 존재도는 갈수록 낮아지고 있다.

즉, 우리는 이 세상을 좀 상반된 관점에서 이해할 필요가 있다. 갖춰야 할 조건이 많아졌다는 것은 우리가 처한 상황이 그만큼 안좋아진 결과다. 이상이 바로 '체약대상'에서 추론할 수 있는 첫 번째 결론이다. 만물이 진화하는 과정에서 나중으로 갈수록 점점 더 대외 의존도가 높아진다는 것이다.

결론 2: 환경에 대한 감수성이 갈수록 커진다

첫 번째 결론을 이해했다면 두 번째 결론 역시 금세 추론할 수 있다. 만물이 진화하는 과정에서 나중으로 갈수록 외부 환경에 대한 감수성이 점점 더 커진다.

무슨 뜻인가? 이 과정을 다시 살펴보자. 시작점의 상태에서 종은 아무런 성질이나 형태를 갖추지 못했고 따라서 외부에 대한 감수성이 전혀 필요치 않았다. 하지만 빅뱅 이후 소립자들은 강하고 약한 상호 작용을 통해 서로 상대를 감지하게 되었다. 원자와 분자처럼 조금 더 거시적인 구조를 갖추게 되자 전자기력을 통해 상대를 감지하게 되었다. 더 나아가 분자로 이뤄진 단세포 생물에 이르러서는 세포막에 수용체가 가득 퍼지기 시작했다. 우리가 세균을 가볍게 보면 안 되는 것은, 세균은 외부 환경에 대한 감수성이 매우 강하기 때문이다. 세균의 세포막에 있는 수용체는 우주에 존재하는 원소 대부분을 감지해낼 수 있다.

더 시간이 흘러 다세포 생물, 고등 동물이 출현하고 이어 우리 인간이 출현하면서 감성, 지성, 이성이 차례로 나타나게 된다. 문명 시대가 열리자 외부 세계에 대한 인간의 감수성은 한층 더 향상되어야만 했다.

예를 들어 200~300년 전 인간은 교육을 받지 못해 문맹이어도 사는 데 아무 지장이 없었다. 하지만 오늘날 대도시에서 살아가는 당신이 문맹이라면 어떻게 생존할 수 있겠는가? 마트에서 물건을 사는 것조차 어려울 것이다.

일반적인 현대인이라면 성장할수록 더 많은 교육을 받아야 하고, 인생의 3분의 1가량을 교육을 받는 데 사용하게 된다. 만약 당신이 더 나은 교육을 통해 사회적 존재도, 즉 경쟁력을 높이고자 35세까지 박사 과정을 밟고 있다면 이미 당신의 반평생이 지나간 셈이다. 이에 따르면 최초의 소립자에서 현재의 인류에 이르기까지 만물의 발달 과정은 감수성을 지속적으로 키워온 과정이라고 할 수 있지 않을까?

이것을 능력의 향상으로 볼 수 있을까? 사실 그렇지 않다. 예를 들어 대학생에게 왜 석사 진학을 하는지 물어보면 아마 그 대학생은 이렇게 대답할 것이다. "어쩔 수 없어요. 취업이 안 되니 대학원을 갈 수밖에요." 과거에는 이러한 현상에 대해, 사람의 능력이 뛰어날수록 적응도가 높아지기 때문이라고 이해했다. 그러나 정반대다. 인과 관계가 완전히 뒤바뀐 것이다. 사회 적응도가 점점 더 떨어지기 때문에 정보 유도력을 한층 더 끌어올려야 하는 것이다.

결론 3: 자유도는 갈수록 높아진다

두 번째 추론을 마치면 이어 세 번째 추론이 가능하다. 만물이 진화할수록 자유도가 점점 더 높아진다는 것이다. 최초의 소립자 구조에서는 자유 같은 것이 필요치 않았다. 그저 그 자리에서 기다리기만 하면 그만이었다. 그러나 분자 구조로 발달하면서 달라졌다. 우리가 중학교 물리 시간에 배웠던 '브라운 운동Brownian movement'처럼 분자는 자신이 놓인 환경의 작은 범주에서 불규칙한 운동을 하게 된다. 이것이 분자 시대의 자유다. 분자가 단세포 생물이 되면서 자유도는 한층 더 높아져야 했다. 환경에서 양분과 에너지를 얻어야 하기 때문이다.

그렇다면 생물 발달의 역사는 또 한편으로 자유도가 계속 높아지는 과정이라고 할 수 있지 않을까? 고등 동물을 보면 먹잇감을 구하는 능력이 지극히 정교하고 강하다. 이러한 법칙은 인류사회의 발전 역사에도 그대로 적용된다.

중국의 농경 시대나 유럽의 중세에 사람들이 자유를 요구하고 평등을 요구하며 박애를 요구했는가? 그렇지 않다. 그 시대에 사람은 하나의 생물 종으로서 존재도가 매우 높았기에 그렇게 높은 자유도를 필요로 하지 않았다.

하지만 현대사회에서 자유 없이 살아갈 수 있을까? 검색 엔진이 없다면 우리는 아마 살아갈 수 없을 것이다. 왜 계획경제는 그토록 오랜 시간 버티려 애썼는데도 경제가 발전하면서 결국 붕괴할 수밖에 없었던 것일까? 「뤄지쓰웨이」에서는 경제나 상업 이야기가 나오면 언제나 자유시장경제를 주장했다. 이는 자유시장경제 자체가 옳기 때문이 아니라 기업과 개인의 자유도가 없이는 경제 발전과 부의 증대를 꾀할 수 없기 때문이다.

하물며 오늘날은 인터넷 경제 시대다. 우리는 늘 언급하는 것이 경계를 넘어 도용하고 경계를 넘어 발전하며 자원을 통합한다는 이야기다. 이 모든 것이 다 자유도를 말하는 것 아닌가? 우리가 다시 계획경제 시대로 돌아간다면 어떻게 인터넷 시대의 경제 발전에 대응할 수 있겠는가?

자유도가 갈수록 높아지는 것은 총체적인 흐름이다.

결론 4: 구조가 갈수록 복잡해진다

네 번째 결론은 구조가 갈수록 복잡해진다는 것이다. 최초의 소립자가 원자, 분자, 단세포 생물로 발달하고 현재의 인류사회를 형성하기까지 구조는 확실히 점점 더 복잡해지고 있다. 이것은 분명한 현상이다.

구조란 무엇일까? 왕둥웨는 그의 책에서 이렇게 정의 내렸다. 구조라는 것은 본래 자족하던 한 덩어리의 모체가 분화하거나 퇴화된 후 재구성을 이룬 결과다. 이 정의만으로는 다소 이해하기 어려울 수 있으니 예를 들어보겠다. 가장 원시적 형태의 단세포 생물은 자족하던 한 덩어리의 모체였다. 그런데 다세포 생물로 바뀌어도 예전 그대로일까? 그렇지 않다. 반드시 기능의 분화가 이뤄져야 한다. 기능의 분화는, 듣기에는 별로 안 좋지만, '기능의 퇴화'로 바꿔 부를 수 있다. 일부 기능을 버리고 한 가지 특별한 기능을 발전시키는 것이다.

예컨대 인간이 자궁 안에 있을 때는 수정란 세포 상태다. 이 수정란 세포가 바로 한 덩어리의 모체가 된다. 하지만 이 모체는 곧 분열하여 태아가 발육함에 따라 어떤 세포는 간세포가 되고, 어떤 세포는 피부 세포, 어떤 세포는 뼈세포, 어떤 세포는 신경 세포가 된다. 세포마다 담당하는 기능이 각기 달라 본래 한 덩어리로 자족하던 상태를 잃게 된다. 신생아가 태어났을 때 몸의 어느 부위에서 세포만 추출하면 그 세포는 단독으로 생존할 수 없는 것이다.

따라서 분화는 곧 퇴화다. 하지만 이것이 전부가 아니다. 퇴화 이후 모체는 여러 개로 분화되고 어떤 강력한 계기에 의해 다시 재구성이 이뤄져 하나의 구조를 형성한다.

과거에는 구조를 정태적인 관점으로만 바라봤다. 왕둥웨는 구조를 동태적 관점, 즉 '퇴화된 후 재구성한 결과'라고 재해석했다는 점에서 혜안이 빛을 발한다.

한 가지 예를 들어보겠다. 지금으로부터 5~6억 년 전, 지질 연대로는 캄브리아기에 생물의 빅뱅이 일어나 다양한 생물 종이 출현했다. 동시에 양성 생식이 시작되었다. 캄브리아기 이전에는 모든 생물이 자성 생식, 즉 단성 생식을 했다. 그런데 캄브리아기에 분화 및 퇴화를 거쳐 수컷이 새롭게 출현했다. 수컷이 출현하면서 한 가지 끊이지 않는 일이 생겨났다. 바로 수컷이 암컷을 쫓아다니는 것이다. 재구성을 향한 강력한 계기라고 할 수 있다.

남녀에 대한 다음과 같은 우화가 있다. 조물주가 사람을 반으로 가른 다음 세상의 두 곳에 각각 나누어 두었다. 그때부터 두 쪽은 모두 자신의 상대를 찾기 위해 애쓴다는 것이다. 구조란 이런 것이다. 문학작품에서 빠지지 않는 두 가지 주제가 있다. 하나는 죽음, 다른 하나는 사랑이다. 죽음이란 무엇인가? 죽음은 존재도와 관련된 것으로, 우리 모두가 가장 고민하고 불안해하는 문제다. 하지만 때로 죽음보다 더 고민하게 되는 것이 사랑이다. 왜일까? 사랑은 분화, 퇴화, 재구성을 요하고, 역시 존재도와 관련된 문제이기 때문이다.

매일같이 많은 사람이 휴대전화를 만지작거린다. 휴대전화가 그렇게 좋을까? 사실상 사람들은 자신의 존재도를 높이고 있는 것이다. 다시 말해 구조화를 진행하고 있는 것이다. 사람들이 휴대전화를 만지작거리는 것은 여자에게 작업을 걸고 있는 것일 수도 있고 마음에 맞는 남편감을 찾는 것일 수도 있다. 점심 도시락을 예약하는 것일 수도 있고 그날 밖에서 일어난 큰일에 대해 알아보고 있는 것일 수도 있으며 채팅으로 회사 업무를 보고 있는 것일 수도 있다. 이것이 바로 구조 분화 후 재구성하고자 하는 강력한 계기가 작용하는 과정이다. 따라서 우리는 누군가가 휴대전화를 만지작거리는 모습을 볼 때, 좋지 못한 습관이 아니라 부득이한 선택임을 알아야 한다.

많은 부모는 자녀들이 휴대전화나 아이패드를 가지고 놀지 못하게 한다. 그러나 아이들이 사회화되면 사회의 복잡한 구조 때문에 휴대전화나 아이패드를 찾을 수밖에 없는 날이 온다. 그때가 되면 부모가 어떻게 해도 소용이 없다. 이는 138억 년 동안 이어져온 흐름에 따른 결과이지 부모가 단 몇 년간 아이들을 훈육해서 바꿀 수 있는 것이 아니다. 구조란 이런 것이다.

여기서 앞서 말한 네 가지 결론을 다시 한번 돌아보고자 한다. 우선 만물이 진화하는 과정에서 나중으로 갈수록 외부 조건에 대한 의존도가 높아진다. 이것이 주된 요지이며, 이어서 세 가지 결론이 나온다. 첫째, 외부 환경에 대한 감응도가 갈수록 높아진다. 둘째, 자유도가 갈수록 높아진다. 셋째, 구조가 갈수록 복잡해진다.

우리가 자주 언급하는 정치, 경제, 문화는 생존에 있어 가장 중요한 세 분야다. 이 세 분야에 우리가 이토록 큰 관심을 갖는 까닭은 무엇일까? 바로 불안하기 때문이다. 즉 정치, 경제, 문화는 정치적 불안, 경제적 불안, 문화적 불안으로 바꿔 말할 수 있다.

앞서 말한 세 가지 결론과 일대일로 딱 맞아떨어지지 않는가?

감수성, 즉 감응도가 갈수록 높아지는 이유는 대량의 정보를 받아들이기 위해서다. 이는 문화적 불안이다. 자유도가 갈수록 높아지는 이유는 생존을 위해 외부의 물질적 조건을 더 많이 확보해야 하기 때문이다. 이는 경제적 불안이다. 구조가 갈수록 복잡해지는 이유는 사람과 사람 그리고 사람과 사회의 협력관계 때문이다. 이는 본질적으로 정치적 불안이다. 이렇게 일대일 대응 관계가 된다. 생물 중 우리 인류가 '정치' '경제' '문화'라는 단어를 만들어내긴

했지만, 사실상 138억 년 동안 진화해온 모든 것은 이 세 가지 불안과 세 가지 수요가 있어서 계속 유지되고 있는 것이다.

인간은 만물의 발달에서 가장 비참한 운명의 주인공인가

이것이 『물연통론』의 이론적 틀이다. 왕둥웨가 하고자 하는 말이 뭔지 다시 요약해보자면, 우주의 진화란 만물의 존재도가 계속 하락하는 흐름이라는 것이다. 하락할 때 어떤 방법으로든 자신의 존재를 유지해야 하는데, 어떻게 할 수 있을까? '대상'의 방법을 사용한다. 즉 점점 더 복잡한 구조로, 점점 더 높은 감응도로, 점점 더 높은 자유도로써 하락하는 자신의 존재도를 보완하는 것이다. 하지만 앞서 '대상'의 개념을 설명할 때 이미 밝힌 것처럼, 보완을 한다 해도 어느 정도까지만 가능할 뿐 100퍼센트는 불가능하다. 즉 만물의 발달은 사실상 점진적 쇠락의 과정인 것이다.

아마 앞서 이야기한 내용이 어느 정도 일리가 있다고 생각하더라도 여기서 도출해내는 결론을 받아들이기는 쉽지 않을 것이다.

첫 번째 결론은 인류가 138억 년 우주 진화의 마지막 단계라는 것, 또는 지금 우리가 보고 있는 마지막 단계가 이미 멸망이 임박했다는 것이다. 인간은 만물의 발달에 있어 가장 비참한 운명의 주인공인 셈이다.

두 번째 결론은 인류가 문화, 정치, 경제, 과학기술이라는 갖가지 분야를 만들어내긴 했지만 실질적으로는 잘못된 길을 가고 있다는 것이다. 인류 존재를 총체적 목표라고 한다면, 근현대 이후 발명된 과학기술이나 현재 추진 중인 경제 발전은 사실 이 목표와 반대 방향이라는 것이다. 우리는 앞으로 나아가면 갈수록 시스템적 위기에 빠질 것이다.

헛소리로 여겨지는가? 더군다나 나는 이전에 특이점에 다다르면 즉, 2046년이 되면 인류는 먹고 마시는 것을 걱정하지 않아도 되는 부의 빅뱅을 맞이하게 될 것이라고 말한 적이 있다. 이러한 낙관적 예측은 지금 말한 극도의 비관적 예측과 모순되지 않는가?

이 문제는 이론 체계를 대하는 우리의 태도와 관련이 있다. 인류의 이론 역사상에는 궁극의 진리가 존재한 적이 없다. 게다가 이전의 논리보다 더 그럴듯해 보이는 이론 체계일수록 존재 기간이 더 짧고, 허위로 증명되어 더 쉽게 전복되었다.

한 가지 예를 들어보자. 신, 귀신과 같은 체계는 적어도 1만 년 정도 유지되면서 인류를 보호해왔다. 뉴턴이 세운 과학 체계는 이전의 신이나 귀신보다 훨씬 더 정확해 보이지 않는가? 하지만 지금 와서 보면 어떻게 되었는가? 300년 만에 전복되었다. 이후 아인슈타인과 현대 물리학이 다시 새로운 체계를 세웠다. 이 사고방식 역시 300년이 채 지나기도 전에 분명 전복될 것이다.

체약대상이 마지막 진리일까

이와 같은 과정을 이해했다면 다시 왕둥웨의 이론으로 돌아와보

자. 그의 체약대상이 마지막 진리일까? 설사 왕둥웨가 앞으로 뉴턴이나 아인슈타인만큼 역사적으로 대단한 위치에 오른다 해도, 그의 이론 체계 역시 언젠가 허위로 증명되어 전복될 것이며 그 기간 역시 뉴턴이나 아인슈타인보다 훨씬 더 짧을 것이다. 그래서 왕둥웨는 자신의 주장이 절대로 진리가 될 수 없다고 몇 번이나 강조했다.

그렇다면 그의 주장은 아무런 가치가 없을까? 그럼에도 커다란 가치를 지닌다. 어느 이론 체계가 가치가 있는지 없는지 여부를 판단할 때 다음 세 가지가 관건이 된다.

첫째, 자기모순이 없어야 한다. 현대 인류의 사유 수준에 비추어 내부적으로 논리적 모순이 없어야 한다.

둘째, 외부에 적용 가능해야 한다. 현대 인류가 축적해온 지식 중 발견된 몇 가지 사실을 해석할 수 있어야 한다.

셋째, 지속적인 적용이 가능해야 한다. 이 이론 체계가 구축된 이후에 나타난 새로운 지식이나 새로운 사실이 이 이론 체계로 해석될 수 있어야 한다.

자기모순이 없고, 외부에 적용할 수 있으며, 지속적인 적용이 가능할 때 이 이론 체계는 현재 시점에서 인정받을 수 있다. 언젠가 이 이론 체계가 허위로 증명되고 전복된다면, 그것은 세상을 바라보는 인류의 관점에 중대한 변화가 일어났기 때문이다. 새로운 관점이 나타나기 전까지 우리는 기존 체계를 받아들일 수밖에 없다. 하나의 이론 체계가 지니는 가치는 바로 여기에 있다.

체약대상이란 무엇인가

왕둥웨가 제시한 철학 이론의 핵심은 '체약대상' 네 글자로 요약할 수 있다. 우주 만물이 발달함에 따라 모든 생물 계통은 점점 더 약화된다. 하지만 대체적인 보상, 즉 대상의 방법을 통해 임시방편으로 존재도를 유지할 수 있다.

예를 들면 다음과 같다. 중국인은 금붕어라는 종을 개량해냈다. 금붕어는 눈이 크고 꼬리가 흐드러져 매우 아름답다. 하지만 금붕어를 대자연에 돌려보내면 생존 자체가 불가능하다. 옛 조상인 야생 붕어와 비교해보면 금붕어의 존재도는 대단히 낮다. 하지만 금붕어는 사람과 조화를 이룰 수 있다. 사람들이 금붕어를 계속 좋아해 기르고 싶어한다면 이 종은 계속 존속할 수 있다. 이 종의 존재도가 낮아진 것은 기정사실이지만 여전히 외부 조건에 의존해 계속 생존할 수 있는 것이다. 이것이 『물연통론』의 종합적인 내용이다.

이제 좀더 어려운 말로 『물연통론』을 설명해보겠다. 138억 년 동안 우주 만물은 최초의 소립자에서 원자, 분자, 단세포, 다세포 그리고 인류사회에 이르기까지 한 계통으로 발달해왔는데, 여기에 적용되는 총체적 법칙이 바로 '체약대상'이다. 다시 말해, 138억 년 동안 모든 물질은 마치 벼랑 위에서 물속으로 다이빙하듯이 생존도도, 안정도도 갈수록 떨어지면서 점차 쇠망에 가까워진다는 것이다.

하지만 만물은 모두 계속해서 존재하고자 한다. 그래서 떨어지는 도중에 한 손으로는 나뭇가지를 붙잡고 다른 한 손으로는 진흙을 움켜쥐면서 어떻게든 생존을 유지하고자 애쓰고 있다. 이렇게 애쓴다고 해서 존재도가 높아지는 것은 아니다. 임시방편인 '대상'이 일어나는 것이다.

가장 주된 대상의 방법은 외부 의존 조건을 늘리는 것이다. 우리는 스스로의 지성, 감성, 이성을 발전시켜 외부 환경에 대한 감응도를 높일 수 있다. 자유도를 높이는 것도 한 예다. 미생물에 털이 자라고 근육이 생겨나고 인류가 로켓을 타고 우주로 날아오르는 일 모두 자유도가 높아진 결과다. 또 구조가 점점 더 복잡해졌다. 우리는 사람과 사람 간에 협력관계를 맺고 사회와 정치 관계를 점점 더 복잡하게 구축해갔다.

하지만 온갖 대상의 방법을 취해본들 우리의 존재도가 궁극적으로 하락하는 것을 완전히 보완할 수는 없다. 즉 만물의 진화는 결국 쇠망을 향하고 있는 것이다. 왕둥웨에 따르면 인류는 쇠망해가는 과정의 마지막 종착역이나 다름없다.

　내 생각에 인류 역사에 등장하는 모든 이론 체계는 본질적으로 추측이자 해석인 것 같다. 만사, 만물을 해석하는 관점이 그 이전의 이론 체계보다 조금이라도 넓으면 우리는 얼마 동안 이 이론 체계를 받아들일 수 있는 것이다.

　『물연통론』의 이론 체계는 다윈의 생물 진화설을 발전시킨 것이다. 다만 다윈은 문제를 보는 시야가 상대적으로 좁았다. 그는 생물 개체의 관점에서 진화 과정을 바라봤기에 '자연선택, 적자생존'이라는 여덟 글자로 결론을 내렸다. 즉, 진화의 칼날인 자연선택에 따라 종이 발전했다는 것이다.

　다윈의 학설은 100여 년 동안 수많은 검증을 거쳤고 현재 이 측면에서는 받아들여지고 있다. 단지 이 측면에서만이다. 시야를 전체 생물의 발달 역사로 넓히면, 더 나아가 138억 년 우주 진화의 역사로 확장해보면 적어도 두 가지 문제가 해석되지 않는다.

　첫째, 다윈은 생물이 정해진 방향 없이 자연선택에 따라 변이가 일어나 생존한다고 했다. 하지만 지금 생물의 발달 과정을 보면 여전히 방향성이 존재한다. 점점 더 복잡해지는 방향으로 흘러가고 있다. 그 까닭은 무엇일까? 예전에 우리는 진화론을 소개하면서, '취객의 귀가'라는 학설을 언급한 적이 있다. 술에 취한 한 남자가 집에 가려는데, 길 왼편은 벽이고 오른편은 도랑이다. 만약 그가 왼쪽으로 휘청이면 벽이 막아주지만 오른쪽에는 벽이 없어 도랑에 빠지고 만다. 이와 같이 생물의 발달도 방향성이 있다. 확실히 점점 더 복잡해지는 방향으로 발달하고 있다. 이 이야기는 단지 예에 불과하다. 문제는 이 벽이 도대체 무엇이냐는 것이다. 왜 아무 방향으로나 이뤄지는 것처럼 보이던 변이가 종국에는 갈수록 복잡한 방향으로 이뤄지는 것일까? 진화론으로는 이 문제를 해석할 수 없다.

두 번째 문제는 더욱 해석이 안 된다. 다윈은 이렇게 말했다. "하나의 생물 개체는 지금의 환경에 더 잘 적응하도록 변이가 이뤄졌기에 진화의 칼날 앞에서 살아남을 수 있었다. 부적응 개체는 모두 소멸되었다. 이것이 생물 진화의 과정이다." 이 학설의 결론은 생물이 진화될수록 환경에 더 잘 적응한다는 것이다. 하지만 생물의 발달 역사를 보면 다윈의 결론과 정반대임을 알 수 있다. 생물은 발달이 진행될수록 환경에 적응하기가 더욱 힘들다.

이는 인류 문명의 과정을 봐도 잘 알 수 있다. 농경 문명은 1만 년, 산업 문명은 300년, 그리고 현재의 정보 문명은 100년도 채 되지 않는다. 발전 과정이 갈수록 짧아지기 때문에 안정도가 점점 더 떨어지고 적응력도 갈수록 떨어진다. 이 문제는 어떻게 해석해야 할까?

체약대상 학설로 다윈이 풀지 못한 두 가지 수수께끼를 해석해볼 수 있다.

기존 관념을 전복시킨 체약대상의 두 가지 이론

체약대상 학설은 다음 두 가지 이론으로 기존 관념을 전복시켰다. 첫째, 생물은 점진적으로 쇠망해간다. 과거에 우리는 생물이 점점 더 진보하고 발전해간다고 생각했다. 둘째, 원인과 결과에 대한 해석이 완전히 상반된다. 지금까지 우리는 인류가 크게 발전해오면서 환경을 파괴했기 때문에 지금 이 시대에 기온이 상승하고 각종 오염이 발생해 우리의 생존도가 떨어지고 있다고 해석해왔다.

하지만 왕둥웨의 이론을 보면 원인과 결과가 완전히 뒤바뀐다. 만물이 진화하면서 존재도가 갈수록 하락하다보니 부득이하게 여러 능력을 발전시켜 생존의 동아줄을 붙들고 있다는 것이다. 이는 대체하는 형식의 보완이다. 다시 말해, 과학기술이 발전함에 따라 만물이 저마다의 속성과 능력을 갖추게 되는 것은 부득이한 결과라는 것이다.

양성 생식을 예로 들어보겠다. 최초의 단세포 생물은 성이 나뉘어 있지 않았고 자기 분열을 통해 번식했다. 게다가 번식 효과도 대단히 뛰어났다. 일부 단세포 미생물은 20분에 한 번씩 분열해 두 배로 성장한다. 즉, 72시간만 지나면 지구만큼 커질 수 있는 것이다. 그러니 단세포 생물들에게 있어 번식은 문제 되지 않는다.

이후에 어류 같은 다세포 생물이 출현하자 양성 번식이 시작되었고 제약 조건이 갈수록 늘어났다. 물고기는 그나마 체외 수정을 한다. 암컷이 알을 낳고 수컷이 그 위에 정자를 뿌리면 번식 과정이 끝난다. 얼마 후 무수히 많은 치어가 태어난다.

하지만 포유동물에 이르러서는 난도가 껑충 뛰어올랐다. 새끼는 우선 한동안 엄마의 자궁에서 지내야 하며 태어난 후에도 부모 곁을 떠나지 않고 먹이 잡는 법을 배운 후에야 생존할 수 있다. 게다가 일부 멸종 위기에 빠진 포유류는 교미에 전혀 관심이 없다. 자이언트판다가 바로 이런 경우로, 암수 모두 짝짓기에 큰 관심이 없다.

인류 역시 그렇다. 인간의 결혼은 동물보다 훨씬 더 복잡하다. 동물은 기본적으로 상대가 마음에 들면 곧바로 번식에 들어가지만, 인간은 문명이 발전함에 따라 훨씬 더 조건이 까다로워졌다. 인터넷 시대에 발맞춰 스지자위안世紀佳緣과 같은 다양한 결혼 정보 회사가 등장하고 검색 엔진이나 모모陌陌(중국의 모바일 채팅 어플리케이션—옮긴이), 위챗 같은 어플리케이션을 통해서도 상대를 찾을 수 있으니 훨씬 더 간단해졌다고 말해야 옳다. 하지만 정반대로 지금 싱글 남성이나 여성은 오히려 늘어나는 추세다. 이렇다보니 나이 든 부모 세대들은 답답하기 짝이 없다. "사회가 이렇게 발전해 온갖 방법이 있는데 왜 우리 아들은 아직도 신붓감을 찾지 못하는 걸까?"

만물이 진화하면서 나타난 원리, 즉 의존 조건이 갈수록 늘어나는 원리 때문이다. 수백 년 전 인류, 그중 중국만 봐도 남자는 밭을 갈고 여자는 옷을 짓는다. 남자는 밖에서 돈을 벌고 여자는 집에서 빨래를 하거나 밥을 하는 등 살림만 하면 되었다. 따라서 조건에 맞는 배우자를 찾는 것이 비교적 간단했다.

하지만 지금은 어떠한가? 인류 전체가 외부 세계에 의존하는 조건이 갈수록 늘어나고 있다. 이제 더 이상 아내가 해주는 밥에만 의존하지 않는다. 밖에서 사 먹을 수도 있기 때문이다. 이에 따라 사회 전체의 협력 시스템은 점점 더 복잡해지고 있다. 집에 가서 아내를 봐도 눈빛이 예전과 같지 않다. 서로의 요구 조건이 갈수록 많아지기 때문이다. 얼굴이 예쁜지, 나와 마음이 맞는지, 나와 함께

할 시간이 있는지 등등 늘어나는 조건들로 인해 오늘날 양성 관계는 점점 더 복잡해지고 있다.

많은 사람이 인터넷이 보편화된 이후 자원을 좀더 효율적으로 적재적소에 배치할 수 있게 되었다고 생각한다. 표면적으로 보면 그렇다. 하지만 이 역시 원인과 결과가 바뀌었다. 인터넷이라는 도구가 나왔기 때문에 자원의 매칭율이 높아진 것이 아니라 매칭율이 갈수록 낮아져 조건에 대한 의존도가 높아졌기 때문에 부득이하게 인터넷이라는 도구를 발명하게 된 것이다.

이상의 두 이론은 우리 같은 사람들은 이해하기 무척 힘들다. 특히 만물이 진화해 결국 쇠망한다는 주장은 더욱 그렇다. 인간이라는 존재는 본래 희망을 붙들고 살아가는 동물인데 말이다.

대학 시절 처음으로 열역학 제2의 법칙인 엔트로피 증가의 법칙을 배웠던 때가 아직도 기억난다. 전 우주는 확실성이 점차 감소하는 방향으로 진화해간다는 것이다. 결국 우주의 결말은 어떻게 되는 것일까? 열사Heat death, 즉 모든 곳에 열량과 질량이 똑같이 분포해 더 이상 생명 현상이 가능하지 않은 상태가 된다. 인간이라는 종 역시 결국에는 소멸되고 우주 전체가 황폐해질 것이다.

이 법칙을 알게 된 후 나는 내가 이 세상에서 살아가고 돈을 벌며 아이를 키우는 것이 다 무슨 의미가 있을까 의문이 들어 며칠 동안 기분이 좋지 않았다. 사람은 살아갈 의미가 있어야 한다.

인류가 이 세계를 바라보는 시야가 조금씩 넓어질 때마다 기존 관념을 전복시키는 새로운 이론이 탄생했고, 결국 대자연 속에서의 인간의 지위는 계속 하락해왔다.

이러한 새로운 이론을 접할 때마다 우리의 정서는 그 이론을 받아들이기가 쉽지 않다. 그렇지 않았다면 태양 중심설을 주장했던 조르다노 브루노(이탈리아의 철학자로, 우주의 무한성, 지동설, 반교회적인 범신론으로 인해 이단으로 몰려 화형에 처해졌다—옮긴이)가 화형당할 일도 없었고 다윈이 많은 사람의 비난 때문에 말년에 그렇게 우울하게 살다 가지 않아도 되었을 것이다.

왕둥웨의 이론이 모든 사람에게 받아들여질지는 확신할 수 없다. 하지만 적어도 대자연 속에서 인간의 지위가 계속 하락해간다는 총체적인 방향성은 부합한다. 인간은 원숭이처럼 그렇게 단순하지 않으며, 만물이 진화해가는 최종 단계에서 가장 비참한 숙명의 주인공이 된 것이다.

나쁜 소식이라고 해서 감정적으로 배척하는 것은 현명한 태도가 아니다. 인생의 목표가, 잘 먹고 잘 입는 것 외에, 죽기 전에 세계관을 가능한 한 명확히 하는 것인 사람이 분명 있기 때문이다. 우주가 인간의 힘으로는 열 수 없는 시계 케이스처럼 궁극적인 진리에 도달하지 못한다는 사실을 나 역시 잘 알지만 그럼에도 다가갈 수 있는 데까지 한 걸음 더 다가가고자 하는 것이다.

어떤 태도로 세상을 봐야 할까

우리는 비관적 태도와 낙관적 태도 중 어떠한 태도로 세상을 바라봐야 할까?

예전에 나는 다음과 같은 관점을 이야기한 적이 있다. 우리 눈앞에는 수많은 문제가 산적해 있지만 이를 해결하는 방법은 과거로 돌아가는 것이 아니라 계속 앞으로 나아가면서 기술을 발전시키고 경제를 발전시켜 미래에 새로운 방법을 찾아내 당면한 문제를 해결하는 것이다. 『물연통론』의 체약대상 원리와는 정반대이지 않은가? 좀더 설명을 해보겠다.

이성적 낙관주의(내가 자주 언급하는 관점)에서는 인류가 분업과 협력을 통해 더 많은 기술의 발전, 더 큰 경제적 번영을 이룬다고 본다. 이 점은 『물연통론』에서 말하는 것과 완전히 일치한다. 하지만 다른 차원에서 발전 과정을 바라보게 되면 비관적인 생각이 들 수 있다. 비관적 판단과 낙관적 판단은 사실상 서로 다른 차원에서 바라봤을 때 나온 두 가지 결과인 것이다. 이러한 차원을 어떻게 이해할 수 있을까? 두 가지 예를 들어보겠다.

첫 번째 예는 공룡이다. 공룡은 지구상에서 1억6000만 년 동안 살았다. 만약 우리가 그 시기에 공룡을 관찰했다면 공룡에 대해 비관적인 결론을 내렸을까, 아니면 낙관적인 결론을 내렸을까? 당연히 낙관적 판단이 지배적이었을 것이다. 공룡의 발전은 막을 수 없고 공룡들은 결국 지구의 맹주가 될 것이라고 결론 내렸을 것이다. 하지만 이후 공룡은 갑작스럽게 멸종했다. 대략 몇백만 년 사이에 완전히 사라졌다. 왜일까? 소행성 충돌, 식중독 등 여러 추측이 나오는데, 아마도 복합적인 요인 때문이었을 것이다.

공룡은 막강한 능력이 있었고, 대외 의존도도 대단히 높았다. 이 때문에 환경에 어떤 변화가 일어나자 결국 이 취약한 시스템은 복합적인 요인으로 한 번에 무너졌다. 흔히 말하듯 '지붕이 새는데 장마 온다屋漏偏逢連陰雨' '복은 쌍으로 오지 않고 화는 홀로 오지 않는다福無雙至, 禍不單行'는 식으로 말이다. 그런데 공룡과 같은 시대를 살았던 바퀴벌레는 지극히 약해 보이지만 존재도는 훨씬 높아 지금까지도 잘 살아남았다. 따라서 낙관적으로 생각해야 할지 비관적으로 생각해야 할지는 다른 차원의 문제다.

또 다른 예를 들어보겠다. 마약 중독자에게 오늘 좋은 소식은 무엇일까? 돈이 생겨 오늘 쓸 마약을 살 수 있다는 것이다. 하지만 차원을 바꿔 생각해보면 어떨까? 한 차원 높여 그의 인생 전체를 놓고 본다면 오늘 마약을 하는 것이 좋은 소식일까, 나쁜 소식일까? 이처럼 두 가지 차원에서 바라보면 낙관과 비관은 결코 모순되지 않는다.

다시 원래 주제로 돌아와보자. 우리는 인류의 미래에 대해 이성적 낙관주의에 따른 판단을 해야 할까, 아니면 왕둥웨처럼 비관적으로 판단해야 할까? 얼핏 보면 동이 서에서 먼 것처럼 서로 다른 결론처럼 보인다. 하지만 두 가지 다른 차원에서 내린 결론이라는 사실을 인식하면 이 두 가지가 사실상 모순되지 않고, 각자 이러한 결론을 도출하게 된 원인은 같다는 것을 발견할 수 있다.

그렇다면 이성적 낙관주의는 구체적으로 무엇일까? 이는 경제학에서 볼 수 있는 전형적인 표현이다. 이성적 낙관주의의 창시자라고 할 수 있는 애덤 스미스의 말은 틀리지 않았다. 인류는 분업과 협력을 통해 경제를 계속 발전시킬 수 있었다. 앞으로도 꾸준히 분업을 심화하고 협력을 강화하면 틀림없이 우리 경제는 점점 더 번영하고 과학기술이 발전하며 당면한 수많은 과제 역시 앞으로 발견될 방법을 통해 해결할 수 있을 것이다.

왕둥웨 역시 이 사실을 알고 또 받아들였다. 하지만 다르게 해석했다. 그는 이것을 가리켜 '대상식 해결'에 불과하다고 주장했다. 존재도가 하락하자 인류는 더 새로운 과학기술을 발견하고 경제를 발전시켜 당면 과제를 해결해야 했다. 하지만 이런 대상식 해결로는 존재도를 완전히 본래대로 회복시킬 수 없다. 게다가 표면적으로는 능력이 강화된 것처럼 보이지만 구조가 계속해서 분화되고 퇴화된 뒤 재구성되었기에 안정성이 지속적으로 떨어지고 있다.

한 가지 예를 들어보겠다. 20세기 인류 경제사에서 가장 중요한 사건은 아마도 포드사_社의 생산 라인 발명일 것이다. 노동자들의 분업을 통한 협력으로 자동차 생산성이 크게 높아졌다. 하지만 여기에는 시스템적 위기가 잠재되어 있었다. 어느 한 노동자가 사슬을 끊어버리면 전체 시스템이 무너지는 것이었다. 자본가들은 노동자들의 파업을 두려워하게 되었다.

만약 이 원리를 가지고 좀더 극단적인 추론을 해보면, 분업 협력 시스템이 갈수록 세분화되고 긴밀해져 전 세계 70억 이상의 사람이 모두 분업에 참여하는 상황도 이론적으로 가능하다. 다시 말해 각 사람이 존재하기 위해서는 모든 사람이 정상적으로 일을 한다는 것이 전제되어야 한다. 누구 한 사람이 사슬을 끊어버리면 전체가 무너질 수 있다. 이 추론에 수긍이 가더라도 아마 이러한 상황을 구체적으로 상상하기는 어려울 것이다. 그렇다면 우리가 이해할 수 있을 만한 상황을 두 가지 살펴보도록 하자.

첫째로 분업 시스템이 갈수록 발전함에 따라 우리는 어떤 방식으로 분업을 할까? 모듈화시켜서 시스템마다 패키징한 다음 남겨둔 인터페이스에 다른 모듈을 맞추는 식이 될 것이다. 예를 들어 컵 하나가 어떻게 만들어지는지 우리는 알지 못한다. 이 일은 유리공장 종사자들의 일이며, 그 시스템은 패키징되어 다른 사람들은 전혀 알 수 없다.

리샤오라이李笑来(중국 비트코인 대부로 불리는 대표적인 지식인 왕훙—옮긴이)가 내게 이런 예를 든 적이 있다. 날것을 잡아먹던 1만 년 전으로 돌아가보면 당시에 피를 무서워하는 사람이 있었을까? 없었을 것이다. 당시에는 작은 동물을 잡아 갈기갈기 찢어 바로 먹었다. 피를 무서워하면 생존할 수 없었다. 하지만 문명이 발달해 공자 시대에 이르자 공자는 '군자원포주君子遠疱廚'라는 말을 남겼다. 분업 사회가 되어 도축하는 일을 전문적으로 담당하는 사람이 있으니 공자와 같은 군자는 그런 곳에 들어가 피가 낭자한 장면을 보지 않게 된 것이다.

현대사회에 이르러서는 20퍼센트에 달하는 인간이 피를 보면 혼미해지는 혈액 공포증이 있다. 생각해보라. 1만 년 전에 가능한 일이었을까? 피를 보고 기절하면 생존이 불가능했다. 사회 전체 협력 시스템에서 패키징이 강화됨에 따라 개개인은 세상의 실상을 알 수 없게 되었다. 우리가 보는 세상은 왜곡된 세상이다. 오늘날 많은 사람이 작은 동물을 보호하자고 말하지만, 1만 년 전에 작은 동물을 보호할 수 있었을까?

우리가 세상을 보는 관점은 왜곡되어 있다. 독일의 사회학자인 울리히 베크는 '위험사회'라는 이론을 제기했다. 위험사회란 무엇일까? 전체 사회의 협력이 갈수록 복잡해지고 이에 따라 수많은 위기가 발생하지만 탓할 사람도 없고 책임질 사람도 없는, 즉 '시스템상으로 아무도 책임을 지지 않는' 상황을 말한다. 이는 사회학 용어다. 오늘날 대기오염이 심각하고 원자력의 과도한 사용으로 온갖 재난이 발생하고 있지만 이 책임을 누구에게 돌려야 할까? 누구에게도 돌릴 수 없다. 100년 전이라면 노동자들은 살기 힘들 때 자본가들의 횡포를 알고 자본가에게 그 책임을 돌릴 것이다. 만일 오늘날에 누군가가 사회 경쟁에서 도태되었다면 그는 누구를 탓할 수 있을까? 주변 사람들이 그에게 우호적이었을지라도, 전체 사회의 협력 시스템에 의해 가장자리로 밀려났을 것이다. 그러니 정말 '탓할 사람도 없고 책임질 사람도 없는' 것이다.

따라서 오늘날 사회에 많은 위기, 예를 들어 비행기 납치 테러와 같은 온갖 범죄가 일어나도 전 세계 정보를 꽉 잡고 있는 미국 정부조차 대체 어떻게 발생한 일인지 파악하지 못하고 있다. 미국 정부와 탈레반 전사들은 서로 전혀 대화하지 않는다. 그들 각자의 눈에 담긴 세상은 모두 왜곡되어 있고 심지어 대화를 재개할 여지조차 차단하고 있다. 이는 어떤 결과를 초래할까? 사람의 정신 상태가 불안정하면 세상을 보는 관점이 주변 사람들과 다르고 주변에서는 그의 정신세계를 도무지 알 수 없게 된다. 결국 단 한 사람으로 인해 엄청난 사건이 발생할 수 있다.

2015년 3월, 유럽에서 비행기 사고가 발생했다. 부기장이었던 독일 비행사는 기장이 화장실에 간 틈을 타 비행기 조종실 문을 잠근 뒤 비행기를 몰고 그대로 산에 부딪혔고, 비행기에 탑승한 150여 명이 그와 함께 목숨을 잃었다. 그는 왜 그런 일을 저질렀을까? 그가 독일에서 조종사로 일할 때의 대우도 결코 나쁘지 않았다고 한다. 궁핍함으로 인해 사회에 불만을 가진 것은 아니라는 뜻이다. 나중에 밝혀진 바로, 그는 우울증을 앓고 있었고 더 이상 살고 싶지 않아 다른 사람들과 함께 그런 식으로 자살을 택한 것이었다.

현대사회는 이렇듯 전체가 협력 시스템으로 이뤄져 있다. 우리가 비행기를 이용할 때는 이미 항공사의 패키징된 시스템, 즉 항공사가 이미 소속 비행사의 정신 상태와 건강 상태를 모두 확인했다는 것을 가정하기 때문에 안심하고 이용하는 것이다. 그런데 항공사조차 이러한 사고 발생을 막을 방법이 없으니 현재 인류의 위기 대처 수단은 이러한 개인에 대해서는 무방비 상태라고 할 수 있다.

중국의 공상과학 소설가 류츠신劉慈欣이 쓴 소설 중에 『삼체三體』라는 작품이 있다. 이 작품은 천재적인 구상을 담고 있다. 외계인들이 인류 문명을 보고 말한다. 이 문명에 과연 미래가 있을까? 인간의 심리는 도무지 헤아릴 수가 없다. 게다가 인간들은 거대한 협력 시스템을 구축한다. 그래서 과학기술이 어느 수준까지 발전하기만 하면 누구나 문명 전체를 파괴할 수 있는 방법을 터득하게 된다.

예컨대 인류가 입자를 광속으로 움직일 수 있는 기술을 터득하면 누구든지 자신의 집 뒤뜰에서 광속 총에 돌을 장전해 달을 향해 쏠 수 있다. 그러면 태양계가 폭발해 전체 인류 문명이 소멸될 것이다. 즉, 한 개인의 위기가 전체 시스템의 위기가 될 수 있는 것이다. 이것이 바로 왕둥웨가 말한 시스템적 존재도의 하락이다.

또 다른 예를 들어보자. 현재 여러 유전공학 실험실에서는 대자연에서 한 번도 출현한 적 없는 단세포 세균들을 배양해냈다. 대부분 무해한 세균이지만 혹여 인간에게 아직 면역력이 없는 세균이 나온다면 어떻게 할 것인가? 이 세균은 본래 대자연에 존재하지 않았기에 우리의 면역 시스템은 대항할 능력이 없다. 그런데 어느 날 과학자들이 비커나 시험관을 씻다가 자칫 실수로 이 세균을 하수도에 흘려보낸다면 하룻밤 사이에 전 세계 사람들이 위기에 처할 수 있다.

우리가 보기에는 이 문명이 꽃처럼 활짝 피어나고 불처럼 활활 타오르는 것처럼 보이지만 일단 위기가 발생하면 순식간에 모든 것이 끝장날 수 있다. 이 때문에 왕둥웨는 거듭 이렇게 주장한다. "나는 이러한 흐름을 예측할 수는 있지만 인류 문명이 최종적으로 어떻게 붕괴될지는 알지 못한다. 다만 내가 아는 것은 언제 어느 때라도 붕괴될 수 있다는 것이다. 이는 분화, 퇴화, 재구성으로 이어지는 이 시스템이 몹시 불안정하기 때문이다."

지금 우리 생존에 무슨 소용이 있는가

아직도 이성적 낙관주의와 『물연통론』의 체약대상, 이 두 가지 사고방식이 서로 모순된다고 생각하는가? 내 생각은 정반대다. 나는 『물연통론』이 이성적 낙관주의가 말하는 인류 문명의 발전 방향이 옳음을 증명해준다고 생각한다.

무슨 뜻일까? 이성적 낙관주의의 기본적 토대가 되는 관점이 무엇인가? 바로 인류가 환경 오염, 자원 부족 등 일련의 시스템적 위기에 당면했음을 인정해야 한다는 것이다. 그렇다면 경제 발전을 억제시키고 옷을 벗고 다시 원시림으로 들어가야 할까? 불가능한 일이다. 우리는 그럼에도 앞으로 나아가면서 경제를 발전시키며 한편으로 환경보호 및 에너지 절약 기술을 개발하고 다른 한편으로 석유나 석탄 같은 자원에 대한 의존에서 벗어나야 한다.

물론 『물연통론』의 저자 왕둥웨는 독주를 마셔 갈증을 해소하는飮鴆止渴 식으로 인간이 만들어낸 원자력 에너지, 태양열 에너지에 더 큰 위기가 잠재되어 있다고 말할 것이다. 당신은 이것이 독이라는 사실을 너무나 잘 알고 있지만, 지금 안 마시면 즉시 죽고 마시면 5분 후에 죽는다고 한다. 그러면 마시겠는가, 마시지 않겠는가? 마실 수밖에 없다.

『물연통론』이 우리에게 말하고자 하는 것은 138억 년 우주 진화의 총체적 흐름에 순응해 앞으로 나아가는 것은 우리 숙명이고, 우리에게 지금 주어진 유일한 선택이라는 것이다.

이렇게 해석해보면 이성적 낙관주의와 『물연통론』, 이 두 가지 이론 체계 사이에 모순이 느껴지지 않을 것이다. 그러면 두 번째 질문에 답해보자. 중국인 중에는 실용주의자가 많다. "당신이 말하는 철학이 지금 내가 생존하는 데 무슨 소용이 있는가?" 이어지는 내용에서 무슨 소용이 있는지 답변해보겠다.

먼저 나와 왕둥웨 사이에는 관점의 차이가 있음을 잠시 설명하겠다. 왕둥웨는 이렇게 말한다. 우주 진화의 총체적 법칙이 이러하지만 어쨌든 우리 인류는 하나의 종으로서 계속 살아남기 위해 노력해야 한다. 앞에 천 길 나락이 있음을 분명히 안 이상 대상의 정도를 떨어뜨리고 존재도가 하락하는 것을 최대한 늦춰야 한다. 경제와 기술 간의 충돌을 억제하고 비교적 균형 잡힌 상태로 돌아가, 피할 수 없는 최종 결말이 조금이라도 늦게 찾아오도록 해야 한다.

하지만 나는 이 관점을 받아들일 수 없다. 받아들일 수 없는 이유 역시 그의 이론 체계에서 가져왔다. 크게 다음의 세 가지다.

이유 1: 총체적 법칙은 역전되지 않는다

첫째, 총체적 법칙은 역전되지 않는다.『물연통론』의 체약대상 이론이 가장 흥미로웠던 부분은 발전에 대해 인과관계의 해석을 완전히 전복시켰다는 점이다. 지금까지 우리는 경제 발전 때문에 지구가 이 지경에 이르렀다고 여기며 발전을 억제해야 하는 것인지 고민해왔다.

하지만 『물연통론』은 우리가 당면한 문제, 즉 존재도가 전반적으로 하락하는 것을 해결하기 위해 부득이하게 대상의 방법으로 보완할 수밖에 없었다고 말한다. 경제 발전과 기술의 진보는 상황에 따른 어쩔 수 없는 결과로, 사실상 이 과정에서 인류는 뒤로 물러설 수 없어 어쩔 수 없이 필사적으로 전진해야만 하는 처지인 것이다.

예를 들어보자. 우리가 지금 화학섬유로 만든 옷을 거부한다면 어떻게 될까? 세계 인구의 절대다수가 헐벗게 될 것이다. 지구에서 생산되는 목화로는 전 인류의 옷을 충당할 수 없기 때문이다. 다른 예를 들어보자. 석유에 대한 의존도를 낮춘다면, 설령 그럴 필요가 없다 해도 낮춘다면, 대규모 경제 침체가 일어나고 수많은 사람이 기아에 시달릴 것이다. 따라서 이러한 문제를 완화하기 위해 우리는 더 위험한 에너지일지라도 부득이하게 발전시켜야 한다. 어쩔 수 없다. 총체적 법칙이 역전되지 않기 때문이다.

이유 2: 인성을 저버릴 수 없다

두 번째 이유는 인성을 저버릴 수 없다는 것이다. 인류 문명이란 무엇인가? 우리 존재를 유지하는 시스템이다. 또한 이는 앞서 언급한 총체적 법칙 가운데 있다. 따라서 우리가 발전시킨 수많은 기본적 가치관들, 예를 들면 진선미의 추구, 계약상의 윤리, 정치적 정의, 경제적 공정함과 같은 것들도 모두 체약대상의 총체적 법칙에 따른 것이다. 왕둥웨의 책에서는 이렇게 해석하고 있다.

만약 우리가 오늘 과거로 회귀할 수 있다고 가정해보자. 하지만 우리는 그렇게 하지 않을 것이다. 왜일까? 과거로 회귀한다는 것은 곧 이제까지 쌓아온 문명 성과를 포기한다는 뜻이기 때문이다. 사람과 사람 간에 호의를 주고받는 방법도 사용할 수 없게 될 것이다. 우리가 호의를 베푸는 이유는 무엇일까? 다른 사람과 더 협력하기 위해서다. 왕둥웨는 이러한 협력과 분업이 분화와 퇴화 그리고 재구성의 과정이라고 본다. 이러한 구조도 현재보다 취약해질 것이다. 그렇다면 과연 우리가 과거로 회귀하려 할까? 다른 사람에게 호의를 베풀지 않고 다른 사람과 협력하지 않으며 법적 계약 체계를 맺지 않고 살아갈 수 있을까? 이것이 어떻게 가능할까? 인성을 저버리는 일은 이론적으로는 가능할지 모르지만 실제적으로는 불가능하므로 하나 마나 한 말이다. 이것이 두 번째 이유이지만 사실 내가 하고 싶은 이야기는 따로 있다.

이유 3: 분업의 총체적 흐름을 거스를 수 없다

내가 말하고 싶은 세 번째 이유는 이것이다. 설령 많은 사람이 왕둥웨의 이론에 공감하게 되더라도, 결과적으로는 왕둥웨가 상상했던 것처럼 전 인류가 일순간 크게 깨닫지는 못할 것이라는 점이다. 앞에 깎아지른 듯한 절벽이 있다는 것을 안다 해도 모든 사람이 황급히 말고삐를 잡아채 말머리를 돌릴 리 없다. 그보다는 모든 인류 가운데 가장 똑똑한 일부, 이를테면 사업가들이 이 밝혀진 법칙을 이용해 빠른 속도로 전진할 것이다.

따라서 왕둥웨로서는 이론적으로 인류에 위대한 공헌을 한 아인슈타인처럼 되는 것이 최선일 것이다. 아인슈타인의 업적은 인류가 세상을 인지하는 데 있어 이정표적 역할을 했다. 하지만 핵에너지의 존재를 밝혀낸 주역인 그가 남은 평생 강연을 하고 글을 쓰며 평화를 주장하고 핵전쟁에 반대한들 무슨 소용이 있을까?

그러면 사업가들은 무슨 일을 할까? 대대적인 모험을 할 것이다. 모험의 전제는 앞이 불투명하고 어떤 방향으로 흘러갈지 그 흐름을 확실히 파악할 수 없다는 것이다. 이 때문에 '사업 리스크'라는 말이 나온 것이다. 사업가에게 있어 흐름에 대한 판단은 지극히 모호하면서도 대단히 중요하다. 마윈은 2016년 초에 이런 말을 했다. "요즘 많은 기업가가 거시경제가 좋네, 안 좋네 이야기들을 많이 하는데, 그게 여러분 기업과 무슨 상관이 있습니까? 거시경제가 안 좋으면 여러분 기업이 안 좋아집니까? 오히려 정반대일 수 있습니다. 이는 다른 차원의 현상이며, 거시경제가 안 좋더라도 여러분 기업이 전략을 잘 조정하면 좋은 성과를 낼 수 있습니다."

『물연통론』은 인류가 하락하고 있는 운명임을 밝혔다. 하지만 그 과도기에는 승자가 나타날 수 있고 어떤 기업은 존재도가 상승할 수도 있다. 왕둥웨가 밝힌 법칙을 그들은 오히려 이용할 것이다. 그 결과 전 인류의 대상도는 높아지고 존재도는 하락하게 될 것이다.

중국에 이런 말이 있다. '밤이면 온갖 궁리를 다해보지만 아침에 일어나서는 여전히 두부를 만든다夜牛想來幹條路, 早起還得磨豆腐.' 사업가들은 인류가 생사존망의 위기에 빠지고 있다는 사실을 알더라도 추세를 지켜보다가 기회가 보이면 비즈니스에 이용할 것이다. 그렇지 않겠는가? 우리 같은 보통 사람도 아이를 데리고 떠나는 자동차 여행이 환경을 파괴하고 지구에 무책임한 행동임을 잘 알지만 아이가 즐거워한다면 여행을 떠날 것이다. 이것이 바로 두 가지 다른 차원의 현상이라는 것이다.

그렇다면 이어서 차원을 좀 낮춰 138억 년의 차원이 아니라 인류가 현재 직면한 비즈니스 환경 발전의 관점에서 이 이론이 어떤 가르침을 주는지 한번 살펴보자.

우주는 138억 년 동안 한 계통에서 진화해왔고 현재의 비즈니스 환경 역시 이 법칙에 부합한다. 이 총체적 법칙은 무엇인가? 체약대상, 그리고 점진적 분화, 퇴화, 재구성으로 완전히 새로운 구조를 만들어가는 과정이다. 여기서 우리는 경제학에서 보여준 분업이라는 총체적 흐름이 결코 역전될 수 없음을 알 수 있다.

이를 바탕으로 도출한 비즈니스적 추론을 몇 가지 소개하고자 한다. 솔직히 나는 올 한 해 『물연통론』을 계속 읽으면서 철학적 사고보다는 비즈니스적 사고에 대한 깨우침을 더 많이 얻었다. 『물연통론』의 이론을 통해 비즈니스의 흐름에 대한 내 생각을 계속 검증할 수 있었다. 이어지는 내용에서 내가 도출한 일곱 가지 추론에 대해 이야기해보겠다.

추론 1: 커뮤니티 경제는 피할 수 없다

첫 번째 추론은 커뮤니티 경제는 피할 수 없다는 것이다. 커뮤니티 경제와 이전의 산업 경제는 전제 자체가 다르다. 산업 경제는 다음을 전제로 한다. 어떤 기업이든 상품과 서비스를 생산하면 반드시 세계 어딘가에 그것을 판매해야 하며 전 세계 모든 사람을 대상으로 고객의 범위를 확장시키기 위해 애쓴다는 것이다. 기업 규모 역시 무한 성장해야 한다. 현재 이것을 이뤄내지 못하는 까닭은 방법이 잘못되었거나, 학문과 기술이 뛰어나지 못하거나 노력이 부족하기 때문이다.

하지만 커뮤니티 경제는 사고방식이 이와 다르다. 커뮤니티 경제에서는 일부 고객을 대상으로 사업을 한다. 기업과 고객, 거래처 간의 관계는 동반자 관계, 커뮤니티 관계로, 동일한 가치관을 바탕으로 서로 의기투합해나가는 것을 전제로 한다. 전제가 다르다보니 비즈니스 방식 또한 달라진다.

황타이지黃太吉(중국 전통 요리 전문 패스트푸드 회사―옮긴이)의 창업주인 허창林暢이 내게 이런 말을 했다. "요식업을 하다보면 소위 '진상' 고객을 만날 때가 많습니다. 예전의 사고방식이라면 손님은 왕이기에 굽실거리며 손님이 때려도 되받아치지 않고 욕해도 말대답하지 않아야 했죠. 하지만 커뮤니티 경제의 관점에서 보면, 이러한 태도는 나를 지지해주고 나를 힘들지 않게 하는 고객들에게는 불공평하지 않겠습니까? 그래서 진상 고객에게는 죄송하지만 그런 사람들을 대상으로는 아예 장사를 안 합니다."

한 타오바오淘寶(알리바바 그룹이 운영하는 오픈 마켓―옮긴이) 마장 점장도 비슷한 사례를 이야기한 적이 있다. 처음에 그는 직원들에게 고객이 어떤 몰상식한 태도를 보여도 최선을 다해 응하라고 요구했다. 하지만 이제는 직원들에게 이렇게 말한다고 한다. "그런 손님에게는 실례를 범해도 탓하지 않겠습니다. 우리 회사가 발전해가는 과정에서 우리는 우리를 믿고 좋아해주는 고객과만 함께 나아갈 수 있습니다. 기본적인 예의조차 없는 손님은 우리와 함께 길 수 없으니 실례를 범할 수밖에 없다면 어쩔 수 없지요."

패기가 없어 보이나? 그래도 어쩔 수 없다. 『물연통론』의 주장에 따르면 세계는 분화되었기에 모든 사람이 우리를 좋아할 수 없고 모든 사람의 인정을 받을 수는 없기 때문이다. 발전의 총체적 흐름에서 이는 불가능한 일이다. 비즈니스에서 그러한 기대는 버리고, 기업이 성장할 수 있는 다른 방법을 찾아야 한다.

추론 2: 중간 단계를 생략할 수 없다

두 번째 추론은 분업과 분화의 총체적 흐름을 거스를 수 없다면, 비즈니스 분업에서 특정 단계의 가치는 상승하면 상승했지 결코 떨어지지 않는다는 것이다.

예를 들면 중국의 일부 언론에서는 종종 농가와 마트의 직거래를 주장한다. 때로 농민들은 농작물 가격이 너무 형편없어 팔지 못하고 수확물을 땅에 파묻어 그 손해를 고스란히 떠안는다. 한편 도시 사람들은 마트에서 사는 채소 가격이 너무 비싸다고 느끼고, 마트는 마트대로 수익이 얼마 나지 않는다고 이야기한다. 그렇다면 과연 누구 때문에 이러한 문제가 발생하는 것일까? 바로 중간 유통업자다. 따라서 중간 단계를 없애버리고 마트와 농민이 직접 거래하도록 하면 된다. 그러면 농민은 지금보다 더 높은 가격에 채소를 팔아 돈을 벌 수 있고, 그럼에도 마트는 더 저렴한 가격으로 도시 사람들에게 채소를 팔 수 있다. 그러면 일거양득 아니겠는가.

하지만 이러한 주장을 하는 언론에서는 누군가가 채소를 밭에서 마트로 옮겨야 한다는 사실을 생각해보지 못한 것 같다. 이 단계를 누가 담당해야 할까? 이 일의 전문가가 아닌 마트나 농민이 맡아야 한다는 말인가? 그러면 분명 비용이 상승하고 효율은 훨씬 더 떨어질 것이다. 따라서 가장 좋은 해결책은 지금의 분업 구조에서 중간 단계를 생략하는 것이 아니라 그들의 비즈니스 능력을 고도화시키는 것이다.

십수 년 전에 다음과 같은 이야기를 들은 적이 있다. 인터넷이 발전함에 따라 앞으로 기업은 고객과 직접 대면할 수 있으니 더 이상 대리점이나 에이전시가 필요하지 않을 것이라는 예측이었다. 이 때문에 한동안 많은 자동차 대리점이 긴장하고 업종 전환을 고민하며 이 일에 전망이 없다고 생각했다. 하지만 십 몇 년이 흐른 지금 자동차 대리점은 전과 마찬가지로 잘되고 있다. 뿐만 아니라 이 중간 단계가 점점 더 커지고 있다. 왜 그럴까? 바로 분업은 확정된 규칙이고 거스를 수 없는 흐름이기 때문이다. 기업이 바보라고 생각하는가? 상품을 저렴한 가격에 중개상에게 팔면 중개상은 높은 중개료를 붙여 재판매한다. 그 중개료가 터무니없이 높은 가격이라고 생각하는가? 중개상은 많은 일을 해야 한다. 그것도 기업이 하지 못할 일을 해내는 능력이 있어야만 돈을 벌 수 있다. 그래도 소비자 입장에서 가격 차가 너무 크다고 생각된다면 다른 기술적 수단을 특화시켜야지 분업의 가치 단계를 아예 없앨 수는 없다.

현재 많은 창업 기업이 일단 자금 펀딩에 성공하면 장부에 돈이 들어온다. 그러면 이 자원을 어떻게 사용할 수 있을까? 핵심 능력을 키우는 데 사용해야 할까, 아니면 더 많은 일을 벌여 이윤을 창출해야 할까?

『물연통론』의 체약대상 원리에 따르면 하나의 기업은 '분화'라는 총체적 흐름 속에서 더 많은 기업에게 의존 조건, 즉 필요한 존재가 되도록 노력해야 한다. 다른 기업들이 그 기업에 의존할 조건을 더 많이 확보했을 때 성공할 수 있다. 따라서 한 가지만 하되 그 일을 누구보다 제대로, 끝까지 해내야 한다. 미래에는 이것이 개인이나 기업이 성공할 수 있는 방향이다.

추론 3: '공유경제' 중 일부 결론은 타당하지 않다

세 번째 추론은 '공유경제' 중 일부 결론은 성립되지 않는다는 것이다. 결코 공유경제 전체가 아니라 일부만 그렇다는 뜻이다. 공유경제에 내포된 의미 중 하나는 자신에게 남는 물품, 예를 들면 차나 집 같은 것을 다른 사람과 공유한다는 것이다. 이는 당연히 타당한 것이며 세계 경제의 전체 효율을 높일 수 있는 일이다. 다만 한 가지, 사람의 남는 시간도 공유할 수 있을까 하는 것이 의문으로 남는다.

체약대상 이론에 따르면 인류사회 발전의 총체적 흐름은 한 사람이 한 가지 기능을 담당하는 지속적인 분화 및 퇴화의 과정이다. 만약 '경계를 넘어 도용하는' 행위가 만연하거나 사람들이 여러 일을 겸직하는 상황이 사회에 보편화되고 장기간 지속된다면 왕둥웨가 말한 결론과 반대가 된다. 어느 쪽이 옳을까?

예를 들어보자. 내 친구들 중 공유경제를 바탕으로 창업을 한 친구가 몇 있어, 이 부분에 대해 자유롭게 이야기를 나누곤 한다. 어떤 남성은 낮에는 일하고 저녁에는 자가용으로 택시 영업을 몇 시간 뛰면서 부수입을 올린다. 어느 할머니는 낮에는 집안일을 하고 점심에는 도시락을 수십 인분 준비해 근처에서 팔아 용돈을 번다. 한 아가씨는 낮에는 출근하고 저녁에는 집에 돌아와 쿠키를 구워 인터넷에서 판매한다. 모두 공유경제에 따른 결과로, 각 사람의 소득은 더 높아지고 자기 시간은 훨씬 줄어들지만 사회적 역할은 훨씬 더 다양해진다.

하지만 내가 『물연통론』을 곱씹어 읽은 후에는 이런 생각이 바뀌었다. 물론 당장은 이런 현상이 펼쳐질 수 있지만 이는 과도기적일 수 있다. 공유경제는 사회 분업에 참여하고 있는 많은 사람을 이끌어내 완전히 새로운 분업 상황에 진입시킬 수 있다. 요즘 우리가 보고 있는 겸직의 수많은 예는 사실 하나의 과도기적 현상이다. 만일 할머니가 요리를 그토록 잘할 뿐 아니라 체력이나 능력까지 뒷받침된다면 걱정할 것 없다. 그 할머니는 앞으로 겸직이 아니라 분명 근처에서 도시락 판매를 전업으로 삼게 될 것이다.

막 택시 영업에 뛰어든 사람은 저녁에 직장에서 퇴근하고 승객들과 잡담을 나누다보면 이 일이 꽤 즐거울 것이라고 생각했을지 모른다. 그러나 그는 얼마 못 갈 것이다. 내 주변에도 이런 친구가 많았지만, 처음에 신기해서 몇 번 해보고는 점차 싫증을 냈다. 또 주변에 베이킹을 하는 친구들도 있었는데, 몇 차례 해보니 매일 물건을 납품하고 매일 타오바오에서 흥정을 해야 하니 금세 흥미를 잃어버렸다.

그래서 나는 공유경제를 기반으로 창업한 친구들에게, 회사 플랫폼의 수많은 공급자가 겸직을 하는 상황에 결코 심취하거나 만족해서는 안 된다고 자주 이야기한다. 불안정하고 지속 가능하지 않은 상태이기 때문이다. 모든 자원을 동원해 가능한 한 빠른 시일 내에 그들을 기존의 사회 분업 체계에서 이끌어내, 참신하고 훨씬 더 세분화된 사회 분업 체계에 들어가도록 해야 한다. 새로운 세계에 대한 그들의 호기심을 이용해 빠른 시간 내에 이러한 전환을 이룰 수 있도록 도와야 한다. 이것이 발달의 가장 안정적인 상태이기 때문이다.

추론 4: 기업 간 경쟁에서 집단 간 경쟁으로

네 번째 추론은 기업과 기업 간에도 분화와 퇴화, 재구성의 과정을 거치고, 앞으로 기업 간 경쟁은 집단 간 경쟁의 형태를 보일 것이라는 점이다. 현재 경영학계에서는 앞으로 기업과 기업이 경쟁하는 것이 아니라 산업 사슬과 다른 산업 사슬이 경쟁할 것이라는 주장이 이미 나오고 있다. 내가 서술한 내용과 같은 의미다.

왕둥웨는 강의 중에 다음과 같은 이야기를 한 적이 있다. '생리生理'란 무엇인가? 생리란 병리적으로 자체 계통화를 시키는 과정이다. 다시 말해, 생물의 세포는 계속 퇴화하고 격변하면서 병리적 상태가 되어가지만 이 병리와 다른 병리가 서로 버팀목이 되어주면서 하나의 체계를 형성하는 것이 바로 생리다.

한 가지 예를 들어보자. 생물 진화의 역사를 보면 강장동물(히드로충류·해파리류·산호류를 포함하는 동물문으로, 현재는 유즐동물문과 자포동물문으로 나뉘었다—옮긴이)이 있다. 이 동물은 몸이 하나의 관으로 되어 있어, 바닷물이 몸속을 통과할 수 있는 가장 원시적인 형태의 장을 가졌다. 바닷물의 영양분이 비교적 풍부할 때에는 큰 문제가 되지 않는다. 하지만 이 생물이 대량으로 번식해 환경이 열악해질 경우에는 주변의 에너지를 더 확실히 흡수하지 않으면 안 되었다.

이에 따라 원시적인 형태의 장을 둘러싸고 있는 세포들이 퇴화하고 격변하면서 새로운 병리가 형성되었다. 예를 들면 몸에서 화학 공장 역할을 하는 간세포가 출현했고, 담낭 세포가 생겨 커다란 지방 분자를 소화시켰으며, 췌장 세포가 생겨 프로테아제를 분비해 단백질을 소화시켰다. 즉 이렇게 장에서 소화 체계가 생성된 것이다. 인간과 같은 고등 동물들도 담낭, 간, 췌장이 있다. 이 역시 일부 기능을 퇴화시킨 하나하나의 세포들 사이에서 하나의 체계가 형성되어 서로를 지탱하게 된 것이다.

기업의 발전에도 이 규칙이 적용될 수 있을까? 예전에 나는 훈둔연습사混沌研習社 창업주이자 중어우 창업스쿨中歐創業營, CEIBS의 리산유李善友 교수를 만나 「뤄지쓰웨이」와 훈둔연습사가 대상식 상호 보완 관계를 맺은 뒤 기업 컨소시엄을 구축할 수 있을지 여부를 상의한 적이 있다. 이후 우리는 우리 두 기업이 서로에게 유일한 협력 파트너임을 대외적으로 공표했다. 다시 말해, 「뤄지쓰웨이」는 자체적으로 비즈니스 강좌를 개설하지 않을 것이며 다른 회사가 아닌 오직 훈둔연습사와만 협력한다는 뜻이다. 또 훈둔연습사의 강좌 역시 「뤄지쓰웨이」를 통해서만 구매할 수 있다.

이것은 무슨 뜻인가? 「뤄지쓰웨이」나 훈둔연습사 모두 일부 능력을 포기하는 것, 즉 자신을 일부 퇴화시키는 것이다. 결과적으로 어떻게 되었을까? 훈둔연습사는 실질적으로 「뤄지쓰웨이」의 콘텐츠 생산 공장이 되었다. 그리고 「뤄지쓰웨이」는 훈둔연습사의 시장 마케팅 부서가 되었다. 우리 모두 일부 기능을 퇴화시킨 뒤 상호 간에 재구성해 기업 컨소시엄을 이루었다.

사실 우리는 이를 통해 실험을 해보고 싶었다. 시장에서 더 강력한 상대를 찾아 상호 간의 조합을 이뤄 각자의 대상 능력을 높임으로써 경쟁력을 훨씬 더 강화할 수 있는지 알고 싶었던 것이다. 이 실험의 최종 성공 여부에 대해서는 우리 역시 알지 못하지만 이러한 흐름을 시범적으로 보여주고 싶었다.

추론 5: 새로운 비즈니스 기회는 이미 시작되었다

다섯 번째 추론은 비즈니스가 분화되고 기존 기능을 퇴화시킨 뒤에는 반드시 재구성하려는 강력한 충동이 생겨난다는 것이다. 마치 남자와 여자가 서로 애정을 갈구하는 마음이 그 어떤 것보다 강한 것처럼 말이다. 이렇듯 분화 이후 재구성하려는 충동을 잘 활용하는 사람이 새로운 산업 유형의 탄생을 이끌 수 있다. 이것이 바로 비즈니스 기회다.

우리 「뤄지쓰웨이」도 이러한 비즈니스 기회 중에 탄생했다. 우리는 지식의 어떤 분야든 그 분야의 전문가라고 할 수 없다. 나는 언론을 배운 사람이며 내가 전문적으로 하는 일은 바로 지식을 말로 전달하는 것이다. 즉 지식 운반자인 셈이다.

그래서 누가 나를 뤄 선생님이라고 부르면 나는 이렇게 말한다. "선생님이라고 하지 마세요. 난 진짜 선생님이 아닙니다." 겸손의 표현이 아니다. 나는 네일아트나 마사지를 해주는 서비스업 종사자들과 마찬가지로 사람들이 필요로 하는 서비스를 제공해준다. 사람들은 점점 더 여유가 없어져 책 읽을 시간마저 부족하다. 그 일을 내가 대신 아웃소싱해주는 것이다. 즉, 내가 대신 책을 다 읽고 나서 가능한 한 있는 그대로 사람들에게 전달해줘 사람들이 세상의 지식과 만물 사이를 재구성하도록 돕는 것이다. 이는 『물연통론』에 나온, 만물은 자신의 대상 수준을 높이고 세상에 대한 감응 능력을 계속 높여가야 한다는 내용에도 부합한다. 나는 바로 사람들이 이러한 감응 능력을 높이도록 돕는 일을 한다. 이들이 더 짧은 시간에 간편하게 다른 사물들에 감응할 수 있도록 말이다. 이것이 새로운 비즈니스 기회, 새로운 산업 유형이 아니고 무엇이겠는가?

추론 6: 강해지고 싶다면 더 강한 기업과 협력해야 한다

여섯 번째와 일곱 번째 추론은 길게 설명할 방법이 없어 간단히 맥락만 전달해보겠다. 여섯 번째 추론은 회사를 더 크고 강하게 만들고 싶다면 자체 시스템 내에 있는 요소들만 가지고 협력하지 말고, 시장에서 더 강력한 개인이나 기업을 찾아 그들과 협력하라는 것이다. 이 역시 하나의 분화, 퇴화, 재구성의 과정이며, 여기에는 반드시 부작용이 따른다. 바로 새롭게 재구성한 구조가 지극히 불안정하다는 것이다. 따라서 신속히 조직의 양식을 변화시켜 불안정한 상태에 적응해나가야 한다.

그 한 예로 구글은 자사의 기업 문화가 '전 세계에서 가장 뛰어난 사람을 찾아 협력하는 것'이라고 계속 강조한다. 이 때문에 인재 채용을 매우 중요시하며, 관리에 큰 비중을 두지 않는다. 즉 안정성이나 금지령, 일련의 규정이나 제도 따위를 추구하지 않는다. 구글은 기업이 변동적이며 모호한 경영 상태를 유지하는 것을 용인한다. 이것이 바로 조직적 변화다.

추론 7: 작고 아름다울수록 안정적이다

일곱 번째 추론은 장기적인 안정을 꾀하고 싶다면 분화하는 과정에서 한껏 축소시키는 것이다. 점원 없이 부부가 운영하는 가게나 더 나아가 한 명의 전문가가 운영하는 형태로 되돌아가야 한다는 것이다. 이렇게 되면 더 이상 분화하지 않고 훨씬 더 안정성을 유지할 수 있다.

이것이 바로 마윈이 타오바오와 티몰天貓(알리바바의 온라인 쇼핑몰—옮긴이) 체계에서 작고 아름다운 비즈니스가 출현할 것이라고 말한 이유다. 작고 아름다울수록 안정적이다. 이 역시 체약대상 이론에 부합한다.

이상 일곱 가지 추론에 대해 간단한 소개를 마쳤다. 당신이 왕둥웨의 이론에 동의하든 동의하지 않든 그의 이론 자체는 궁극적인 진리가 될 수 없다. 다만 이 시대에 비즈니스를 고민하는 사람들이 아직 구체화되지 않은 희미한 흐름을 한 걸음 앞서 들여다보는 데 도움을 준다. 흐름을 읽고 다시 자신이 내면으로 돌아와 판단한 내용을 검증해보는 것이다. 부딪혀볼 만하면 결단을 내리고 행동에 옮겨 과감히 진행해나간다. 최종 결과는 자신의 책임이다.

지난 1년여 동안 『물연통론』과 『지어지락』 두 권의 책을 읽었지만, 철학서를 읽었다고 할 수 없다. 사실 나는 자체 비즈니스 강좌를 개설하지 않아도 된다는 것을 깨닫게 해준 두 권의 경영서를 읽은 것이다.

維
思
輯
羅

옮긴이 최지희

고려대 중어중문학과와 이화여대 통번역대학원 한중 통역학과를 졸업하고 베이징 제2외대와 닝샤대 중문과에서 어학연수를 마쳤다. 금융연수원, KDI 정책대학원 등에서 강의했으며, 여러 기업과 정부 기관에서 동시통역 및 번역을 진행했다. 최근에는 영어와 중국어 전문 번역가로 활동하고 있다. 옮긴 책으로 『마윈, 내가 본 미래』『금의 귀환』『화폐의 몰락』『하버드 경제학』『경제, 디테일하게 사유하기』『중국, 세계경제를 인터뷰하다』 등이 있다.

당신의
지적 초조함을
이해합니다

초판 인쇄 2019년 2월 11일
초판 발행 2019년 2월 18일

지은이 뤄전위
옮긴이 최지희
펴낸이 강성민
편집장 이은혜
편집 이은혜
마케팅 정민호 정현민 김도윤
홍보 김희숙 김상만 이천희

펴낸곳 (주)글항아리 | 출판등록 2009년 1월 19일 제406-2009-000002호
주소 10881 경기도 파주시 회동길 210
전자우편 bookpot@hanmail.net
전화번호 031-955-8891(마케팅) 031-955-2560(편집부)
팩스 031-955-2557

ISBN 978-89-6735-599-9 03190

글항아리는 (주)문학동네의 계열사입니다.

이 도서의 국립중앙도서관 출판예정도서목록(CIP)은 서지정보유통지원시스템 홈페이지(http://seoji.nl.go.kr)와 국가자료종합목록시스템(http://www.nl.go.kr/kolisnet)에서 이용하실 수 있습니다. (CIP제어번호 : CIP2019003969)